소프트 파워와 21세기 권력

네트워크 권력론의 모색

이 도서의 국립중앙도서관 출판시도서목록(CIP)은 e-CIP홈페이지(http://www.nl.go.kr/ecip)
에서 이용하실 수 있습니다. (CIP제어번호 : CIP2009001782)

Soft Power and Network Power

소프트 파워와 21세기 권력
네트워크 권력론의 모색

김상배 엮음

한울
아카데미

머리말

이 책은 지난 수년 동안 사회과학계, 특히 국제정치학계와 정책 서클에서 활발히 논의되고 있는 소프트 파워(soft power)라는 개념에 대한 학제 간 연구의 결과이다. 미국의 국제정치학자인 조지프 나이(Joseph S. Nye, Jr.)는 2004년에 *Soft Power: The Means to Success in World Politics* 라는 책을 펴냈다. 나이는 이미 1990년대 초에 소프트 파워에 대한 논의의 실마리를 제시했던 바 있다. 그러다가 2000년대 초반 미국 부시(Geroge W. Bush) 행정부의 세계 전략에 대한 비판의 날을 세우면서 소프트 파워에 대한 본격적인 작업을 진행했고, 그 중간 결과로서 단행본 규모의 작업을 학계에 내놓게 되었다.

소프트 파워라는 개념은 비단 국제정치학을 공부하는 학자나 외교정책을 수행하는 실무진뿐만 아니라, 일반 대중에게도 상당히 큰 영향을 미친 것으로 보인다. 그러나 소프트 파워에 대한 사회적 관심의 크기에 비해 그 개념에 대한 본격적인 학술 논의는 상대적으로 빈약했던 것이 사실이다. 이러한 문제의식이 이 책의 필자들이 모이는 계기가 되었다.

2007년 봄 학기부터 시작된 이 책의 작업이 진행되는 지난 2년여 기간에 필자들 사이에서 가장 큰 논란이 되었던 것은 '소프트 파워'라는 말 그 자체였다. 정치학, 국제정치학, 사회학, 정치사회사상 등을 전공하는 여덟 명의 소장 학자들이 모여서 소프트 파워에 대한 토론을 벌이다 보니 자연스럽게 나이가 설정한 개념의 범위를 넘어서 21세기 권력론 일반에까지 논의가 진전되었기 때문이다. 주제별 월례 토론회가 진행되면서 "소프트 파워와 같이 '허술한' 개념을 우리 책의 제목으로 달 정도로 대접해줄 필요가 있느냐?"라는 의문이 꼬리를 물고 제기되었다. 그렇지만 오랜 토론과 고민 끝에 소프트 파워라는 표제는 남겨두기로 했다. 그 대신 이 책의 논제가 나이의 문제 제기에서 그치는 것이 아니라 그것을 넘어서는 목표를 지향한다는 뉘앙스를 남기기로 했다. 끝내 소프트 파워라는 표제를 남겨둔 데에는 소프트 파워라는 용어의 지명도에 의지해서 독자들에게 좀 더 가까이 다가가려는 기대도 작용했다. 여하튼 이러한 과정을 거쳐서 이 책에 "소프트 파워와 21세기 권력"이라는 제목이 붙여졌다.

이러한 사정은 소프트 파워라는 말을 번역하지 않고 굳이 음차해서 표기한 데 대한 변명과도 관련이 있다. 사실 이 책의 일부 필자들은 몇 년 전에 〈매력국가 만들기〉라는 프로젝트를 수행하면서 국내 학계를 향해서 소프트 파워를 매력(魅力)이라는 말로 번역해서 사용하자는 제안을 던진 적이 있다.[1] 소프트 파워의 본질이 완력(腕力)과 실력(實力)으로 '밀어붙이는 힘'이 아니라 다른 사람의 머리와 마음을 '끌어당기는 힘'에 있다는 이유 때문이었다. 매력이라는 용어를 사용한 데에는 소프트 파워가 강대국

---

[1] 평화포럼21 엮음, 『매력국가 만들기: 소프트 파워의 미래전략』(21세기평화재단 평화연구소, 2005).

의 개념이기 때문에 이를 중견국인 한국의 처지에 맞는 개념으로 변용시
켜보자는 의도도 작용했다. 그런데 이 책의 작업을 진행하다 보니 매력은
소프트 파워의 한 요소일 수는 있지만 소프트 파워의 내용을 모두 포괄하
기에는 다소 상이한 개념이라는 인식에 도달했다. 마찬가지로 매력이라는
개념에 담긴 권력의 내용도 소프트 파워라는 용어로 모두 환원될 수 없음
을 알게 되었다. 게다가 소프트 파워와 마찬가지로 매력이라는 개념은 정
책 개념으로서는 어느 정도 유용하지만 분석적인 학술 개념으로 사용하기
에는 왠지 부족한, 일상용어라는 한계를 벗어날 수 없었다.

이러한 시각에서 보면 이 책에서 벌인 이론적 토론은 〈매력국가 만들
기〉의 논의를 한층 발전시킨 것이다. 〈매력국가 만들기〉가 정책 버전이라
면 이 책은 학술 버전이라고 할 수 있다. 원래 이 책은 이론적 작업뿐만 아
니라 다양한 경험적 사례도 담으려는 취지로 시작했는데, 연구가 진행되
는 과정에서 다소 이론적인 논의로 흘렀다. 그렇지만 현대적인 맥락에서
제기된 권력론보다는 좀 더 깊게 접근하자는 취지에서 동양과 서양의 정
치사상사적 맥락에서 발견되는 '소프트 파워'와 관련된 논의에까지 거슬러
올라감으로써 그 의의를 살리려고 노력했다. 또한 행위자들이 벌이는, 눈
에 보이는 권력 게임의 이면을 분석하기 위해서 (탈)구조적 맥락에서 작동
하는 권력 메커니즘에 대한 탐구에도 주의를 기울였다. 이러한 이론적 모
색의 과정에서 필자들의 기대는 나이의 소프트 파워에 대한 대안적 개념

을 제시해보자는 데에까지 이르렀다. 한편 같은 맥락에서 '네트워크 권력(network power)'이라는 개념을 통해 21세기 권력에 대한 논의를 담아보려고 시도했다. '네트워크 권력론의 모색'이라는 부제를 붙인 이유이다. 물론 이 책에서 제기한 네트워크 권력의 개념은 아직도 시론(試論) 차원에 머물고 있어서 앞으로 많은 이론적 정교화와 경험적 논증 작업을 요구하는 것이 사실이다.

『소프트 파워와 21세기 권력』이 나오기까지 많은 분이 도움을 주셨다. 무엇보다도 의욕에 찬 소장 학자들의 '학술벤처 프로젝트'를 조건 없이 묵묵히 지원해주신 미래인력연구원의 이진규 원장님께 큰 감사를 드려야 할 것 같다. 아울러 학문적 열의와 동료애만으로 이 책의 연구에 참여해주신 일곱 분의 필자에 대한 고마움도 금할 수 없다. 또한, 일반 독자들에게 다소 어렵게 느껴질 수 있는 책의 출판을 흔쾌히 맡아주신 도서출판 한울에도 깊은 감사를 드린다.

2009년 6월
김상배

제2부 소프트 파워와 21세기 권력의 원천

제3부 21세기 권력의 작동 메커니즘

그림·표 차례

서론
소프트 파워와 21세기 권력

김상배(서울대학교)

1. 소프트 파워의 시대?

2001년 9·11 테러 이후 미국이 벌인 '테러와의 전쟁'은 세계 유일의 초강대국으로서 미국이 보유한 군사적 위력을 여지없이 보여주었다. 그러나 이는 동시에 세계적으로 미국에 대한 호감을 떨어뜨린 대표적인 사건으로 역사에 기록될 것이다(Nye, 2008a). 부시(George W. Bush)의 공화당 행정부가 추진한 대외정책은 국내적으로도 인기를 잃어서 2008년 11월의 대통령 선거에서 오바마(Barack Obama)의 민주당 세력에게 정권을 내주게 되는 빌미를 제공했다. 흥미롭게도 오바마 미국 대통령 당선인은 당선수락 연설에서 "미국의 진정한 힘은 우리가 지닌 무기의 위력이나 부의 규모에서 나오는 것이 아니라 항구적인 우리의 이상, 즉 민주주의, 자유, 기회, 불굴의 희망으로부터 나오는 것"이라고 역설하면서 외교정책 기조의 변화를 암시한 바 있다(New York Times, Nov 5, 2008).

2009년 1월에 취임한 오바마 미 대통령이 앞으로 보이게 될 구체적인 행보를 좀 더 지켜보아야 정확히 알겠지만, 적어도 부시 행정부가 8년 동안 추진했던 '테러와의 전쟁'과는 다른 기조의 세계 전략이 출현할 것으로 예견된다. 게다가 2008년 후반기에 밀어닥친 미국발 세계 금융위기의 충격까지 겹쳐서 지난 세월과 같이 '완력'이나 '실력'으로만 밀어붙여서는 아무리 세계 초강대국이라고 하더라도 원하는 결과를 얻어낼 수 없다는 목소리가 높아지고 있다. 주먹이나 돈에 의존하는 강제와 제재의 국제정치를 넘어서 비물질적 자원을 기반으로 한 설득과 동의의 국제정치에 대한 탐구에 학계의 관심이 집중되는 것도 바로 이러한 이유 때문이다.[1]

이러한 맥락에서 볼 때 미국의 국제정치학자 조지프 나이(Joseph S. Nye, Jr.)의 소프트 파워(soft power)라는 개념은 종전의 협소한 권력 개념만으로는 잡히지 않는 21세기 권력 변환의 과정을 잡아낸 대표적인 시도라고 할 수 있다(Nye, 2004). 나이에 의하면, 세계정치의 권력은 군사력이나 경제력과 같이 강제하고 밀어붙이는 권력인 하드 파워(hard power)로부터 문화·이념·외교 등을 바탕으로 설득과 동의의 과정을 통해서 작동하는 소프트 파워로 이동하고 있다고 한다. 나이의 소프트 파워 개념은 '비물질적인 변수'에 대한 강조와 함께 행위자의 속성이나 보유 자원에서 우러나오는 권력을 넘어서 행위자들이 구성하는 '관계적 맥락'에서 발생하는 권력에 대한 국제정치학계의 주위를 환기시켰다는 데 큰 의미가 있다. 다시 말해 나

---

1) 21세기 세계정치의 맥락에서 본 권력 개념에 대한 연구는 매우 광범위하게 진행되고 있다. 그중에서 최근 국제정치학에서 진행된 대표적인 작업들만 뽑아보면, Keohane and Nye(1977), Nye(1991; 2004), Larner and Walters eds.(2004), Barnet and Duvall eds.(2005), Beck(2005), Berenskoetter and Williams eds.(2007) 등을 들 수 있다. 권력 개념에 대한 논의를 포함해 세계정치 전반의 변화를 이해하려는 국내의 시도로는 하영선·김상배(2006)를 참조.

이가 그려내는 소프트 파워란 자신의 능력이나 보유한 자원으로 측정되는, 그래서 그 효과가 고정된 것으로 파악되는 권력이 아니라, 상대방이 누구인지에 따라 그 효과가 유동적인 권력이다.

이러한 소프트 파워의 개념은 최근 세계적으로 널리 알려져, 속된 말로 대박을 터트렸다고 해도 과언이 아닐 것 같다. 본문에서 자세히 서술하겠지만, 이렇게 개념적으로 허술한 용어가 이처럼 크게 성공했다는 사실 자체가 하나의 연구 대상이라고 할 수도 있다. 소프트 파워가 이렇게 성공할 수 있었던 이유는 하드 파워로부터 소프트 파워로의 이동이라는, 일반 대중이 이해하기 쉬운 단순한 도식을 사용한 것에서 찾아야 할 것 같다. 일반적으로 이해하기에 '딱딱할(hard)' 수밖에 없는 '권력(power)'이라는 용어에다가 '부드럽다(soft)'는 형용사를 결합시켜 '소프트 파워'라고 부른 다소 모순적인 조어(造語)의 참신함이 세간의 시선을 끌었다. 그렇지만 궁극적으로는 '딱딱한 힘'이 아닌 '부드러운 힘'이라는 개념의 렌즈를 동원하지 않고서는 이해할 수 없는 현실의 변화가 소프트 파워의 성공을 설명하는 가장 그럴듯한 이유일 것이다. 여하튼 1990년대 초·중반 이후 소프트 파워의 개념은 미국이나 유럽 지역에서뿐만 아니라 동아시아 사회과학자들과 현장 전문가들에게도 '소프트 파워'를 발휘하고 있다. 일본, 중국, 한국에서도 소프트 파워는 연성권력(軟性權力), 연실력(軟實力), 매력(魅力) 등으로 번역되면서 활발한 논의의 대상이 되고 있다(손열, 2007).

소프트 파워는 미국의 세계 전략이라는 실천적 문제를 염두에 두고 사용된 정책 개념의 성격이 강해서, 엄밀하게 따지면 분석적인 학술 개념이라고 보기에는 다소 무리가 있다. 특히 나이의 개념은 '개념으로서의 권력'보다는 '은유로서의 권력'이라는 외양을 취하고 있어서 매우 포괄적으로 적용될 여지가 많다. 미국의 실천적 문제의식을 마치 소프트 파워라는 은

유의 베일에 싸놓은 것 같아서, 비강대국이 그 베일을 걷어내고 제대로 모방하기란 쉽지 않아 보인다. 게다가 소프트 파워 개념은 후술하는 바와 같이 그 인식론적 편향으로 말미암아, 21세기 세계정치의 맥락 속에 새롭게 등장하는 권력의 현실을 입체적으로 잡아내기에는 매우 미흡하다. 따라서 변환을 겪고 있는 세계정치의 권력을 제대로 파악하려면 나이의 소프트 파워 개념보다 좀 더 정교한 분석 개념이 시급하게 필요하다. 새로운 현실을 설명하는 체계적인 권력 이론이 나오지 않았다고 해서, 군사력이나 경제력으로 환원되지 않는 제3의 권력 현상이 그 부상을 늦추고 있지만은 않을 것이기 때문이다.[2]

이런 여러 가지 문제점이 있음에도 이 책이 나이의 소프트 파워 개념을 토론의 출발점으로 삼은 이유는, 새로운 개념으로 포착해야 할 권력 변환이 엄연히 발생하고 있는 상황에서 소프트 파워만큼 대중적 인지도를 얻은 개념이 없기 때문이다. 역사적으로 볼 때 나이가 소프트 파워라고 부른 현상은 그리 새로운 것은 아닐 수도 있다. 소프트 파워 현상은 이미 존재했지만, 국내정치 맥락의 권력 이론과 달리 국제정치학 분야에서는 최근까지도 별로 큰 관심을 끌지 못한 것이 사실이다. 20세기 국제정치의 존재론적 특징이 소프트 파워보다는 하드 파워에 가까운 개념화와 좀 더 친화성이 있었기 때문일 수도 있다. 여하튼 이전에도 소프트 파워라고 부를 만한 현상이 아예 없었던 것은 아니지만, 최근까지는 하드 파워에 비해 상대적으로 두드러지지 않았다고 해야 맞을 것이다. 그러던 것이 최근 세계화와 정보 혁명, 특히 인터넷의 확산으로 대변되는 우리 삶의 물적·지적 조

2) 이러한 문제의식을 가지고 한국적인 맥락에서 소프트 파워의 개념적 발전을 꾀한 작업들로는 평화포럼21(2005), 손열(2007), 김상배(2008), 김상배 외(2008) 등을 들 수 있다.

건의 변화를 바탕으로 해서 이른바 '소프트 파워의 시대'가 급속히 도래했다. 새로운 개념 없이는 제대로 포착되지 않는 권력 현실의 변환이 발생한 것이다.

이러한 맥락에서 볼 때 소프트 파워의 개념은, 그 개념을 옹호하든지 아니면 비판을 통해서 대안적 개념을 제시하든지 간에, 21세기 권력에 대한 논의를 시작할 플랫폼으로서의 의미는 충분히 지니고 있다. 1980년대 중반 코헤인(Robert O. Koehane)을 비롯한 국제정치 이론가들이 월츠(Kenneth N. Walts)의 이론을 비판하는 책에 *Neorealism and its Critics*라는 제목을 붙였듯이, 이 책의 작업도 *Soft Power and its Critics*라는 제목을 붙일 수 있을 것 같다(Keohane ed., 1986). 그러나 이 책의 궁극적인 목적은 소프트 파워의 개념에 대한 단순한 비판을 넘어 독자적인 권력론을 개발하는 시론(試論)을 펼치는 데 있다. 태생적으로 국제정치학의 개념으로 제시된 나이의 소프트 파워를 넘어서려는 것이다. 이 책에서 사회학과 정치학, 그리고 정치사회사상의 학제 간 연구 형식을 취한 것은 바로 그러한 이유 때문이다.

이 책의 학제 간 연구가 던지는 질문은 다음 세 가지이다. 첫째, 나이의 소프트 파워 개념으로 배울 수 있는 권력 이론의 실마리는 무엇인가? 둘째, 나이의 소프트 파워 개념이 내재적·외양적으로 지닌 한계와 문제점은 무엇인가? 셋째, 이러한 비판적 논의의 연속선상에서 우리가 제시할 수 있는 21세기 권력론의 내용과 연구방향은 무엇인가?

이 책의 서론을 겸하는 이 글은 크게 네 부분으로 구성되었다. 2절에서는 소프트 파워의 개념이 등장하게 된 국제정치적 배경과 소프트 파워 개념의 내용 및 개념적 특징, 그리고 소프트 파워의 나라별 현황과 전략 등에 대해서 살펴보았다. 3절에서는 소프트 파워 개념이 지닌 실천적·이론적 한계를 지적했다. 특히 나이의 개념화가 지닌 강대국의 정책 개념적 편향과 실증주의적 인식론 및 행위자 기반의 이론화라는 측면에 주목했다. 4절에서는 21세기 권력이 어디에서 생겨나는지, 그리고 그것이 어떻게 작동하는지의 문제를 문화 담론과 정체성, 그리고 네트워크의 개념을 중심으로 살펴보았다. 이를 통해 이 책에서 21세기 권력론의 하나로 제시한 '네트워크 권력(network power)'의 개념화를 모색했다. 5절에서는 이 책의 구성을 간략히 소개했다.

2. 조지프 나이의 소프트 파워

나이의 소프트 파워에 대한 논의는 1980년대 후반을 국제정치적 배경으로 하여 처음 등장했다. 나이는 1991년에 출간된 *Bound to Lead: The Changing Nature of American Power* 라는 책에서 당시 국제정치학계의 화두였던 미국의 패권 쇠퇴론에 대한 반론을 피력했다(Nye, 1991). 나이에 따르면, 미국의 패권이 군사력이나 경제력을 지표로 볼 때는 상대적으로 쇠퇴하고 있는 것이 사실이지만, 소프트 파워라는 개념의 잣대로 보면 여전히 세계를 주도해 갈 역량을 갖추고 있다는 것이었다. 그러고 나서 13년이 지난 2004년에 이르러 나이는 그동안의 소프트 파워에 대한 논의를 발전시킨 *Soft Power: The Means to Success in World Politics* 라는 단행본을 낸다(Nye, 2004). 그런데 2004년의 책이 대상으로 삼은 2000년대 초반 국제정치의 현실은 1980년대 후반과 정반대의 상황이었다. 부시 행정부의 세계 전략을 보면 미국이 세계 최강의 하드 파워를 지닌 유일 강대국임은 분명했지만, 세계 전략을 원활히 수행할 소프트 파워를 지니고 있는지는 의심받는 상황이 창출되었던 것이다. 예를 들어, 9·11 테러 이후 '테러와의 전쟁'을 수행하는 과정에서, 특히 이라크 전쟁을 수행하는 과정에서 미국이 내세우는 개입 논리의 정당성에 대한 비판이 제기되었기 때문이다.

나이가 주장하는 바의 핵심은 21세기를 맞이해 권력의 속성이 크게 바뀌고 있음에도 부시 행정부 지도자들은 권력 현실의 변화에 매우 둔감하다는 것이다. 나이는 미국이 단극화된 세계에서 유일무이한 초강대국으로 군림하는 것처럼 보이지만, 전반적인 상황은 겉보기와는 달리 훨씬 복잡한 양상으로 드러난다고 주장한다. 21세기 세계정치는 수평적 게임뿐만 아니라 수직적 게임도 함께 펼쳐야 하는 3차원 체스게임에 비유된다. 맨 위의 체스판에서는 단극적인 군사력 게임이 벌어지고, 중간의 체스판에서는 다극적인 경제력 게임이 벌어진다. 맨 아래의 체스판에서는 테러, 국제 범죄, 기후 변화, 전염병 확산 등의 초국가적 이슈들이 전개되는데, 여기서는 단극이나 다극을 넘어 매우 광범위한 권력 분산이 나타날 뿐만 아니라 국가와 비국가 행위자들이 벌이는 복합적인 게임의 양상이 드러난다. 특히 국제사회의 성숙과 정보화에 따른 지식과 네트워크의 확산으로 말미암아 21세기 세계정치의 체스판은 3단계에 접어들었다는 것이다. 이러한 맥락에서 군사력이나 경제력과 같은 하드 파워로부터 문화·이념·외교 등과 같은 소프트 파워로 권력이 이동하고 있다는 나이의 주장이 힘을 얻고 있다(Nye, 2004: 4).

나이가 그려내는, 하드 파워로부터 소프트 파워로의 권력 이동은 행위의 스펙트럼을 따라서 명령으로부터 동조에 이르는 과정으로 나타나는데, 이는 ⅰ) 강제, ⅱ) 회유, ⅲ) 의제 설정, ⅳ) 매력 등의 네 단계를 거친다. 또한 이들 네 단계는 각각의 행위에 친화적인 자원을 활용하는데, 이들은 ⅰ) 무력과 제재, ⅱ) 보상과 매수, ⅲ) 제도, ⅳ) 가치와 문화 및 정책 등이다(Nye, 2004: 8). 이러한 나이의 권력에 대한 도식을 보면, 하드 파워와 소프트 파워의 개념은 기본적으로 달(Robert Dahl) 식의 행태주의적 권력관과 국제정치학의 주류 진영이 채택한 자원 중심의 도구적 권력관이 적절히 조합된 형식이라고 할 수 있다.[3] 이러한 시각에서 보면 권력이란 '특정한 자원의 보유를 바탕으로 타인의 행동에 영향을 미쳐 자신이 원하는 결과를 얻는 능력'으로서 그려진다. 그러나 이상의 두 가지 권력관을 단순히 수용하는 차원에서 좀 더 나아가, 권력이 생성되고 작동하는 '비물질적 측면'과 '관계적 맥락'에 좀 더 많은 관심을 둔다는 점은 나이의 권력 개념이 지니는 큰 특징이다.

나이의 개념적 도식에서 소프트 파워란 '강제나 보상보다는 사람의 마음을 사로잡아 원하는 것을 얻어내는 능력'이다. 특히 국제적 차원에서 소프트 파워는 한 나라의 문화나 민주주의·인권·개인적 기회의 보장 등과 같이 그 나라가 추구하는 정치적 목표와 제반정책 등에서 우러나오는 매력과 관련된다. 소프트 파워란 특정한 나라의 가치체계를 존중하고 그 나라의 본을 따르고자 하며, 또한 번영과 개방성의 수준을 동경케 함으로써 그 나라를 뒤따르게 하는 권력이다. 소프트 파워는 국제정치 무대에서 의제를 설정하는 능력이고, 국가행위의 정당성과 도덕성에 기반을 두는 권력이다. 또한 소프트 파워는 하드 파워의 정당한 행사나 보편적인 국제규범의 추구 등과도 밀접한 관련이 있다. 나이는 이러한 소프트 파워의 제 측면을 문화·정치적 가치·외교의 세 부분으로 요약해서 이해하고 있다.

사실 소프트 파워는 자신이 통제하기 어려운 종류의 힘이다. 특히 국제적 맥락에서 자국이 지닌 소프트 파워를 제대로 통제한다는 것은 더욱 어

---

3) 권력 이론 일반과 국제정치학의 권력관에 대한 논의를 소개한 것으로는 Isaac(1987)과 Barnet and Duvall eds.(2005)를 참조.

렵다. 소프트 파워의 성공이 낳을 결과에 대해서는 누구도 제대로 알 수 없다. 소프트 파워가 성공할 경우 오히려 저항이 생길 수도 있기 때문이다. 예를 들어, 미국 대중문화의 상징인 맥도널드 햄버거를 먹으면서도 반미 시위를 벌일 수 있다. 아무리 북한의 김정일 위원장이 할리우드 영화를 즐긴다고 할지라도 미국에 대항하기 위한 핵무기를 개발할 수 있다. 하지만 소프트 파워의 역풍은 하드 파워의 경우보다는 덜할 수 있다. 왜냐하면 권력이 행사되는 과정에서부터 약자를 끌어들일 여지가 있는 권력이 바로 소프트 파워이기 때문이다. 이러한 점에서 소프트 파워는 정보를 공유하는 능력, 즉 신뢰를 얻어내는 능력에 크게 의존한다. 나이도 소프트 파워의 행사 과정에서 정보의 중요성을 강조하면서, "정보화 시대를 맞아 다른 나라의 호감을 더 많이 사고 또 소프트 파워를 강화시킬 가능성이 많은 나라는 이슈를 형성하는 데 도움이 될, 커뮤니케이션 채널이 많은 국가들이다"라고 강조했다(Nye, 2004: 31).

나이는 소프트 파워를 좀 더 객관적으로 파악하기 위한 방책으로서 구체적이고 다양한 지표에 대한 논의를 펼친다(Nye, 2004: 33~34). 나이는 소프트 파워의 지표로 이민자, 외국인 학자, 도서 출판, 음악, 웹 사이트, 노벨상 수상자, SCI(Science Citation Index), 삶의 질 지수, 국민 1인당 특허 건수, GNP 대비 연구개발비 비율, 과학 기술의 발전, 음악, 영화, TV, 민주주의의 원칙, 기업경영 방식, 미국적 이념과 관념 등에 대한 호감도 등을 제시한다. 이러한 지표들을 바탕으로 나이가 평가한 미국의 소프트 파워는 하드 파워와 마찬가지로 세계 제일이다. 교육 체제의 수준이나 유학생 유입량, 할리우드와 맥도널드 햄버거 및 프로 스포츠, 그리고 MTV와 CNN 등으로 대변되는 대중문화의 풍부함은 미국의 소프트 파워를 보여주는 문화 분야의 사례이다. 정치 이념이나 가치와 관련하여 나이가 지적하는 미국의 소프트 파워로는 민주주의와 인권의 옹호 및 실천, 개인주의와 자유, 페미니즘 등을 들 수 있다. 또한 정책·외교와 관련된 미국의 소프트 파워로는 바람직한 국내정책, 외교정책의 내용과 스타일, 국제적 공공재의 제공 등을 들고 있다(Nye, 2004: 34~72). 이러한 연속선상에서 나이가 특별히 주목하는 미국의 소프트 파워는 '워싱턴 컨센서스(Washington Consensus)'로 알려진, 시장경제와 자유민주주의를 골간으로 하는 미국의 정치경제 모델이다. 그야말로 미국의 경험을 바탕으로 하는 제도 모델이 글로벌 스탠더드(global standards)로서 보편화하는 과정에서 미국의 소프트 파워가 그 위력을 발휘하고 있다는 것이다(Nye, 2005).

나이가 미국의 소프트 파워를 객관적으로 드러내고자 사용한 지표와 방법론은 그 이후 세계 각국의 소프트 파워를 측정하는 작업들에 원용되는 '소프트 파워'를 발휘했다. 나이 자신도 이러한 지표에 따라서 구소련,·캐나다, 유럽(프랑스, 아일랜드, 네덜란드, 핀란드. 노르웨이, 스칸디나비아, 베네룩스 3국), 아시아(일본, 중국, 인도, 한국, 타이) 등의 소프트 파워를 언급했다(Nye, 2004: 73~89). 나이의 소프트 파워에 대한 논의는 국가 행위자에게만 국한된 것은 아니고, 비국가 행위자의 '대항적 소프트 파워(counter soft power)'도 다루고 있다. 아마도 최근 부상하는 미국에 대한 대항 담론에 대한 관심의 일환일 것이다. 이들 비국가 행위자들의 대항적 소프트 파워를 논하는 과정에서 나이가 특별히 주목하는 변수는 정보화의 영향이다. 하드 파워가 별로 없는 이들 비국가 행위자들 대부분이 소프트 파워를 추구할 수 있게 된 것은 인터넷 확산으로 말미암은 통신비용 감소와 글로벌 네트워크 형성의 용이성 때문이라고 할 수 있다. 이 밖에도 산아 제한·임신중절 반대, 전도 활동 등을 벌이는 종교조직의 소프트 파워나 유엔과 WTO(World Trade Organization) 등과 같은 국제기구의 소프트 파워도 논하고 있다(Nye, 2004: 90~98).

소프트 파워에 대한 논의를 펼치는 나이의 궁극적인 관심은 외교정책의 역할로 귀결된다. 미국은 이라크 전쟁을 계기로 소프트 파워에 심각한 훼손을 입었지만, 미국이 안고 있는 문제는 미국의 문화나 가치, 이념의 실추에 따른 것이 아니라 특정한 외교정책상 오류에서 발생한 것으로 판단하기 때문이다. 나이의 인식 속에서 냉전기까지 미국의 소프트 파워 구축은 상대적으로 성공한 작품이었다. 소프트 파워의 전쟁이라는 관점에서 보았을 때 미국이 2차 대전에서 승리하고 냉전을 거치면서 소련의 붕괴를 유도해낼 수 있었다는 것이다. 그러나 냉전이 끝나자 미국 정부는 소프트 파워의 중요성을 망각하고 공공 외교에 대한 노력을 경시했다(Nye, 2004: 99~125). 나이에 따르면, 21세기 정보화 시대는 단순한 선전을 넘어서는 공공 외교의 필요성이 더욱 강조되는 시기인데, 부시 행정부는 오히려 소프트 파워의 외교를 소홀히 취급했다는 것이다. 이러한 시각에서 보면, 최근 중동과 중앙아시아 문제는 미국의 소프트 파워 외교가 안고 있는 난제를 반영하는 사례임이 분명하다. 21세기의 첫 계단에서 세계적으로 이는 반미주의는 미국이 소프트 파워를 경시한 결과라는 것이다(Nye, 2004: 117~147; 2008a).

나이의 소프트 파워에 대한 논의에서 유의할 것은 소프트 파워의 자율성을 강조하면서도 하드 파워의 중요성을 무시하지는 않는다는 점이다. 나이는 스마트 파워(smart power)[4]라는 개념을 동원하여 하드 파워와 소프트 파워 양자의 관계를 대체관계가 아닌 보완관계로 묘사했다(Nye, 2004: 147). 특히 나이는 2004년 단행본의 출간 이후 하드 파워를 바탕으로

---

4) 나이의 스마트 파워에 대한 개념적 이해와 비판적 검토로는 김상배(2009)를 참조.

하지 않은 소프트 파워는 없다는 세간의 지적에 대응하여 스마트 파워라는 용어를 좀 더 빈번히 사용하는 듯하다(Nye, 2008a). 스마트 파워란 하드 파워와 소프트 파워를 잘 조합하여 성공적인 전략을 도출하는 권력이다. 일정한 하드 파워의 자원을 보유한 상황에서 소프트 파워가 성공적으로 행사될 경우, 이는 다시 하드 파워를 행사하는 데 유리한 소프트 파워의 환경을 만들어줄 수 있다는 것이다. 결국 하드 파워와 소프트 파워는 양자를 절묘하게 결합하고 활용한다는 스마트 파워의 메커니즘을 통해서 서로 상호작용하면서 신장한다. 이러한 시각에서 보면 나이의 스마트 파워라는 개념은 하드 파워나 소프트 파워의 개념과는 별개의 범주로 구분되는 '제3의 권력'이라고 보기는 어렵다. 오히려 양자를 엮어내는 권력, 이를테면 '권력에 대한 권력(power about power)', 즉 '메타 권력(meta-power)'의 범주에 속한다고 볼 수 있다.

이러한 연속 선상에서 나이는 최근의 작업을 통해, 스마트 파워의 작동 메커니즘을 밝히는 해법을 리더십(leadership) 개념에서 찾고 있다. 나이에 따르면, 변환의 시대 상황 속에서 진정한 리더십은 하드 파워 자원을 바탕으로 한 '거래적(transactional) 리더십'과 소프트 파워 자원을 바탕으로 한 '영감적(inspirational) 리더십'을 동시에 갖춰야 한다. 그리고 여기서 더 나아가 성공적인 리더십은 하드 파워와 소프트 파워가 결합되어, 성공적인 스마트 파워의 전략으로 승화되는 '상황'을 이해하는 능력을 갖추어야 한다. 나이는 이러한 능력을 '상황지성'이라는 개념으로 잡아내고 있다. 나이가 말하는 상황지성이란 ⅰ) 전개되는 상황을 이해하는 능력, ⅱ) 대세에 편승하여 행운을 창출하는 능력, ⅲ) 전반적인 맥락과 추종자들의 요구에 따라 자신의 스타일을 적용시키는 능력 등으로 요약된다. 이러한 상황지성이 발휘되려면 문화적 맥락의 차이, 권력자원의 분포, 추종자들의 필요와 요구, 시간적 시급성, 정보의 흐름 등을 제대로 파악하는 능력을 갖추어야 한다. 이렇게 보면 리더십의 핵심은 주어진 상황에서 문제점들을 파악하고 추종자들의 요구를 반영하여 목표를 달성해내는 '상호작용의 기예(interactive art)' 또는 '지혜의 영역'에 놓여 있다고 볼 수 있다(Nye, 2008b).

3. 소프트 파워의 비판적 이해

소프트 파워 개념의 가장 큰 특징 중의 하나는 변환의 과정에 들어선 권력을 '부드러운 힘'이라는 은유적인 표현을 통해서 담아내고 있다는 점이다. 그런데 소프트 파워라는 은유의 활용은 자칫 의식적으로 이론적이며 합리적인 권력 논의를 회피하는 것으로 비칠 수도 있다. 소프트 파워라는 용어 자체가 각종 권력 논의의 형체를 흐려서 묻어버리는 신비화의 효과를 낳을 수도 있기 때문이다. 최정운(2005: 30)의 지적처럼, "나이는 소프트 파워를 논의하면서 굳이 그와 비슷하지도 않은 기존 국제정치학의 권력 개념과 같은 범주에 있는 것으로 말함으로써 그 이론적 의미를 축소하여 기존의 국제정치학 이론을 보호하고 있다". 다시 말해 나이는 자신이 발견한 ─ 소프트 파워라고 부른 ─ 권력 개념의 폭발력을 통제된 범위에서 관리하기 위해서 의식적으로 은유의 포장지를 덮어씌우는 마술적 발상을 하고 싶었는지도 모른다. 지속적으로 소프트 파워의 개념이 학술 개념이라기보다는 정책 슬로건에 가깝다는 지적이 나오는 것은 바로 이러한 이유 때문이다. 특히 소프트 파워가 현대 국제정치 이론에 대한 논의로 이루어진 것이 아니라 미국의 세계 전략이라는 실천적 문제를 염두에 두고 개발된 것이라는 점을 상기하면 더욱 그러하다.

소프트 파워라는 개념은 그 자체가 강대국 중심의 세계정치 현실을 극명하게 반영하고 있다. 실제로 나이의 소프트 파워 개념은 탈냉전 이후의 세계 전략이라는 차원에서 패권을 효과적으로 유지하려는 미국의 실천적 문제의식의 연속 선상에서 등장한 이데올로기적인 성격이 강하다. 다시 말해 세계정치의 일반적 작동원리에 대한 비판적 성찰이라기보다는 미국의 패권 쇠퇴론에 대한 지적 반격이라는 현실적 관심을 바탕으로 전개된 담론이라고 할 수 있다. 또한 소프트 파워의 개념은 원래 하드 파워의 측면에서 강대국인 미국이 자신의 패권을 재생산하기 위한 차원에서 소프트 파워를 활용하는 문제에 주안점을 두고 있다. 따라서 세계정치에서 소프트 파워가 어떻게 '생산'되는지에 대해서는 침묵한다. 마치 최고급 레스토랑에 가서 맛있는 음식을 사 먹을 수는 있지만, 그 음식의 조리법에 대해서는 물어볼 수 없는 상황을 연상케 한다. 본바탕 자연 미인의 태생이나 구조적인 성형수술의 과학기술에 대한 논의 없이 피상적인 화장술의 기교에 대한 논의만 무성하다고나 할까?

소프트 파워의 개념이 제국적 지식 생산의 전술이라는 의심을 받는 이유는 소프트 파워와 하드 파워에 대한 논의에 이르러서 더욱 뚜렷해진다. 나이는 하드 파워와 소프트 파워의 조합 공식으로서 스마트 파워를 강조하면서도 하드 파워를 제대로 갖추지 못한 나라가 소프트 파워를 창출하려면 어떻게 해야 하는지에 대해서는 침묵한다. 사실 일정한 물적 기반을 갖추지 못한 국가에 매력을 느끼는 경우는 상상하기 어렵다. 먹고사는 문제가 시급한 개발도상국이 매력적인 문화와 가치를 꽃피운 사례도 흔치 않다. 소프트 파워는 하드 파워의 기초가 갖추어질 때 작동하기 때문이다. 이런 점에서 소프트 파워의 게임은 강대국의 게임이다. 하드 파워의 열세를 소프트 파워의 신장으로 만회해보려는 희망은 하드 파워가 일정한 수준에 달하지 못했을 때에는 신기루가 될 수도 있다. 따라서 약소국이 소프트 파워 담론에 과도하게 매혹되어 하드 파워의 육성을 뒤로 미룰 경우, 제한된 권력자원이 왜곡되게 배분되어 국력 일반의 훼손을 경험할 수도 있다. 나이가 해법으로 제시하는 스마트 파워의 개념도 그럴듯해 보이기는 하나, 그 공식에 맞추어 하드 파워와 소프트 파워를 조합한다는 것은 말처럼 간단한 일이 아니다(손열, 2006).

이상의 문제점이 있음에도 국제정치학 분야에서 이루어진 권력론의 역사에서 나이의 소프트 파워 개념이 지니는 의미는 인정하지 않을 수 없다. 제1장 "근대 서양정치사상과 소프트 파워: 베버와 그람시"에서 신진욱이 역설하고 있듯이, 근대 서양정치사상과 현대사회과학에서 권력이라는 개념을 살펴볼 때는 항상 강제와 동의라는 두 가지 측면을 동시에 다루었다. 이에 비해 20세기 후반의 국제정치학 분야에서는 권력의 하드 파워에 주목하고 소프트 파워의 측면을 상대적으로 소홀히 취급했던 것이 사실이다. 이러한 맥락에서 나이의 소프트 파워 개념은 묻혀 있던 문화, 이념, 신뢰 등과 같은 감성적이고 비물질적인 변수를 발굴함으로써 권력 연구에 새로운 관심을 불러일으키는 담론적 파괴력을 발휘했다. 또한 소프트 파워 개념은 행위자의 속성이나 보유자원에서 우러나오는 권력의 차원을 넘어서 행위자들이 구성하는 관계적 맥락에서 발생하는 권력에 대한 국제정치학계의 주의를 환기시켰다. 사실 이 두 가지 측면은 서로 밀접하게 연결되어 있다. 만약 소프트 파워가 문화적 감성과 이념이나 신뢰 같은 비물질적 변수를 매개로 하여 작동하는 권력이라면, 이는 당연히 '관계적 성격'을 가질 수밖에 없다. 왜냐하면 감정이나 신뢰 등과 같은 현상은 상대방이 누구이냐에 따라서 그 효과가 달라지며, 마찬가지로 국가 간 관계에서 소프트 파워의 성공도 대상이 어느 나라인가에 크게 구애받기 때문이다. 여하튼 나이의 소프트 파워 개념은 21세기적 맥락에서 파악된 권력의 이러한 두 가지 모습을 간결하게 잡아내는 데 성공했다. 그런데 이러한 개념적 장점은 동시에 약점으로 통한다.

먼저, 소프트 파워 자원으로서의 문화·이념·외교 변수에 대한 강조와 관련하여, 나이의 논의에서는 소프트 파워의 생성 과정에 대한 분석이 매우 피상적이다. 특히 비물질적 변수를 복권시키는 과정에서 그것을 적당한 수준에서 얼버무려 제시함으로써 그러한 변수들이 생성되는 물적·지적 기반에 대한 논의를 회피했다. 예를 들어 정보화 시대의 소프트 파워에서 정보를 공유하고 신뢰할 만한 커뮤니케이션을 하는 능력은 핵심적이다. 그런데 이러한 능력은 중립적인 커뮤니케이션 환경에서 발생하는 것이 아니라 커뮤니케이션의 채널 자체와 이를 생산하는 IT(Information Technology)를 누가 생산해 장악하고 있느냐와 결코 무관하지 않다(김상배, 2008). 종전의 산업기술과는 달리 IT라는 기술이 코드나 프로토콜 또는 소프트웨어 프로그램의 형태로 생성되기 때문에 더욱 그러하다. 만약에 우리가 사용하는 각종 방송통신 기기, 특히 인공위성이나 휴대전화와 인터넷 등이 특정한 방향으로만 소프트 파워가 작동하도록 프로그램화 또는 코드화되어 있다면 소프트 파워 게임의 결과는 어떻게 될까? 아마도 소프트 파워 게임이 발생하기도 전에 선택과 배제의 메커니즘이 작동할 것이 뻔하다. 나이의 소프트 파워는 이러한 종류의 기술과 지식이 어떠한 맥락에서 생성되어 권력으로 연결되는지에 대한 분석적 논의를 베일 속에 감추고 있다.

또한 나이의 소프트 파워 개념은 문화나 이념 등의 비물질적 변수에 대해서 도구론적이고 전략론적인 방식으로 접근하고 있다. 나이는 군사·경제 자원에 빗대어 문화 자원이 국력의 중요한 도구가 되었다고 역설한다. 그런데 이런 도구적 또는 자원론적 시각으로 잡히지 않는 문화의 영역은 어떻게 할 것인가? 현실적으로 어떤 나라가 다른 나라 사람의 존경과 부러 움의 대상이 되는 것은 그 나라 특유의 문화적 자원 때문이기도 하겠지만, 그 나라의 제도와 체제 전체의 모습이나 더 나아가 당시 국제사회 전체에 확립된 보편적 가치나 문화질서와 연관된 경우일 수도 있다. 사실 이러한 존재론적 측면의 문화에서 우러나오는 진정성을 바탕으로 발휘되는 소프 트 파워의 영역은 매우 크다. 예를 들어 제7장 "중화질서와 덕치: 『한궁 추』에 담긴 권력론"에서 김영민이 강조하고 있듯이, 동아시아 전통질서의 기초인 덕(德)의 정치에는 전략적 사고를 경계하고 진정성을 강조하는 전 통이 있다. 문화적 요소를 가지고 전략적 사고를 전면에 내세웠을 때 과연 소프트 파워가 그 매력을 끝까지 유지할 수 있을지는 의문이다. 소프트 파 워를 전략적으로만 추구하다 보면 오히려 역효과를 불러올 수 있고, 그렇 게 해서 이루어지는 힘의 행사는 자발적 동의를 확보하기보다는 거부감만 불러일으킬 수 있다.[5]

나이의 개념은 소프트 파워의 효과성에 대해 기울이는 관심에 비해서, 그러한 소프트 파워가 얼마나 정당한 권력이냐의 문제, 즉 소프트 파워의 규범적 성격에 대해서는 상대적으로 둔감하다. 물론 소프트 파워의 정당 성을 피상적으로만 다루는 것은 주류 국제정치학이 상정하고 있는 국제정 치 조직원리의 특징에서 비롯되는 점이 다소 있다. 게다가 소프트 파워를 도구적으로 개념화하다 보니 권력 자체의 효과성에만 치중하는 문제가 발 생한다. 진정으로 공유된 이해를 기반으로 하여 수용되고 납득할 수 있는

---

5) 동아시아의 맥락에서 본 권력에 대한 논의로서 유용한 연구로는 Jullien(2004)을 참조.

방식으로 이루어지는 실질적으로 '정당한 지배'에 대한 관심이 약할 수밖에 없다. 그러나 이 책의 제1장에서 신진욱이 역설하고 있듯이, 서양정치사상의 전통에서 권력의 정당성 문제는 오랜 고민거리였다. 이러한 점에서 볼 때, 소프트 파워가 제대로 작동하려면 오히려 정당성을 추구하는 것이 가장 효과적인 길일 수도 있다. 최근 유럽의 '규범권력(normative power)'에 대한 벡(Ulrich Beck)의 논의와 연관되는 지점이다(Beck, 2005). 결과적으로, 동아시아 전통질서에서 논하는 덕(德)의 개념도 나이의 소프트 파워 개념으로 환원되지 않는 규범권력에 대한 요소를 담고 있음을 알 수 있다. 아마도 소프트 파워의 규범적 성격에 대한 나이의 침묵은 미국이 딛고 서 있는 제도의 정당성을 시비 걸고 싶지 않은 미국 학자로서의 속내를 감추는 문제로 연결되는 듯하다.

한편 소프트 파워의 작동 방식과 관련된 나이의 개념화에서 발견되는 몇 가지 한계도 지적하지 않을 수 없다. 나이의 소프트 파워 개념은 기존의 국제정치 권력개념과 달리 권력의 관계적 맥락을 강조하고 있지만 여전히 '행위자 기반의 개념화'라는 특성에서 벗어나지 못하고 있다. 다시 말해 소프트 파워 개념은 행위자 간의 밀고(push) 당기는(attract) 작용과 반작용의 인과관계를 염두에 둔 인식론을 바탕으로 한다. 이런 점에서 보면, 뉴턴 물리학의 전제에 근거해 있는 기존의 권력 개념과 크게 다르지 않다. 다만 기존의 권력 개념과 다른 것이 있다면, 원하는 바를 얻고자 강제적 방법을 사용하지 않고 다른 수단을 쓴다는 것, 즉 간접적인 설득과 동의의 메커니즘에 의지한다는 것이다. 그렇지만 이러한 나이의 설명만으로는 소프트 파워가 작동하는 설득의 메커니즘을 행태주의적 차원에서 너무 단순화해서 이해하고 있다는 비판을 면하기 어렵다. 이렇게 행위자들의 상호작용이라는 행태적 차원에서만 소프트 파워 메커니즘을 이해한다면, 행위자 간에 끌고 미는 관계 자체를 넘어서 발생하는 권력을 어떻게 설명할 것인가?

이러한 문제의식을 가지고 보면, 소프트 파워 개념은 행위자 차원을 넘어 구조 차원에서 작용하는 권력의 개념을 담아내지 못하는 약점을 안고 있음을 발견하게 된다. 다시 말해 소프트 파워 개념은 설득되고 매혹되어 자발적으로 따르는 권력의 메커니즘은 설명할 수 있지만, 싫으면서도 어쩔 수 없이 받아들여야 하는 권력의 메커니즘을 설명하지는 못한다. 인간 관계처럼 국가 간의 관계에도 매력을 느끼고 호감을 갖는 것이 선택의 사항으로 다가오는 것이 아니라 오히려 선택의 여지가 없는 운명으로 주어지는 것일 수도 있다. 맥도널드 햄버거를 먹는 사람이 좋아서가 아니라 그것 말고는 다른 먹을거리가 없어서 먹는다면? 마이크로소프트의 윈도 운영체계를 탑재한 컴퓨터를 선호해서가 아니라 윈도용으로 개발된 응용 프로그램을 쓰려고 어쩔 수 없이 사용한다면? 또한 인터넷상의 정보를 검색하려면 구글(Google)이나 야후(Yahoo) 같은 포털을 방문하는 것 이외에는 다른 방법이 없는 현실은 어떻게 설명할 것인가? 이렇듯 세계정치의 현실을 보면, 하드 파워로 밀어붙이고 강제하지 않더라도 별다른 선택의 여지가 없이 구조적 차원에서 제약을 부과하는 권력이 엄연히 존재한다. 소위 표준을 설정하는 권력으로 개념화되는 이러한 권력의 구조적 메커니즘은 나이의 소프트 파워 개념이 잡아내지 못하는 21세기 권력의 '소프트'한 측면이라고 할 수 있다.[6]

---

6) 이렇게 세계정치의 구조적 차원에서 작동하는 권력은 영국의 국제정치학자 스트레인지(Susan Strange)에 의해서 구조적 권력(structural power)라는 개념으로 제시된 바 있다(Strange, 1994; 김상배, 2004; 2007).

또한 소프트 파워의 개념에는 행위자의 명시적(또는 암묵적) 의지의 차원을 넘어서 작동하는 권력 메커니즘에 대한 구체적 논의가 부족하다. 이러한 지적은 나이의 소프트 파워 개념이 '작위(作爲) 차원'으로 환원되는 권력에 대한 논의라는 특징과 관련된다. 다시 말해 나이의 소프트 파워 개념은 의도성을 넘어서는 권력의 측면을 간과하고 있어서, 행위자들이 전략적 구도에서 서로 밀고 당기는 관계 자체를 아예 초월해 작용하는 권력의 개념을 담아내지 못한다. 따라서 소프트 파워의 개념은 행위자를 넘어서는 탈구조적(post-structural) 차원이나 행위자의 의지를 초월하는 '초(超)행위자'의 차원에서 작동하는 권력 메커니즘을 설명하지 못하게 되는 것이다. 예를 들어 세계정치의 권력 게임에 관여하는 모든 행위자가 '당연한 것으로 여기는 권력(taken-for-granted power)'이라는 것이 존재하지는 않을까? 이러한 권력은 세계정치를 관통해서 흐르는 체제의 수준에서 거론될 문제이지 특정한 국가 또는 행위자의 물리적 능력의 수준에서 논의할 문제가 아니다.[7]

이상에서 살펴본 바와 같이, 나이처럼 소프트 파워의 개념을 도구적 시각과 행위자 차원에서만 이해하다 보면 발생하는 문제점은, 하드 파워의 자원이 없는 비강대국이 소프트 파워로 강대국에 저항할 계기를 마련하기 어렵다는 점이다. 나이가 관심을 두는 소프트 파워는 미국이 주도하는 세계질서의 제도와 규범을 유지하는 과정에서 하드 파워만으로는 모두 채울

---

7) 최근 세계정치의 권력 논쟁을 담고 있는 Berenskoetter and Williams, eds.(2007)에 실린 Lukes(2007), Lebow(2007), Mattern(2007), Hassdorf(2007) 등의 논문은 각각 푸코(Michel Foucault), 고대 그리스 철학자, 리오타르(Jean-Francois Lyotard), 브루디외(Pierre Bourdieu) 등의 권력에 대한 논의를 원용하여 나이의 소프트 파워에 대한 비판적 논의를 펼치고 있다.

수 없는 틈새를 메우는 자원이자 전략이다. 이러한 점에서 나이의 소프트 파워는 세계질서 운영을 위한 '절차적 과정'에서 제기되는 권력일 뿐이지 세계정치의 '결과적 내용'에 영향을 미치는 권력이라고 보기는 어려울 것 같다. 이것이 바로 나이가 중소국가나 비국가 행위자들의 소프트 파워를 논하지만, 정작 이들에 의한 새로운 제도나 규범의 창출에 대한 논의가 미미하게 다루어지는 이유이다. 이러한 맥락에서 21세기를 맞이하여 변환을 겪는 세계정치의 권력을 제대로 파악하려면 나이가 제시한 소프트 파워 개념보다는 좀 더 정교한 분석 개념이 필요하다.

4. 21세기 권력론의 모색

이 책의 목적은 소프트 파워의 개념에 대한 단순한 비판을 넘어서 독자적인 권력론의 마련을 위한 첫걸음을 내딛는 데 있다. 그렇다면 나이의 소프트 파워 개념에 대한 검토뿐만 아니라 이에 대한 비판적 논의로부터 배울 수 있는 21세기 권력론의 실마리는 무엇인가? 이 글은 앞서 권력에 대한 논의에서 축으로 삼았던 권력자원과 권력 작동방식이라는 두 가지 차원에서 본 권력 변환에 주목해서 향후 21세기 권력 연구가 지향해야 할 방향을 짚어보고자 한다.

1) 21세기 권력의 자원과 원천

권력 변환의 첫 번째의 차원은 '권력자원의 변환'이라는 축이다. 이 변환은 21세기 권력이 어디에서 생겨나는가의 문제라고 할 수 있다. 나이가 소프트 파워에 대한 논의에서 제기했듯이, 21세기적인 맥락에서 이해된 권력은 물질적 요소뿐만 아니라 비물질적 요소에 점점 더 많이 의존하게 될 것으로 예상된다. 이런 추이를 볼 때, 최근 권력에 대한 연구가 문화라는 변수에 특별히 주목하는 것은 매우 고무적인 일이다. 일반적으로 문화와 관련된 권력은 '다르지만 배우고 싶은 모습'을 창출하는 능력과 관련 있다. 나이도 지적하고 있듯이, 이러한 문화권력은 대중문화처럼 어느 나라의 특수한 삶의 모습을 담고 있지만, 다른 나라에도 호감을 주고 매력을 발신하는 보편적 요소를 담아내는 힘이다. 사실 이러한 문화권력에 대한 논의는 나이가 이미 그의 소프트 파워 개념에서 충분히 펼치고 있다. 할리우드와 디즈니로 대변되는 미국 대중문화가 대표적인 사례일 것이다. 또한 제2장 "소프트 파워와 정책 담론: 경합하는 일본의 정체성"에서 손열이 논하고 있듯이, 일본 대중문화에서 만화, 잡지, 대중음악, 패션, 디자인, 음식 등을 통해서 반영되는 이른바 '쿨 재팬(Cool Japan)'과 '라이프스타일 리더(lifestyle leader), 일본'에 대한 논의도 비슷한 사례이다. 한류(韓流)로 대변되는 최근의 한국 영화나 드라마의 성장도 같은 맥락에서 이해할 수 있는 사례이다.

21세기 권력론은 특수성으로서의 문화뿐만 아니라 보편적인 이념이 지니는 권력적 성격에 대해서도 관심을 기울여야 할 것이다. 아무리 문화적으로 매력 있는 나라라도 보편적으로 타당한 명분이 없다면 다른 나라를 설득할 수 없다. 바로 이러한 맥락에서 민주주의와 인권, 자유와 평화 등과 같은 이념적 변수가 비물질적 권력 영역에서 그 중요성을 더해가고 있다. 실제로 최근 들어 특정한 정치·경제적 가치를 매력 자원 또는 자기의 정체성으로 삼아, 이를 확산하여 국제정치적 목표를 실현하려는 움직임이 부쩍 증가하고 있다. 예를 들어 20세기 후반 미국 외교정책이 보편적 가치로서의 자유, 민주, 인권, 법치, 시장경제 등을 확산시키려 했음은 널리 알려진 사실이다. 또한 제2장에서 손열이 지적하고 있듯이, 최근의 일본 외교도 소위 '가치외교'라는 명목하에 자유, 민주, 인권, 법치, 시장경제라는 보편적 가치, 좀 더 엄밀하게 말하면 미국적 가치를 내세움으로써 자신들의 대외적 정체성을 규정하려는 시도를 보였다. 사실 특정한 정치·사회적 배경에서 출현한 이들 이념과 가치들이 대내외적으로 보편성을 주장하는 과정, 그 자체가 바로 21세기 권력론의 연구 주제이다.

그런데 기본적으로 나이의 연속선상에 있는 이상의 논의가 간과한 문화 권력의 측면이 있음을 잊지 말아야 한다. 앞서 살펴보았듯이, 문화와 가치가 지니는 권력자원으로서의 속성에 주목하는 소프트 파워 논의의 특징은 문화가 권력관계에서 배척, 즉 밀어내는 것이 아니라 흡인, 즉 끌어당기는 방식에 주목한다는 데 있다. 한 국가가 지닌 문화적 저력이나 가치의 우월성이 상대방으로 하여금 따르고 좋아하게끔 한다고 보는 것이다. 그렇지만 문화와 이념과 관련된 권력정치의 과정이 항상 매력을 바탕으로 상대방을 끌어당기는 '포섭의 논리'만을 담는 것은 아니다. 경우에 따라서 문화는 냉혹하기 이를 데 없는 선택과 배제의 메커니즘을 의미하기도 한다. 이러한 메커니즘은 문화 그 자체라기보다는 '문화에 대해서 말하는 것', 즉 문화의 담론과 관련되는 경우가 많다(최정운, 2007). 문화가 무엇이고, 특히 우월한 문화가 누구의 문화이냐를 논하는 과정에는 서로 다른 계급 간에 혹은 문화 생산에서의 주류와 비주류 간에, 자신이 누리는 문화의 스타일을 상대방에게는 허용하지 않는 배척과 배제의 논리가 작동하기도 한다.

이러한 맥락에서 주목할 것은, 제3장 "소프트 파워와 문화자본, 그리고 정체성"에서 한준이 다루고 있듯이, 소위 문화자본(cultural capital)으로 개념화되는 고급문화이다. 프랑스의 사회학자 부르디외(Pierre Bourdieu)의 개념인 문화자본은 문화적 가치의 기준을 제시하고 이를 활용하여 이익을 취할 수 있는 능력이나 자원을 의미한다(부르디외, 2005). 문화자본의 많고 적음은 경제적인 의미의 계급적 위상을 표현하는데, 부르디외는 이러한 문화적 취향과 계급적 위상의 대응을 '상동(相同, homology)'이라고 정의했다. 게다가 문화자본은 사회적으로 '구별짓기(distinction)'를 행사하는 권력자원이 된다. 여기서 '구별짓기'란 문화자본의 보유 정도에 따라서 서로 상징적 경계를 구성하고 설정하며 재생산하는 행위이다. 특히 문화자본에 대한 담론은 구체적 상징의 생산을 통해 특정 계급의 문화가 우월하다는 이미지를 정당화하고, 이를 바탕으로 타자의 삶을 구성하는 문화권력을 행사한다. 예를 들어 경제적인 의미에서 생성된 '명품(名品)'의 이미지가 발휘하는 문화적 위력을 떠올려볼 수 있을 것 같다. 만약 이러한 '명품'을 소비하고자 또는 여타 고급문화를 즐기고자 단순한 안목의 수준을 넘어서는 정교한 지식체계가 있어야 한다면, 문화자본을 바탕으로 선택과 배제를 하는 권력은 더욱 강화되어 나타날 수 있다. 이러한 문화자본의 권력에 대한 논의는 여태까지 주로 국내차원에서 출현했지만 국제적 차원에서 적용될 충분한 여지가 있다.

세계화 시대를 맞이하여 문화자본의 생산과 소비는 부르디외가 그린 '상동관계'를 기반으로 한 배제의 논리를 넘어서는 다양성을 보여주고 있다. 제3장에서 한준이 소개하는 '옴니보어(omnivore)'에 대한 논의가 바로 그것이다. 옴니보어는 세계화의 문화적 효과 중 다양성의 증가에 무게를 둔다. 옴니보어 논의에 따르면, 특정 문화 예술의 내용이나 스타일은, 상동관계가 그려내는 것처럼 계급적 지위에 상응하는 것이 아니라, 문화자본의 보유 여부에 따라서 선호와 취향의 범위가 넓어지거나 좁아지는 것으로 이해해야 한다(Peterson and Kern, 1996). 예를 들어 음악 장르에 대한 취향은 상류층일수록 다양한 문화적 내용을 선호하고 폭넓게 즐기는 반면, 하류층으로 갈수록 자신들이 선호하는 대중적 취향에 고착되는 경향이 있다는 것이다. 고급 레스토랑만 드나드는 것이 아니라 재래시장에서 서민들과 설렁탕 한 그릇을 함께 즐길 줄 아는 대통령 후보가 훨씬 더 문화적 소양이 풍부하다고 인식되는 것도 같은 이치이다. 대학 축전 기간에 학생들이 개최한 댄스파티에서 신세대의 춤을 선보이는 대학 총장의 문화적 포용성이 돋보이는 것도 바로 이러한 문화자본의 옴니보어 주장과 맥을 같이한다.

현대사회의 일반적 경향은 사회 내의 정체성이 다양해지고 이질성이 높아지는 추세에서 발견된다. 세계화와 정보화는 이러한 경향을 더욱 강화하는 촉매제를 제공한다. 이러한 맥락에서 옴니보어 주장은 문화적 가치면에서 절대적 권위의 지배가 아닌 포용과 관용의 중요성이 커진 것을 반영한다. 문화자본의 상동관계 논의가 문화 장르 및 스타일의 위계적 우열을 가정하고 있었다면, 옴니보어 논의에서는 그 위계적 우열을 인정하지 않고 대등한 것으로 본다. 이러한 상황에서 문화적 다양성을 수용하고 발신할 능력이 있다는 것은 또 하나의 소프트 파워이고 또 다른 구별짓기의 양식이라고 할 수 있다. 다시 말해 대외적으로 타자의 문화와 가치에 대해 포용적이고 개방적인 이미지를 창출하는 능력, 그 자체가 매우 중요한 소프트 파워의 능력이라고 할 수 있다. 이러한 과정에서 옴니보어 논리의 다문화자본은 낯선 문화와 가치를 배척하는 것이 아니라 관용함으로써 상호 간에 매력과 끌림의 관계를 형성하는 데 이바지할 것이다. 강조컨대, 여기서 중요한 권력적 함의를 갖는 것은 어떠한 정체성을 가지고 있느냐의 문제이다. 이러한 맥락에서 자원으로서의 문화권력에 대한 논의는 정체성으로서의 문화권력에 대한 논의로 자연스럽게 연결된다.

사실 정체성은 21세기 권력에 대한 논의에서 매우 중요한 변수이다. 일반적으로 자신의 매력에 대한 평가는 타자에 의해 이루어지지만, 결국에는 자기 자신을 어떻게 보는지와 관련된 정체성의 문제로 귀착되기 때문이다. 궁극적으로 자기 스스로 규정하는 정체성과 타자가 인식하는 정체성이 일치할 때 소프트 파워는 발휘될 수 있다. 제2장에서 손열이 지적하고 있듯이, 자기의 가치와 이념 혹은 이미지가 어떻게 하면 타자에게 매력적일 수 있는지를 '아는 능력'이 정체성과 관련된 소프트 파워의 중요한 부분이다. 그렇다면 스스로 판단하기에 자기가 가진 복수의 가치와 이념 또는 문화 중에서 어느 것을 부각시켜 정체성을 구성해야 주어진 상황적 맥락에서 최선의 결과를 끌어낼 수 있을까? 다시 말해 정체성을 어떻게 구성하는 것이 권력을 발휘하는 길일까? 여기서 주목할 점은 이렇게 도구적 또는 전략적 차원에서 정체성의 권력에 접근하는 경우 일정한 한계를 가질 수밖에 없다는 사실이다. 정체성의 정치는 본질적으로 자기중심적이어서 타자의 시각을 진실로 받아들이기보다는 자기가 구성한 현실 즉, 자기의 이해관계가 걸린 현실을 진실로 삼아 발신하려는 경향이 일반적이기 때문이다. 여기에는 자기가 보기에 매력적인 것이 남에게도 매력적일 것이라는 전제가 깔려 있다. 제2장에서 손열이 다룬 일본의 사례는 정책 담론에 담긴 자기 정체성의 문제점들을 극명하게 보여준다.

자기 정체성의 구성 문제가 21세기 세계정치와 만나는 접점은 최근 종교라는 변수가 부활하는 지점에서도 발견된다. 종교는 세계관을 제공하고 개인 정체성의 근원이 되며, 정치적 정당성의 근거가 되고 공식적 제도의 기반이 되기도 한다. 인간의 행위 동기는 다양한 요소에 기반을 두고 있지만, 만약에 초월적 신에 대한 믿음을 바탕으로 한 종교적 요소를 기반으로 둘 경우 좀 더 확고한 동기로 무장된다. 제6장 "'종교의 부활'과 근대 국제질서의 변환"에서 전재성이 논하고 있듯이, 테러리즘의 배경으로 지목받는 이슬람 근본주의의 발흥이나 미국에서의 기독교 근본주의 강화 등의 사례는 종교적 정체성을 바탕으로 한 국제정치 현상의 대표적 사례들이다. 이러한 과정에서 종교를 매개로 정체성을 응집하는 것은 도구적·전략적 차원에서 보았을 때 매우 중요한 권력자원이다. 예를 들어, 테러 집단의 지도자들은 종교적 요소를 이용하여, 미국 중심의 세계관에 대한 대항적 세계관을 구성하고 이를 바탕으로 대항 세력을 규합한다. 이럴 때는 그야말로 정체성 자체가 권력이 된다. 그러나 지나치게 비타협적인 종교적 신념을 바탕으로 한 절대적 진리에 대한 신봉은 오히려 매력을 상실하는 빌미가 되기도 한다.

이러한 문제점들 때문에 정체성의 문제는 도구적·전략적 차원을 넘어서 이해해야 한다. 정체성은 자신이 속한 공동체와의 관계를 설정하는 존재론적 문제이기 때문에 원래 의도한 범위 내에서 통제되지 않고 의도하지 않은 결과를 낳을 수도 있다. 다시 말해 정체성의 도구적·전략적 활용은 공동체의 존재 기반을 허물고 그 자체를 변화시키는 모순을 품고 있다. 예를 들어 소프트 파워를 발신하기 위해서 자기 정체성을 재구성하는 국가적 노력은 궁극적으로 국가 단위의 정체성 자체를 변환시키는 결과를 낳기도 한다. 그도 그럴 것이 국가 단위의 경직된 정체성을 고수하는 것보다는 국내외적으로 유연한 정체성을 내보이는 것이 좀 더 매력 있기 때문이다. 특히 세계화와 정보화 시대를 맞이하여 근대적 의미의 통합된 단일 국가 정체성을 고수하는 것보다는 복합적이고 개방된 정체성을 구성하는 것이 매력을 얻는 길이다(Castells, 2004). 이런 면에서 볼 때, 미국이나 일본의 사례에서 발견되는 도구적·전략적 정체성 논의를 넘어 유럽의 정체성 문제가 21세기 권력론에 주는 시사점은 크다.

최근 유럽 통합의 사례는 제4장 "소프트 파워와 정체성의 정치: 유럽의 사례"에서 홍태영이 논하고 있듯이, 도구적 차원에서 본 정체성의 구성에 대한 논의를 넘어서 '결과로서의 복합 정체성'이 발신하는 힘을 엿보게 한다. 최근 유럽에서는 지구화에서 비롯된 국민국가 단위의 국민정체성 변환과 탈근대사회의 등장에 따른 합리적이고 이성적인 근대적 개인 정체성의 다원화가 관찰된다. 또한 초국가적인 차원에서 문화적 인종주의와 소수민족주의, 그리고 이민자들이 창출하는 이슬람의 정체성 등도 혼재해서 나타나고 있다. 이러한 과정 중 유럽 차원에서 발생하는 정체성의 정치는 다층적이고 중첩적인 정체성을 보유한 단위체가 대내외적으로 발신하는 매력의 시험대가 되고 있다. 이는 자원으로서 문화를 수출하여 자국의 소프트 파워를 강화하는 근대 문화국가 차원의 발상을 넘어서는 문제이다. 또한 단일성과 폐쇄성, 그리고 고정성을 특징으로 하는 지배적 정체성을 넘어서 개방성과 유동성, 그리고 비결정성을 특징으로 하는 저항적 정체성의 부상을 의미한다(Castells, 2004). 이러한 정체성의 권력에 대한 논의는 자원으로서 권력이 아니라 흐름으로서 권력에 대한 논의로 연결될 뿐만 아니라 앞으로 설명할 권력의 작동방식 문제와 밀접히 관련돼 있다.

2) 21세기 권력의 작동 메커니즘

권력 변환의 두 번째 차원은 '권력작동 방식의 변환'이다. 이러한 변환은 21세기 권력이 어떻게 작동하는가의 문제라고 할 것이다. 나이가 소프트 파워에 대한 논의에서 강조했듯이, 21세기 권력은 행위자들의 속성이나 행위자들이 보유한 자원이 아니라 점점 더 이들이 구성하는 관계적 맥락에서 생성될 것으로 예상된다. 권력이 작동하는 관계적 맥락에 대한 강조는 21세기 권력 논의에서 비물질적 권력자원에 대한 관심의 증대와 맥을 같이한다. 예를 들어 앞서 언급한 정체성의 권력은 타자와의 관계 속에서 자신을 어떻게 인식할 것이냐, 그리고 그러한 과정에서 기술·정보·지식·커뮤니케이션 등과 같은 권력자원을 어떻게 동원할 것이냐의 문제와 밀접한 연관이 있다. 이러한 권력의 관계적 메커니즘을 본격적으로 이해하려면 나이가 펼치는 양자(兩者)적·평면적 관계에 대한 논의를 넘어서 양자적 관계들이 구성하는 네트워크 전체의 입체적 맥락에서 권력 메커니즘을 보려는 발상이 필요하다. 이 책이 주목한 것은 행위자와 과정, 그리고 체제의 세 가지 차원에서 작동하는 '네트워크 권력'의 개념이다(Grewal, 2008; 김상배, 2008).

첫째, 네트워크의 시각에서 권력 메커니즘을 보면, 행위자 차원에서 세(勢)를 모으는, 즉 네트워크를 만드는 권력 과정에 먼저 주목하게 된다. 이러한 권력은 네트워크를 여러 노드(node)들로 구성된 일종의 행위자로 보고, 그 네트워크가 더 많은 노드를 끌어모으는 소위 네트워커(networker) 또는 소집자(召集者, convener) 역할을 하는 것을 떠올리면 이해하기 쉽다. 이렇게 보면 네트워크를 구성하는 노드가 많으면 많을수록 그 네트워크 행위자가 발휘하는 권력은 더욱 커지게 된다. 사실 나이의 소프트 파워 개념은 비록 초보적이지만 이렇게 네트워크가 세를 모으는 권력에 대한 논의를 담고 있다. 나이의 논의에서 나타난 것처럼 노드를 많이 끌어모으는 네트워크 행위자는 폭력이나 돈과 같은 전통적인 자원도 보유하고 있겠지만, 비물질적인 차원에서 파악되는 내재적 매력이 있기 마련이다. 사실 소프트 파워 개념을 통해서 나이가 강조하고자 했던 바도, 하드 파워처럼 물질적 자원을 바탕으로 '밀어붙이는 완력'보다는, 소프트 파워처럼 비물질적 자원에 의지하여 '끌어당기는 매력'이 노드들을 불러 모아서 네트워크의 세를 불리는 데 더욱 중요해졌다는 점이었다(서울대학교 국제문제연구소, 2008).

이렇게 세를 불려 발휘되는 네트워커의 권력은 제3장에서 한준이 소개하는 사회자본(social capital)에 대한 논의를 통해서 좀 더 구체적으로 이해할 수 있다. 사회자본의 개념적 핵심은 타인이나 집단, 조직을 통해 자신이 원하는 바를 달성할 수 있는 사회관계의 특성에 있다. 이러한 특성 중에서 신뢰는 협력을 부추겨 개인과 집단 모두에게 바람직한 성과를 가져올 수 있게 하는 중요한 요소이다. 이러한 신뢰를 바탕으로 지속적인 사회 연결망이 형성될 때 개인과 집단 간의 협력은 더욱 원활해지고 사회관계는 더욱 결속된다. 더 나아가 내용적 측면에서 그 사회관계가 서로 동일한 가치와 규범, 문화를 공유하게 된다면 그 결속의 힘은 더욱 커진다. 즉, 사람들 간의 관계가 조밀해지고 빈틈없이 연결될 뿐만 아니라 규범이나 규칙까지도 형성된다면, 그 사회관계를 바탕으로 한 집합 행동의 가능성이 더욱 커질 것이다. 이렇게 보면 사회자본에 대한 논의와 앞서 언급한 문화자본에 대한 논의는 서로 접점을 찾게 된다. 문화자본이 사회자본의 내용을 채우는 질료와 같다면 사회자본은 문화자본의 통로이자 그것이 반영된 프리즘과 같다고 할 수 있다.

그렇지만 이상의 논의가 놓친 네트워커 권력의 또 다른 차원이 있다. 이는 다름 아니라 네트워크 자체가 낳는 네트워크 효과(network effects)의 동학이다. 이는 노드의 숫자, 즉 네트워크의 규모 자체라는 외재적 요인이 노드들을 유인하여 힘을 늘리고 이것이 소위 지배표준(dominant standards)이 됨으로써 발생하는 권력의 영역이다. 쉽게 말해 이는 '숫자의 힘'이 '표준의 힘'으로 전이되는 과정에 대한 논의이다. 경제학에서 '네트워크 외부성

(network externalities)'이라고 부르는 이 개념은 네트워크에 가입한 사람들의 숫자 자체가 네트워크에 가입하게 하는 과정을 잘 보여준다. 네트워크 규모가 낳는 선택과 배제의 메커니즘은 궁극적으로 승자독식(勝者獨食)의 논리에 의해서 작동되어 새로운 진입자의 자유로운 선택을 배제하고 대안 표준(alternative standards)의 가능성을 제거하는 구조적 현상으로 연결된다. 또한 이러한 네트워커 게임의 이면에는 주어진 표준을 선택하지 않을 때 폭력이나 제재를 동원해서라도 내 편을 만들려고 하는 실력 행사의 메커니즘이 바탕에 깔려 있다는 점도 잊어서는 안 될 것이다.

둘째, 네트워크의 시각에서 권력 메커니즘을 볼 경우 얻는 또 하나의 소득은 '관계적 맥락'에서 발생하는 권력 행사의 '과정'에 대한 새로운 발상이다. 여기서 '관계적 맥락'이라는 용어와 관련하여 나이의 용례와의 차이를 밝힐 필요가 있다. 앞서 언급한 바와 같이 나이의 소프트 파워는 기존의 국제정치 권력에 대한 논의에서 상대적으로 소홀히 취급되었던 관계적 맥락에 대한 주의를 환기시켰다. 그런데 나이가 말하는 관계적 맥락이란 행태주의적 차원에서 이해된 상호작용의 관계이거나 혹은 단위 차원의 권력이 작동하는 과정에 영향을 미치는 환경적인 요소를 의미한다. 즉, 나이는 권력 논의에서 어떠한 환경을 배경으로 누가 누구에게 권력을 행사하는가를 구체적으로 염두에 두어야 한다고 지적하고 있다. 이에 비해 이 책에서 제기하는 네트워크 권력에 대한 논의는 행위자 간 상호관계의 아키텍처와 그 속에서 행위자들이 차지하는 관계적(또는 구조적) 위상이라는 의미로 이해된 '관계'에 주목한다.

이러한 시각에서 이해된 네트워크상 권력은 무조건 노드의 덩치가 크거나 네트워크 규모가 크다고 해서 생겨나는 것만은 아니다. 또한 무조건 네트워크상의 중앙에 위치한다고 해서 발생하는 것도 아니다. 오히려 전체 네트워크상에서 또는 두 개 이상의 네트워크 사이에서 어느 특정 노드가 차지하는 위치나 기능 또는 링크의 형태와 숫자, 통칭하여 네트워크의 구도로부터도 권력은 비롯된다. 이러한 네트워크 권력을 다른 말로 표현하면, 네트워크상에서 자기를 통하지 않고는 소통이 되지 않는 요충지를 차지하고 '통(通)'하는 과정을 통제하는 권력이다. 이는 일종의 스위처(switcher) 또는 조정자(coordinator)가 네트워크상에서 발휘하는 권력이라고 할 수 있다. 이러한 네트워크 권력은, 제5장 "정치권력의 사회학적 분해: 자원권력과 네트워크 권력"에서 장덕진이 논하고 있듯이, 네트워크의 특정한 위상을 차지함으로써 발생하는 '위상적 권력(positional power)'이라고 할 수 있다.

물론 네트워크의 시각에서 이해된 위상적 권력은 전통적인 권력 메커니즘과 중첩되어 작동한다. 예를 들어, 네트워크상의 노드가 원래 자원을 보유하고 있으면 스위처로서 권력이 배가될 수도 있다. 전통적으로 국제 체제에서는 권력자원을 많이 보유한 강대국이 권력자원이 빈약한 약소국에 비해 스위처의 구실을 할 가능성이 크기 때문이다. 그러나 스위처의 권력을 물질적 자원의 보유 여부로만 환원할 수는 없다. 오히려 정보와 지식과 같은 비물질적 자원이나 커뮤니케이션 과정에서 생성되는 평판과 신뢰가 네트워크 시대의 스위처 권력을 행사하는 데 더욱 중요할 수도 있다. 경우에 따라서는 스위처의 위상을 차지한 노드가 부당하게 자원을 추구하는 순간 공정한 스위처로서의 평판을 하루아침에 잃을 수도 있다. 한편 스위처의 권력은 네트워크 전체의 작동을 위해서 요구하는 호환성과 상호작동성의 제공이라는 독특한 조건과 관련해서 발생하는데, 이러한 과정에서 특정 노드만이 그러한 기능을 제공할 수 있다는 배타성의 논리를 만들어내는 것이 관건이다.

끝으로, 행위자나 과정의 차원에서 이해된 네트워크 권력에 대한 논의와 더불어 구조나 체제 차원에서 작동하는 권력 메커니즘에도 주목해야 한다. 이는 나이의 소프트 파워 개념이 가장 소홀히 취급하는 있는 21세기 권력의 측면이기도 하다. 구조나 체제에서 이해된 네트워크 권력은 네트워크상의 권력정치가 시작되기 전에 네트워크의 형세(形勢, configuration) 자체를 짜는 프로그래머(programmer) 또는 설계자(designer)의 권력이라고 부를 수 있다. 마치 컴퓨터 네트워크에 소프트웨어 코드를 심어 넣듯이 네트워크 자체가 실행되기 전에 미리 특정한 프로그램을 내재화시키는 행위를 연상하면 이해하기 쉽다. 정보화 시대를 맞이하여 각종 운영체계 프로그램이나 검색 엔진의 로봇 등에 이러한 종류의 코드가 프로그래밍이 되어 우리의 생각과 행위에 영향을 미치고 있다. 특히 오늘날의 기술 코드와 프로그램은 개인 정보의 수집과 처리를 통해 감시권력(surveillance power) 또는 규율권력(disciplinary power)을 행사하기도 한다. 프랑스 철학자 푸코(Michel Foucault)의 용어를 빌려 설명하자면, 이렇게 기술과 정보의 프로그램을 장악한다는 것의 의미는 '사물에 대한 지식'의 통제를 통해서 통치술(統治術, governmentality)을 행사하는 것이다(Faubion ed., 2000; Foucault, 2007).

이렇게 프로그램을 짜는 네트워크 권력에 대한 논의는 기술의 영역에만 국한된 것은 아니다. 네트워크 권력은 명시적 제도와 암묵적 규범을 프로그래밍하는 권력을 의미할 수도 있다. 그리고 좀 더 심층적인 차원에서 그러한 제도와 규범에 설득력 있는 이념과 존재론적 보편성을 담아내는 능력과 관련이 있다. 예를 들어 20세기 후반 세계정치·경제는 소위 신자유주의적 경제 이념이 발휘하는 제도와 규범의 권력을 목도한 바 있다. 글로벌 경제질서가 형성·작동되는 과정에서 미국에 기원을 두는 자유민주주의와 시장경제의 이념은, 많은 논란이 있지만, 보편적 정치경제 이념으로서의 매력을 발휘했던 것이 사실이다. 미국의 국내적 규범을 바탕으로 한 세계질서가 디자인되었으며, 개발도상국들이 추진한 경제개혁의 방향도 이러한 프로그램을 수용하는 방향으로 잡혔다. 이러한 과정에서 소위 '워싱턴 컨센서스'로 개념화된 미국발 정치경제 이념은 이를 잉태한 미국이라는 체제의 존재론적 저력을 바탕으로 했다. 그러나 2008년 후반에 불어닥친 미국발 금융위기는 '워싱턴 컨센서스'로 개념화되는 미국의 신자유주의적 정책과 제도의 소프트 파워를 크게 훼손했을 뿐만 아니라, 이에 대한 대안으로서 유럽 모델이나 동아시아 모델에 대한 관심을 제고시키고 있다.

한편 근대 국제질서 내의 제도와 규범을 짜는 차원의 논의를 넘어서는 프로그래머의 권력에 대해서도 주목할 필요가 있다. 이러한 점에서 제6장 "'종교의 부활'과 근대 국제질서의 변환"에서 전재성이 펼친, 근대 국제질서의 조직원리(organizing principle)라는 프로그램의 변환에 대한 논의는 매우 흥미롭다. 국제질서의 조직원리가 변화하는 데 영향을 미치는 변수는 여러 가지가 있겠지만, 종교 변수는 어떠한 이념이나 사상보다도 근본적이고 포괄적일 뿐만 아니라 국가 단위를 넘어서는 초국가성을 지닌다는 점에서 특히 더 주목할 필요가 있다. 국제정치적 근대의 출발점이라고 여겨지는 1648년의 베스트팔렌 조약 이후 국제질서의 조직원리는 물질적 이익과 같은 세속적 변수에 기반을 두고 작동하는 것으로 여겨져 왔다. 그러던 것이 최근 테러리즘의 부상과 함께 그 기저에 자리 잡은 종교적 변수에 대한 관심이 증대하면서 '세계적인 종교의 부활' 또는 '국제정치의 탈세속화(desecularization)'에 대한 논의가 탄력을 받고 있다. 게다가 국제정치에서 종교의 부활에 대한 논의는 근대 국제질서의 밑바탕에 깔려 있는 이성 중심주의나 근대 과학적 세계관의 한계에 대한 자각과 맞물리면서 종교적

48

초월성과 영성(靈性)에 기반을 둔, 세계정치의 대안적 프로그램에까지 나아가고 있다.

이러한 관점에서 보면 프로그래머의 권력은 궁극적으로 가치의 프로그램을 짜는 권력과 연결될 수밖에 없을 것이다. 가치의 프로그래밍은 나이의 소프트 파워 개념이 그려내는 것처럼 작위적인 차원에서 시도될 수도 있지만, 네트워크 권력의 시각에서 강조하고 싶은 것은 의도성의 영역을 넘어서 작동하는 가치와 체제의 프로그래밍 문제이다. 이러한 관점에서 보면 비록 전통 동아시아 질서에 대한 논의이지만, 제7장에서 김영민이 역설하는 중화질서와 덕치에 대한 논의가 21세기 권력론에 주는 시사점은 매우 크다. 전통 동아시아에서 중국은 주변국들에 무력을 사용하지 않더라도 우월한 문명의 힘과 통치자의 역량에 의해 자발적인 질서의 형성을 이루어냈다. 이른바 중화질서로 알려진 이러한 질서를 지지하는 사상적 기초의 핵심은 덕치이다. 덕치는 각 주체 간 일정한 형태의 위계를 전제로 하지만 관료적 위계나 형식상 서열을 의미하는 것은 아니고, 일정한 가치의 실현을 전제로 하는 일종의 규범이었다. 중화질서 관념은 덕을 체현하는 중심적 존재에 의한 개인 혹은 국가의 교화를 전제로 했다. 단순한 공존을 넘어 특정한 가치를 향한 변화를 도모한다는 점에서 중화질서 하의 덕치는 매우 개입적인 권력관을 의미하는 것처럼 보이지만, 실제로는 앞서 언급한 바와 같이 무위(無爲)의 정치와 결합한다는 점에 유의해야 한다.

이상의 논의를 통해서, 나이가 소프트 파워 개념을 통해서 제기했음에도 여전히 신비화의 베일 속에 감춰 놓은 21세기 권력의 실체가 드러나기를 기대한다. 특히 나이의 소프트 파워 개념이 적절한 수준에서 얼버무린 지배 메커니즘이 입체적으로 드러나기를 기대한다. 그러나 21세기 권력에 대한 탐구는 '지배의 권력론'을 넘어서는 '저항의 권력론'을 모색하는 데까지 나아가야 할 것이다(Stewart, 2001). "결론을 대신하여_네트워크 권력론의 모색"에서 필자가 논하고 있듯이, 네트워크 권력은 지배의 수단이 될 수도 있고 자유의 조건일 수도 있다. 대항 세력의 네트워크 권력이 가장 효과를 볼 수 있는 부분은 패권 세력이 마련한 프로그램의 규범적 타당성에 도전하는 것이다. 그렇다고 대항 세력이 패권 세력을 능가하는 프로그래머가 될 수 있는 것은 아니다. 그러나 지배 네트워크와 다른 대안적 채널의 비전을 제시함으로써 어느 정도 반론을 제기할 수 있다는 데 의의가 있다. 이러한 과정에서 지배 네트워크가 운영하는 프로그램의 구조적 편향을 지적하거나, 반론에 힘을 싣고자 세를 규합하는 전략들을 동원할 수 있을 것이다. 요컨대, 저항의 네트워크 권력이 성공하는 길은 앞서 언급한 행위자와 과정 및 체제의 차원에서 이해된 네트워크 권력을 복합적으로 활용하는 데 있다.

5. 이 책의 구성

"소프트 파워와 21세기 권력: 네트워크 권력론의 모색"이라는 제목하에 구성한 이 책에는 서론을 포함하여 모두 9편의 글을 실었다. 제1부 "소프트 파워의 사상사적 맥락"에 실은 제1장 "근대 서양정치사상과 소프트 파워: 베버와 그람시"에서 신진욱은 이 책에서 펼치는 소프트 파워와 21세기 권력에 대한 논의의 사상사적 맥락을 검토했다. 특히 나이가 '소프트 파워'라고 부른 권력의 개념화가 20세기 후반 현대 세계정치에서 새로이 등장한 것이 아니라 '강제의 측면'과 '동의의 측면'을 동시에 강조한 근대 서양정치사상의 전통에 면면히 흐르고 있음을 강조했다. 이러한 역사적 논의를 바탕으로 이 책의 본론에 해당하는 6개의 논문은 크게 두 개의 그룹으로 나누어 소프트 파워와 21세기 권력에 대해서 주로 이론적이고 개념적인 논의를 펼쳤다.

나이의 소프트 파워 개념이 '비물질적 자원'을 바탕으로 한 '관계적 맥락'에서 작동하는 권력에 대한 논의를 펼쳤다면, 제2부 "소프트 파워와 21세기 권력의 원천"에 실은 3개의 논문은 나이의 소프트 파워에 대한 논의의 연속 선상에서 그의 개념화를 넘어서려는 시도들이다. 특히 소프트 파워에 대한 논의가 자원으로서 비물질적 변수에 대한 관심으로부터 탈물질적 변수, 특히 정체성의 변수로 이행하는 과정에 주목해야 함을 강조했다. 또한 권력의 작동 방식이라는 차원에서도 행태주의적 관계의 차원을 넘어서 구조적 맥락에서 작동하는 21세기 권력의 속성에 주목했다. 예를 들어 제2장 "소프트 파워와 정책 담론: 경합하는 일본의 정체성"에서 손열은 나이의 소프트 파워에 대한 비판적 논의에서 시작하여 정책 담론이나 자기 정체성의 구성과 같은 탈물질적 측면의 권력을 강조했다. 제3장 "소프트 파워와 문화자본, 그리고 정체성"에서 한준은 문화자본같이 구조적 맥락에서 작동하는 비물질적 권력자원의 동학과 옴니보어로 대변되는 문화적 정체성의 다양화 문제를 다루었다. 제4장 "소프트 파워와 정체성의 정치: 유럽의 사례"에서 홍태영은 근대 국민국가에 기반을 둔 국민 정체성이 안과 밖으로 변환을 겪으면서 새로운 권력적 함의를 획득하는 과정을 유럽의 사례를 통해서 설명했다.

제3부 "21세기 권력의 작동 메커니즘"에 실은 3개의 논문은 나이의 소프트 파워에 대한 논의를 본격적으로 극복하려는 이론적 지평을 펼쳤다. 특히 이들 세 논문은 자원의 개념으로 환원될 수 없는 '탈물질적 변수'뿐만

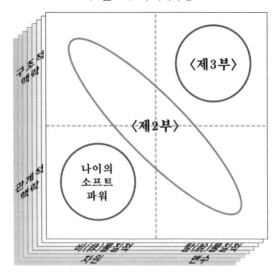

〈그림 1-1〉 이 책의 구성

구조적 맥락

관계적 맥락

〈제3부〉

〈제2부〉

나이의
소프트
파워

비(非)물질적
자원

탈(脫)물질적
변수

아니라 행위자 차원으로 환원될 수 없는 '(탈)구조적 맥락'의 권력 메커니
즘에 특별히 주목했다. 예를 들어, 제5장 "정치권력의 사회학적 분해: 자
원권력과 네트워크 권력"에서 장덕진은 네트워크의 구조적 맥락에서 상호
작용이 발생하는 과정에서 생성되는 네트워크 권력, 특히 '위상적 권력'과
관련된 이론적·경험적 논의를 소개했다. 제6장 "'종교의 부활'과 근대 국
제질서의 변환"에서 전재성은 최근 종교라고 하는 탈물질적 변수가 국제
정치 영역에 진입하면서 17세기 중반 이래 형성되어온 근대 국제질서의
조직원리가 어떠한 변환의 계기를 마련하는지 검토했다. 제7장 "중화질서
와 덕치: 『한궁추』에 담긴 권력론"에서 김영민은 탈구조적인 차원에서 의
도성의 영역을 넘어 작동하는 21세기 권력의 본질을 이해하는 실마리가
전통 중화질서의 작동 방식과 덕치의 권력론에서 구해질 수 있음을 주장
했다.

끝으로 "결론을 대신하여_네트워크 권력론의 모색"에서 필자는 이 책의 주장을 마무리하는 개념으로서 네트워크 권력을 제안했다. 포괄적 의미에서 네트워크 권력은 행위자 자체의 속성이나 행위자가 보유한 자원이 아니라 행위자들 간의 관계, 즉 네트워크에서 비롯되는 권력을 의미한다. 이러한 네트워크 권력의 개념은 행위자의 행위에서부터 비롯되었지만, 역으로 행위자를 제약하는 구조로도 작동하는 권력, 즉 행위자와 구조의 차원에서 동시에 작동하는 21세기 권력의 이중성을 파악하는 데 유용하다. 이러한 문제의식을 바탕으로 행위자와 과정, 그리고 체제의 세 가지 차원에서 향후의 권력 연구가 진행되어야 함을 제안했다.

■ 참 고 문 헌

김상배. 2004. 「정보화시대의 지식구조: 수잔 스트레인지의 개념화를 넘어서」. ≪한국정치학회보≫, 38(3), 255~276쪽.

_____. 2007. 『정보화시대의 표준경쟁: 윈텔리즘과 일본의 컴퓨터산업』. 한울.

_____. 2008. 「네트워크 세계정치 이론의 모색: 현실주의 국제정치 이론의 세 가지 가정을 넘어서」. ≪국제정치논총≫, 48(4), 35~61쪽.

김상배 외. 2008. 『지식질서와 동아시아: 정보화시대 세계정치의 변환』. 한울.

김상배 엮음. 2008. 『인터넷 권력의 해부』. 한울.

김상배. 2009. "스마트 파워와 오바마 정부의 대북정책". 서울대학교 통일평화연구소 3주년 기념 심포지엄(2009.5.6).

부르디외, 피에르. 2005. 『구별짓기: 문화와 취향의 사회학』. 새물결.

서울대학교 국제문제연구소 엮음. 2008. 『지식네트워크의 세계정치』. ≪세계정치≫, 29(1), 기획특집. 논형.

손열. 2006. 「소프트 파워를 다시 생각한다: 조지프 나이와의 대담」. 『이슈와 대안』.
미래전략연구원, http://www.kifs.org/contents/sub3/life.php?method=info&
&search Key=&searchWord=&offset=&sId=1901(검색일: 2008년 11월 30일)

손열 엮음. 2007. 『매력으로 엮는 동아시아』. 지식마당.

최정운. 2005. 「매력의 세계정치」. 평화포럼21 엮음. 『매력국가 만들기: 소프트 파
워의 미래전략』. 21세기평화재단 평화연구소.

_____. 2007. 「문화와 권력」. 서울대학교 국제문제연구소 엮음. 『문화와 국제정치』.
≪세계정치≫, 28(1), 기획특집. 논형, 45~67쪽.

평화포럼21 엮음. 2005. 『매력국가 만들기: 소프트 파워의 미래 전략』. 21세기평화
재단 평화연구소.

하영선·김상배 엮음. 2006. 『네트워크 지식국가: 21세기 세계정치의 변환』. 을유문
화사.

Barnet, Michael and Raymond Duvall(eds.). 2005. *Power in Global Governance*.
Cambridge and New York: Cambridge University Press.

Beck, Ulrich. 2005. *Power in the Global Age: A New Global Political Economy*.
Cambridge, UK: Polity.

Berenskoetter, Felix and M. J. Williams(eds.). 2007. *Power in World Politics*. London
and New York: Routledge.

Castells, Manuel. 2004. *The Power of Identity*, 2nd edition. Oxford: Blackwell.

Faubion, James(ed.). 2000. *Michel Foucault: Power*. New York: New Press.

Foucault, Michel. 2007. *Michel Foucault: Security, Territory, Population*. New York:
Palgrave.

Grewal, David Singh. 2008. *Network Power: The Social Dynamics of Globalization*.
New Haven & London: Yale University Press.

Hassdorf, Wolf. 2007. "Contested Credibility: The Use of Symbolic Power in British
Exchange-rate Politics." in Felix Berenskoetter and M. J. Williams(eds.).
Power in World Politics. London and New York: Routledge, pp. 141~161.

Isaac, Jeffrey C. 1987. "Beyond the Three Faces of Power: A Realist Critique." in *Polity*, 20(1), pp. 4~31.

Jullien, François. 2004. *A Treatise on Efficiency: Between Western and Chinese Thinking*. Honolulu: University Press of Hawaii.

Keohane, Robert O. and Joseph S. Nye, Jr. 1977. *Power and Interdependence: World Politics in Transition*. Boston: Little, Brown.

Keohane, Robert O(ed.). 1986. *Neorealism and Its Critics*. New York: Columbia University Press.

Larner, Wendy and William Walters(eds.). 2004. *Global Governmentality: Governing International Spaces*. New York: Routledge.

Lebow, Richard Ned. 2007. "The Power of Persuasion." in Felix Berenskoetter and M. J. Williams(eds.). *Power in World Politics*. London and New York: Routledge, pp. 120~140.

Lukes, Steven. 2007. "Power and the Battle for Hearts and Minds: on the Bluntness of Soft Power." in Felix Berenskoetter and M. J. Williams(eds.). *Power in World Politics*. London and New York: Routledge, pp. 83~97.

Mattern, Janice Bially. 2007. "Why 'Soft Power' isn't so Soft: Representational Force and Attraction in World Politics." in Felix Berenskoetter and M. J. Williams(eds.). *Power in World Politics*. London and New York: Routledge, pp. 98~119.

New York Times. Nov. 5, 2008. "Obama Victory Speech." Retrieved Dec 11, 2008, from http://elections.nytimes.com/2008/results/president/speeches/obama-victory-speech.html#

Nye, Joseph S. 1991. *Bound to Lead: The Changing Nature of American Power*. Basic Books.

_____. 2004. *Soft Power: The Means to Success in World Politics*. New York: Public Affairs.

_____. 2005. "The Rise of China's Soft Power." in *Wall Street Journal Asia*, Dec 29.

_____. 2008a. "Smart Power and the War on Terror." in 한국국제교류재단 · 동아 시아연구원 · 중앙일보 공동주최 초청강연회 강연원고, 2월 12일. Retrieved D ec 10, 2008, from http://www.eai.or.kr/korean/upfile/project/pjcontent/Jose ph%20Nye%20강연원고.pdf

_____. 2008b. *The Powers to Lead*. Oxford and new York: Oxford University Press.

Peterson, Richard A. and Roger M. Kern. 1996. "Changing Highbrow Taste: From Snob to Omnivore." in *American Sociological Review*, 61, pp. 900~907.

Stewart, Angus. 2001. *Theories of Power and Domination*. London: SAGE.

Strange, Susan. 1994. *States and Markets*, Second Edition. London and New York: Pinter.

제1부 소프트 파워의 사상사적 맥락

제1장 근대 서양정치사상과 소프트 파워: 베버와 그람시

신진욱(중앙대학교)

1. 머리말

'권력(power)'이란 과연 무엇인가? 현대의 사회과학자들은 이 질문에 대해 합의된 대답을 전혀 찾지 못했다. 오히려 다양한 '권력 현상'에 대한 연구가 진행될수록 점점 더 새로운 정의가 추가되어 권력 개념의 의미의 외연은 넓어지고, 내용은 더욱 복잡해졌다. 이처럼 권력에 대한 정의와 이론이 분화되고 복잡해진 것은 사회과학자들이 개념의 모호성을 제거하고 명료한 정의를 추구하길 게을리했기 때문은 아니다. 그것은 학자들의 사유와 언어 너머, 그 이전에 그 근저에 놓여 있는 정치적·역사적 맥락과 연관돼 있다.

우선 권력을 어떻게 정의할 것인가, 과연 어떤 현상을 '권력 현상'으로 이해해야 할 것인가는 그 자체가 정치적인 문제다. "당신이 사회 세계에서 얼마나 많은 권력을 보며, 그것을 어떻게 위치시키는가는 당신이 그것을 어떻게 해석하는가에 달렸으며, 이것은 불가피하게 부분적으로 도덕적이고 정치적인 문제"이기 때문이다(Lukes, 2005: 12). 즉, 어떤 상황을 권력 현상으로 이해하거나 또는 이해하지 않는 것, '권력'을 이런 방식 혹은 저런 방식으로 정의하는 것은 그 자체가 사회 현실에 대한 특정한 입장의 해석(interpretive) 행위이자, 또한 정치적 의미를 담은 수행적(performative) 행위인 것이다. 둘째, 학문적 개념은 학문의 영역을 훨씬 넘어서는 현실의 체험들과, 그로부터 생성된 관념들에 뿌리를 두고 있다(Dilthey, 1982). 그러므로 어떤 개념의 의미 변화와 내적 복잡성은 단순히 그 개념을 창안하고 사용하는 학자들의 관념 변화와 차이에 기인하는 것이 아니라, 그 개념이 지시하는 현실 자체의 역사성과 다면성에 깊이 연루된 것이다. 특히 역사적이고 정치적인 개념들은 오랜 세월에 걸친 실제적인 역사적 경험의 지층들을 그 의미 안에 응축하고 있다는 점에서 언제나 '비동시적인 것들의 동시성'이라는 다의성을 가질 수밖에 없다(Koselleck, 1979). 그래서 장구한 역사에 걸쳐 사람들이 무수한 사건과 사실, 체험과 관념에 연관시켜온 역사적·정치적 개념들의 경우 '의미의 범람'은 필연적이다.

위와 같은 맥락에서 보자면, 권력 연구는 단지 처음부터 권력을 특정한 방식으로 정의한 다음 그 인식 틀 안에서 사회 현상을 들여다보는 연역적·분석적 접근만이 아니라, 권력에 대한 다양한 관념·개념·이론들이 포착하고자 한 역사적 상황과 사회 현실이 과연 무엇이며 그것이 어떤 인과적·체계적 연관관계로 해석되는지를 이해하려는 해석학적 관점을 반영할 필요가 있다. 이러한 관점에서, 본 연구가 주목하는 것은 서구 근대 정치사상과 현대사회과학에서 '권력'이라는 개념은 항상 강제와 동의, 억압과 지지, 구속과 자유, 공포와 인정, 폭력과 문명, 드러남과 은폐됨, 명시성과 잠재성, 긍정성과 부정성, '무엇을 할 수 있는 권력'(power to)과 '누구에 대한 권력'(power over) 등의 극단적 이중성을 동시에 담고 있었다는 사실이다. 권력 개념의 이러한 양면성은 상대적으로 구분되는 강조점을 가진 두 갈래의 지적 전통으로 이어졌다. 한편에서 물리적 강압과 폭력의 사회·정치적 중요성과 역사적 역할을 부각시키는 지적 전통이 지속해왔다면, 다른 한편에서는 피지배자 자신의 순종·동의·지지를 끌어내는 권력의 작동 양식을 주목하는 연구와 이론들이 발전해왔다. 전자의 전통에서 가장 극단적인 사례는 강압과 폭력을 역사 발전과 인류 진화의 동력으로 간주하는 군사적 사회다원주의와 파시즘적 역사 이론이지만, 사회과학에서는 그러한 호전적 낭만주의보다 훨씬 더 세련된 방식으로 강압력을 사회질서 유지와 국가이익 수호를 위한 핵심 수단으로 이론화한 권력현실주의의 관점이 오랫동안 큰 영향력을 행사해왔다. 그러한 전통과는 대조적으로, 좀 더 최근의 권력 연구들은 인간 신체에 대한 물리적 폭력의 행사 또는 위협과 분명히 구분되는 섬세한 권력에 더 많은 관심을 쏟았다. 이러한 연구들은 '이데올로기적 국가장치'(알튀세르), '상징적 폭력'(부르디외), '지식/권력'(푸코), '문화적 폭력'(갈퉁), '소프트 파워'(나이) 등의 다양한 개념을 통해 억압·강제·폭력과 구분되는 또 다른 성격의 권력 현상을 분석하고 이론화했다.

어떤 측면에서 보면 권력에 대한 현대의 사회과학적 연구들은 위와 같은 두 가지 상반된 강조점 중 어느 한 측면이 간과되는 데 대한 반발, 또 그에 상응하는 새로운 경험적 연구와 이론 형성을 통해 역동적으로 전개되었다. 이데올로기·상징·지식·문화의 권력 효과를 강조하는 연구들은 공통으로 이제까지의 권력론들이 강제와 강압의 측면만을 봤다는 불만을 표현했다. 그러나 이와 정반대의 관점에서, 국가 형성·전쟁·독재·내전·인종 학살·성 폭력·직장 폭력 등에 대한 역사학적, 사회학적, 여성주의적 연구 중에는 오늘날 널리 알려진 사회학적 권력론들이 현대 세계에서 일상적이고 대규모적으로 자행되고 있는 물리적 강압과 폭력, 또한 그러한 강압력의 명시적·잠재적 존재가 유발하는 지배 효과를 외면하고 '문명화된' 권력만을 문제 삼고 있다는 비난의 목소리가 높다. 그러나 이 글의 출발점을 이루는 문제의식은 그러한 권력의 두 차원이 현대사회의 시스템 안에서 각각 어떤 상대적 위치를 가지는지, 거시적·미시적 지배 체제 안에서 양자는 어떻게 상호작용하고 연계되는지에 오늘날의 권력 이론들이 충분한 관심을 기울이지 않았다는 점이다. 일찍이 마키아벨리는 군주가 '사자와 여우'의 성품을 모방해야 한다고 했으며, 그람시는 같은 맥락에서 반인반마(半人半馬) 켄타우로스(Kentauros)의 비유를 즐겼다. 현대의 권력론들은 대부분 사자냐 여우냐를 놓고 싸우면서 켄타우로스의 머리와 몸을 떼버린 셈이다. 이 글의 관심은 그것을 다시 붙이는 것이다.

그 과제를 추진하기 위한 하나의 통로로서, 이 논문은 막스 베버(Max Weber, 1864~1920)와 안토니오 그람시(Antonio Gramsci, 1891~1937)의 정치 이론을 선택했다. 이 두 사람이 왜 위와 같은 문제의식을 심화시키는데 유용한 통로가 될 수 있는 것일까? 첫째 이유는 두 사람의 현재적 의의다. 베버는 1890년대부터 1910년대 후반에 이르는 시기에, 그람시는 1910년대부터 1930년대 중반까지 시기에 집중적으로 저술 작업을 했다. 이는 지금으로부터 무려 한 세기 이전의 일이지만, 두 사람의 저작들은 오늘날 우리가 여전히 벗어나지 못한 '모더니티'의 핵심적 차원들을 긴 역사적 안목에서 깊이 있게 성찰하고 있다. 이들이 주목한 당시의 역사적 경험은 이런 것들이었다. 서구의 성숙한 자본주의, 근대 국민국가와 국가 간 체제의 확립, 현대 대중민주주의 체제, 노동 계급의 조직화와 좌파 정당의 성장, 제1차 세계대전과 러시아 혁명, 유럽에서 혁명의 실패와 자본주의 체제의 공고화, 그리고 (그람시의 경우) 유럽에서의 파시즘 운동과 나치 레짐의 성립, 미국에서의 포디즘 체제 등. 물론 베버와 그람시는 독일군의 모스크바 진격과 미국의 히로시마 원폭도, CIA와 KGB의 첩보전도, 땅바닥에 나뒹구는 레닌 동상도, 인터넷과 스마트폰도 보지 못했지만, 그런 역사적 거리가 무색할 정도로 이 두 사람의 지적 통찰은 충분히 '현대적'이다.

베버와 그람시가 켄타우루스의 머리와 몸을 다시 붙이는 데 유용하게 쓰일 수 있는 다른 하나의 이유는 그들의 이론 자체에서 나온다. 베버와 그람시는 19세기 이후의 정치 이론가 중에서 강제와 동의의 두 측면을 어느 한 쪽으로 환원하지 않고 동시에 고찰했던 드문 사례이며, 또한 양자의 체계적 연관관계를 이들만큼 일관되고 깊이 있게 분석했던 경우는 거의 없다. 베버에게 국가폭력(Gewalt)과 정당성(Legitimität), 그람시에게 지배(dominio)와 헤게모니(egemonia)는 현실 속에서 분리 불가능한 관계에 놓여 있었다. 베버는 '권력'을 타인의 의지에 반해 자신의 의지를 관철할 수 있는 개연성으로 정의할 정도로 권력의 강제적 성격을 중요시했으며, 그런 관점은 현대국가의 고유한 특성이 폭력 수단의 독점에 있다는 주장에서도 한결같이 드러난다. 그러나 그는 현대국가가 독점적으로 행사하는 것이 폭력 자체가 아니라 '정당한' 폭력임을 한 번도 빠뜨리지 않았으며, 나아가 그의 유명한 '지배의 유형론'에서 유형화의 잣대는 바로 지배 정당성의 근거였다. 그람시는 발전된 서구자본주의 사회에서 지배·종속관계의 재생산이 국가 강제기구에 의한 직접적 지배보다는 시민사회의 촘촘한 헤게모니 망을 통해 이뤄진다는 것을 부단히 강조했다. 그러나 그가 말하는 헤게모니는 단지 설득과 동의만을 의미하지 않았다. 그것은 다른 사회집단에 대한 지도력, 다양한 사회집단과 분파들을 응집할 수 있는 능력, 정치 공동체 전체를 통합하고 이끌어갈 수 있는 능력, 그리고 경제 체제와 국가 조직, 군사적 세력관계, 지적·도덕적 리더십을 하나의 유기적인 '역사적 블록'으로 결합시키는 능력을 포괄한다.

이 글은 이처럼 통합적 관점에서 권력의 두 측면을 결합시키고 있는 베버와 그람시의 정치 이론을 분석함으로써 그들과 우리를 같은 시간대로 이어주는 모더니티의 권력구조와 동학을 더욱 깊이 이해하고자 한다. 그와 더불어 이들이 겪고 보지 못한 21세기 현실에 대해 이들이 말해줄 수 있는 것과 말해줄 수 없는 것을 분별하고자 시도할 것이다.

2. 권력: 현대사회과학에서의 연구 동향

1) 권력 현상의 다차원성

(1) 권력 행위의 유형론

현대의 정치철학과 사회과학은 인간 삶과 사회적 관계, 사회제도와 구조의 실로 다양한 측면들을 '권력 현상'으로 해석한다. 이처럼 풍부하고 복잡한 권력 개념의 의미 내용으로 말미암은 혼란을 정돈하고자, 다양한 방식의 개념적 구분체계 또는 권력의 유형론이 제시되었다. 어떤 이는 권력 개념의 의미를 한정하려고 권력인 것과 권력이 아닌 것을 개념적으로 구분하는 데 몰두했다면, 다른 이는 권력 또는 그에 준하는 개념을 몇 가지 차원·형태·유형으로 분류하고자 시도했다.

정치철학적 관점에서 권력 개념과 인접 개념을 엄밀히 구분한 대표적

학자는 아렌트(Hannah Arendt)다. 그녀는 권력(power)을 타인들과 결속하여 통일적으로 행동할 수 있는 능력으로 이해하는 공화주의적 권력관을 이론화하는 과정에서, 권력을 권력이 아닌 것으로부터 분별해내는 데 집중했다. 아렌트의 개념체계에서 '강함(strength)'은 개인적 속성으로 집단적 속성인 권력보다 열등한 능력을 의미했으며, '힘(force)'은 물리적·사회적 운동들에 특정한 양의 에너지를 산출하는 능력, '권위(authority)'는 강제나 설득 없이 복종하는 자들로부터 인정받는 어떤 속성, 그리고 '폭력(violence)'은 정당성과 인정을 획득하지 않고 목적을 달성하려는 행위 수단으로 정의되었다(Arendt, 1970: 44~47). 특히 아렌트 정치철학의 가장 큰 의미는 '권력'과 '폭력'의 속성과 작동 양식을 정확히 구분하는 일이었다. 그녀는 권력을 지배와 동일시하는 경향에 반대하여, 어떤 강제와 폭력도 아래로부터의 정당성과 연합된 의지 없이 작동할 수 없으며, 그런 의미에서 권력은 폭력보다 우월한 정치적 차원임을 강조했다.

사회학자들은 권력 현상의 다차원성을 비환원론적으로 포착하려는 좀 더 경험적인 관심에서 다양한 개념적 구분체계를 제시했다. 에치오니(Etzioni, 1993)는 권력 개념 대신, 그보다 느슨한 '힘(force)' 개념을 사용하여 그 형태를 세 가지로 구분했다. 첫째는 실리적 힘(utilitarian force)으로서, 이것은 유인 또는 보상을 특징으로 한다. 여기에서 순응하는 자는 그 대가로 원하는 이익을 얻고, 힘을 행사하는 자는 순응을 얻는다. 둘째는 강압력(coercive force)으로 이는 구속 또는 박탈에 의해 작동한다. 타인으로부터 순응을 얻어내기 위해 이익 제공을 유보하거나 처벌을 가함으로써 힘을 행사하는 방식이다. 셋째는 설득력(persuasive force)인데, 이것은 정보 또는 의사소통의 측면에서 힘을 행사하는 방식이다. 이 경우 타인으로부터 순응을 이끌어내기 위해 그의 신념, 가치, 태도, 감정, 또는 동기를 변화시키는 방식으로 메시지를 전달한다.

올슨(Olsen, 1993) 역시 에치오니와 유사한 방식으로 권력 행사의 네 가지 형태를 구분했다. 첫째, 힘(force)은 바라던 결과를 성취하기 위해 타인에게 의도적으로 행사하는 사회적 압력이며, 둘째, 지배(domination)는 조직화된 사회 내에서 확립된 역할이나 기능을 실행하는 것, 셋째, 권위(authority)는 지시를 받아들일 수밖에 없는 사람들에게 지시를 내릴 수 있는 권리, 마지막으로 매력(attraction)은 바로 그이기 때문에 타인에게 영향력을 발휘할 수 있는 한 행위자의 능력으로 정의되었다. 올슨의 권력유형론은 에치오니의 '실리적 힘'에 상응하는 개념 요소를 누락시키는 대신 '강압'과 '설득'의 측면을 더욱 분화시켰다.

(2) 권력 행위와 그 구조적 조건

위와 같은 개념적 분화의 시도들은 권력 행사의 다양한 방식을 좀 더 분화된 방식으로, 그리고 더욱 통합적인 시야에서 고찰할 수 있게 해줬다. 그러나 위의 개념체계들은 공통으로 행위자(개인이건, 집단이건, 조직이건) A가 B에 대해 행사하는 권력에 관심이 국한되어 있다는 한계가 있다. 이 지점에서 우리는 A가 B에게 권력을 행사할 수 있는 구조적·제도적 조건에 관심을 두지만, '행위로서의 권력'에 국한되어 있는 개념 틀로는 이 차원에 접근할 수 없다. 그래서 사회구조와 제도의 특정한 속성에 내포된 권력관계의 차원을 포착하기 위한 개념적 프레임이 요구된다. 즉, 호가드(Haugaard, 2006: 10)의 표현을 따르자면, '행위자 중심적 권력관(agent-based view of power)'과 함께 '체계적·구조적 권력관(systemaic and structural view of power)'을 종합하는 것이 필요하다. 그러나 이 글은 '구조적 권력', '제도적 권력', '시스템 권력' 등의 개념으로 권력을 재정의한 사례들을 배제할 것인데, 왜냐하면 이러한 관점은 인간들 간의 사회적 관계를 추상화한 개념을 실체화(hypostatization)하고 인격화(personification)하는 오류를 낳을 수 있다고 보기 때문이다. 따라서 행위 권력과 체계·구조 권력을 대비시키는 것이 아니라, 행위 권력을 그것의 구조적·체계적 조건과 연계시키려는 관심에서 권력 개념을 분화시킨 시도들에 논의를 국한한다.

이 측면에서 가장 널리 인용되고 토론된 사례는 바로 룩스(Steven Lukes)의 '3차원적 권력론'이다. 1974년에 출간된 얇은 책인 『권력: 급진적 관점(Power: A Radical View)』에서 그는 권력의 세 가지 차원을 구분했다. 권력에 대한 1차원적 관점은 그것을 정치 체제 내에서 명시적인 갈등적 이슈에 대해 결정(decision)을 내릴 수 있는 능력으로 규정한다. 이 관점은 베버의 권력 이론에 대한 특정 해석과도 관련이 있는 것이지만, 무엇보다도 달(Dahl, 1961)로 대표되는 다원주의 정치 이론의 권력론에서 지배적이다. 권력에 대한 2차원적 관점은 바흐라흐와 바라츠의 비결정(non-decision) 이론의 입장으로서, 명시적인 갈등 상황에서 특정한 어젠다가 정치 과정, 즉 결정 과정 내로 진입하지조차 못하는 경우를 겨냥한 권력 이론이다(Bachrach and Baratz, 1962). 룩스는 이런 관점들의 유용성을 인정하지만, 그것이 '행태에만 초점(behavioural focus)'을 맞추고 있다는 근본적 한계를 정면으로 비판했다. 룩스는 A가 B에 대해 행사하는 권력보다 더 근저에서 작동하는 것은 바로 "사회적으로 구조화되고 문화적으로 패턴화된 집단들의 행위와 제도적 관행들"(Lukes, 2005: 26)임을 강조했다. 사회구조와 문화체계는 행위자들이 자신의 이익이 무엇인지를 인식하고 정의하는 데까지 영향을 미치며, 그런 점에서 권력은 명시적 갈등 상황에서만이 아니라 잠재적 갈등의 차원에서도 작동하고 있다.

룩스가 구조와 문화가 의식을 규정하는 측면을 주목했다면, 포기(Poggi, 2001: 16~21)는 좀 더 넓은 의미에서 사회 시스템과 조직구조가 행위자 간의 불균등한 권력관계를 만들어내는 측면을 부각시켰다. 그는 베버의 권력론을 지배사회학을 넘어서는 영역까지 적극적으로 해석하여, 에치오니의 권력유형론과 형식적으로는 유사한, 그러나 세밀히 들여다보면 내용상 중요한 차이를 보이는 개념적 분류체계를 제시했다. 그는 권력을 강제력에 국한하는 데 반대하여 '계급', '지위', '정당'이 사회 내의 권력을 분배하는 세 가지 형태라고 정의하고, 이 각각은 '교환', '관습', '명령'이라는 방식을 통해 자원의 비대칭적 분배를 실현하는 권력 형태들이라고 이론화했다. 여기서 계급 · 지위 · 정당은 각각 에치오니의 실리 · 설득 · 강압에 상응하는 권력 형태인 것처럼 보이지만, 포기는 에치오니의 행위론적 권력 개념과는 달리 구조적이고 제도적인 차원을 염두에 두고 있다. 그의 권력 이론에서 계급적 권력은 직접적 보상보다는 경제적 설비(facilities)에 대한 통제력을 의미하며, 지위권력은 역사적 · 사회적인 문화체계로부터 생성되며, 정당 권력은 현대정치 체제의 틀 안에서 작동하는 힘이다.

한편, 포피츠(Popitz, 1992)는 물리적 강제와 폭력의 차원을 포함하는 개념체계를 제시했다. 그는 권력의 네 가지 기본 형태를 구분했는데, 그 첫 번째 형태인 행동권력(aktions Macht)은 타인의 육체를 상해하고 구속할 수 있는 권력으로서, 그는 이것이 권력의 제1원천이라고 규정했다. 둘째, 도구적 권력(instrumentelle Macht)은 행위론적 권력 개념에서 말하는 경제적 · 강제적 권력에 해당한다. 이것은 물리적 혹은 물질적인 포상과 처벌을 내릴 수 있는 권력, 혹은 그러한 포상과 처벌을 내릴 수 있다는 믿음을 심어줄 수 있는 권력으로서, 장기적인 권력 행사의 가장 중요한 원천으로 이해되고 있다. 셋째, 권위적 권력(autoritative Macht)은 복종하는 이들로부터 자신들의 행위 지향을 정해주고 자신들을 인정해줄 수 있는 존재로서 인정받는 권력이다. 마지막 형태인 사실규정권력(datensetzende Macht)은 자연적 대상을 자신의 목적을 위해 변화시키고 활용할 수 있는 권력으로서, 이것은 타인의 삶의 구조적 조건을 결정할 수 있는 능력이다. 이 넷째 형태의 권력은 앞의 세 가지 행위권력, 즉 물리력, 보상·처벌, 권위를 행사하기 위한 자원의 생산과 분배를 누가 통제하느냐에 관련된다.

이상의 검토에서 현대권력론이 주목해온 권력 현상들이 실로 다양한 차원을 갖고 있으며, 또한 행위로서의 권력은 그것의 구조적·체계적 환경과 연관되었을 때 온전히 이해되고 설명될 수 있음을 확인했다. 그러나 이러한 개념론들은 그것이 현상적인 권력 '유형'들을 구분한 것인지, 아니면 동일한 권력 현상 안에 공존할 수 있는 권력의 '차원'들을 구분한 것인지를 분명히 밝히지 못했다. 그 결과 다양한 형태의 권력이 실제적 행위 상황에서 서로 어떻게 결합하고 상호작용하는지까지 관심이 심화되지 못했다. 그런 한계를 넘어서고자 본 논문은 권력의 다차원성과 행위·구조관계를 중요시하면서도 각 차원 간의 연관관계를 통합적 관점에서 포착하는 데 주력할 것이다. 그러나 위에 서술한 개념체계들에 비춰봤을 때, 이 논문이 주목하는 권력의 두 얼굴, 즉 '강제와 동의'의 양면성은 결코 권력 현상의 모든 차원을 망라한다는 의미에서 통합적일 수는 없음이 분명하다. 다음에서는 그러한 제한을 전제한 상태에서 권력의 상반되는 두 속성에 제각기 주목한 이론들을 검토한다.

2) 근대정치사상과 현대사회과학에서 권력의 두 얼굴

(1) 근대정치사상에서 권력론의 두 경향

역사학자들의 개념사 연구에 따르면 권력의 양면성은 이미 고대 그리스와 로마 공화국 시기부터 언어생활에 표현되기 시작했다. 현대의 권력 개념에 연관되는 고대 로마의 개념들은 매우 폭넓은 의미역을 포괄했었다. 일반적인 통제력과 영향력을 뜻하는 'potestas', 무엇을 할 수 있는 능력이라는 의미의 'potentia', 제도화된 행정권력을 뜻하는 'auctoritas', 강제와 폭력을 함축하는 'vis', 우애와 친분을 통해 생겨나는 힘을 뜻하는 'gratia' 등의 개념들은 자유로운 시민들의 연합을 통한 긍정적 능력에서부터 물리적 폭력과 강제에 이르기까지 매우 상반된 행위와 관계 형태를 표현하고 있었다(Brunner, Conze, and Koselleck, 2004: 820~835). 그러나 근대 시기로 나아가는 과정에서 이러한 개념적·관념적 양면성은 상당히 체계적이고 자기 완결적인 이념들로 분화되었음을 관찰할 수 있다.[1] 그래서 서구의 정치·사회사상은 뚜렷이 구분되는 두 가지 지적 경향을 발전시켜왔는데, 그 하나의 흐름이 현대사회에서 비강제적 형태의 권력의 중요성을 강조하는 공화주의·자유주의 전통의 이념들이라면, 이에 대조되는 다른 하나의

---

1) 미첼(Mitchell, 1990)은 '강제'와 '동의', '물질'과 '의식', '물리적'과 '문화적' 등의 이분법이 단지 이론적 오류일 뿐 아니라, 그 자체가 근대적 권력이 작동하는 하나의 양식이라고 비판했다. 그는 물질 대 의식, 물리적 대 문화적·상징적·이데올로기적, 강제적 권력 대 은폐된 권력 등과 같은 이분법 자체가 '물질', '물리', '강제' 등으로 범주화된 삶의 영역들을 인간의 의식·의지·실천에 '외적인', '고정된', '불변의', '영원한', '비인격적인' 것으로 만들며, 이로써 행위자들이 그것을 변화시키기 위한 헤게모니적 실천에 이르지 못하고 다만 '그 안에서' 행동하게끔 한다고 주장했다.

경향은 집단적 생존 경쟁과 물리적 폭력을 역사의 핵심 동력으로 간주하는 군사적 사회다윈주의와 권력현실주의 경향이었다.

시민적 공화주의의 사상적 전통은 고대적 공화주의 이념을 불러내어, 자유로운 시민들에 의한 평화적이고 자발적인 집단의지 형성과 자치(自治) 실천을 사상적으로 정당화했다. 스키너(Skinner, 1978)의 정치사상사 연구에 따르면 그러한 변화가 일어나기 시작한 시점은 13세기 이탈리아 도시국가까지 거슬러 올라갈 수 있다. 이 시기부터 대략 16세기경까지 이탈리아에서는 고대정치사상과 로마 공화국의 재발견을 통해 '독립', '자유', '자치'를 가치의 중핵으로 하는 시민적 공화주의사상이 발전했다. 이 전통은 훗날 아렌트(Arendt, 1965; 1970)가 '지배로서의 권력'이라는 개념을 전면적으로 거부하고 권력을 '자유로운 시민들의 연합된 힘'으로 재정의하는 데까지 이어졌다. 공화주의자에게 지배·강제·폭력은 권력의 징표가 아니라 무력(無力)의 표현이었다. 한편 자유주의적 전통은 규범적 사상의 측면에서보다는 역사적인 현실 진단의 측면에서 비강제적 권력을 전면에 부각시켰다. 일찍이 19세기 중엽에 콩트[Comte, 1975(1830~1842)]는 근대 정신과 사회의 특징으로서 물리적 강제와 군사적 요소에 대한 반감을 꼽은 바 있다. 같은 시기에 스미스, 퍼거슨, 허치슨 등 스코틀랜드 계몽주의자들은 근대에 와서 시장경제가 지배하는 시대로 접어들었다고 보았으며, 사회적 불안정과 갈등은 정부의 억압에서 오는 것이 아니라 시장기제의 해체적 효과 때문에 생겨날 것으로 전망했다[Ferguson, 1986(1767); Smith, 2000(1757)]. 이러한 자유주의적 권력관은 정치적 강제와 폭력으로부터 자본주의하의 경제적 지배로 관심을 이동한 마르크스주의에까지 영향을 미쳤다.

그러나 근대 시기에는 위와 같은 지적 전통들과 더불어 그와 전혀 상반된 권력관과 역사관을 표방하는 군사적 사회다원주의와 권력현실주의의 흐름이 확산되고 있었다. 대표적인 예로 19세기 중부 유럽의 사회학에서는 역사란 집단 간의 투쟁 속에서 우월한 집단이 생존하고 열등한 집단이 사멸해가는 진화적 과정이라고 해석하는 군사적 사회다원주의의 이론들이 발전했다. 굼플로비츠(Ludwig Gumplowitz) 등은 국가가 좀 더 우월한 집단이 열등한 집단을 지배하는 체제일 뿐이라는 '사회학적 국가 이념'을 이론화했으며, 국가 간의 전쟁 역시 이 맥락에서 해석되었다(Joas, 2000: 210~216). 20세기 초엽에 와서 슈미트는 그와 같은 군사주의와 권력현실주의의 전통을 법철학, 국가학, 정치 이론의 영역에서 더욱 체계화시켰다. 그의 관점에서 권력의 중핵은 바로 '죽일 수 있는 힘'이다. '정치적인 것'(das Politische)에 대한 그의 잘 알려진 정의에서 그는 정치적 행동과 동기들을 설명할 수 있는 척도는 '친구(Freund)와 적(Feind)의 구분'이라고 규정했다. 그런데 여기에서 그는 '친구'와 '적'이 경제적 또는 도덕적 관념에 의해 순화된 은유나 상징, 말하자면 '경쟁'이나 '논쟁'의 의미가 아님을 강조하고 있다. "친구, 적, 투쟁 등의 개념은 무엇보다도 물리적 살인의 현실적 가능성과 연관되고 그 연관성을 지속적으로 가질 때 그것의 진정한 의미를 획득"한다(Schmitt, 1996(1932): 26). 폭력과 강제에 대한 이러한 의미 부여는 그의 결단주의 법이론과 주권론, 국가론에서 한결같이 나타난다. 그는 국가가 사회 세력들 간의 관계로 환원될 수 없는 고유한 권력과 권능을 갖고 있음을 강조했다. "당연히 모두가 자신이 정의와 진리라고 주장한다. …… 오직 안정되게 작동하는 법적 강제체계에 의한 거역할 수 없는 결정만이 분쟁들을 끝장낼 수 있다"(Schmitt, 1995(1938): 69). 이처럼 모든 것을 자신의 법에 따라 복종시키는 국가의 존재 이유는 바로 '질서'다. 슈미트는 국가의 강제력이 작동한다면 내전이 아닌 국가의 존속이, 만약 그것이 작동하지 않는다면 단지 내전만이 기다리고 있을 뿐이라고 단언했다〔Schmitt, 1995(1938): 70~73〕. 이는 바꿔 말해, 만약 질서가 존재한다면 그것은 국가의 강제력이 작동하고 있기 때문이라는 것이다.

(2) 현대사회과학에서의 권력론

위와 같이 19세기와 20세기 초엽의 서구정치사상에서는 상이한 관념의 권력을 이념적·규범적으로 정당화하는 지적 전통들이 발전해왔다면, 제2차 세계대전 이후의 서구사회과학에서는 역사적·경험적 분석과 진단의 측면에서 권력의 어떤 측면을 더 중요시하느냐에 따라 서로 구분되는 강조점들이 발견된다. 그 중 하나의 연구 경향은 강제·억압·폭력을 동반하지 않는, 그래서 권력 현상으로 인지되지 않은 섬세하고 은폐된 권력의 작동 양식을 전면에 내세웠다. 그 대표적인 학자는 푸코인데, 그가 이해하는 권력은 강제나 폭력을 통해 목적을 관철할 수 있는 능력이 아니라, "특정한 방식으로 행동하게끔 하며, 자유 속에서 통치에 순응하게 하는 힘"이다. 그에게 '통치(govermentality)'는 사람과 사물을 배치(dispose)하고 관리(manage)하는 기술이다. 그러므로 "통치자의 본질적 권리는 타인을 죽이거나 폭력을 행사할 수 있는 권리가 아니라, …… 사물에 대한 지식, 달성될 수 있고 달성되어야만 하는 목적에 대한 지식, 그리고 그러한 목적에 도달하는 데 필요한 사물들의 배치"를 관리할 수 있는 권리(Foucault, 1991: 96)이다. 따라서 권력에 대한 연구는 강압의 주체와 행위, 강압을 가능케 하는 자원과 기구에 대한 탐구가 아니라, "사회에 대한 정치적 관리(political management)의 합리화"와 그에 대한 국지적 저항 간의 관계를 분석하는 것이 되어야 한다(Foucault, 1982: 779~780). 그런 관점에서 봤을 때

근대국가는 단지 강압기구가 아니라, 영토 내의 사람들을 "개별화하고 전체화하는 기구"였다(Foucault, 1979: 82~83).

부르디외 역시 그의 '상징적 권력' 또는 '상징적 폭력' 이론에서 물리적 폭력과 분명히 구분되는 권력 행사의 방식을 전면에 부각시켰다. 이 글의 맥락에서 특별한 의미가 있는 것은 그의 권력 개념(또는 그가 뚜렷한 근거 제시 없이 섞어 쓰는 폭력 개념)의 선명한 대비구조다. 그는 '명시적'(overt, present, direct) 폭력을 '은폐된'(disguised, masked, hidden, censored, euphemized, gentle, invisible, misrecognizable, unrecognized) 폭력과 반복해서 대비시켰다. 그리고 이 개념적 대비는 '물리적(physical)'과 '상징적(symbolic)'의 개념적 대비와 정확히 일치한다(Bourdieu, 1977: 183~197; 1990: 122~134). 부르디외는 두 형태의 폭력이 공존할 수 있으며 또한 긴밀히 연계되어 있다는 것을 인정하지만, '지배의 경제학'이라는 관점에서 봤을 때 전(前) 자본주의 사회와 자본주의 사회에서 양자는 분명히 구분되는 상대적 의미가 있다고 주장한다. 그에 따르면 전 자본주의 사회에서의 지배는 은폐된 폭력에 전적으로 의존할 수 없었기 때문에 두 형태의 폭력이 공존했지만, 현대 자본주의 사회에서처럼 직접적인 물리적 폭력이 광범위한 반대 또는 저항을 불러일으키는 조건에서는 상징적 폭력이 "가장 경제적인 지배 양식"이라는 것이다. "직접적인 지배를 행사하는 것이 힘들어지고 더 많은 반대에 부딪히게 될수록, 온화하고 은폐된 형태의 지배가 지배와 착취를 수행하기 위한 유일한 방식으로 간주되는 경향이 더욱 커지게 된다"(Bourdieu, 1990: 127~128). 따라서 한결같이 부르디외의 관심을 끌었던 것은 언어 · 진리 · 권력이 서로 연계되는 측면이었으며(Snook, 1990), 물리적 폭력, 그리고 권력의 물리적 · 상징적 차원 간의 관계는 그의 권력론에서 주변적 위치에 머물렀다.

흥미롭게 국제관계학의 영역에서도 이상의 사회학적 연구들과 큰 틀에서 관점을 공유하는 경향이 등장했다. 그 대표적 사례는 나이의 '소프트 파워' 이론이다. 나이 주장의 핵심은 군사력이나 경제력을 통해 타국의 저항에 맞서 자국의 이익을 관철하는 '하드 파워(hard power)'보다는, 타국으로부터 자발적인 지지와 동의를 이끌어냄으로써 자국의 이익과 영향을 확대하는 '소프트 파워(soft power)'를 우선해야 한다는 것이다. 전자가 무력행사 · 위협 · 제제 · 보상 · 매수 등의 수단으로 타국을 강제하거나 회유하는 방식의 권력이라면, 후자는 문화 · 가치 · 정책 등의 자원으로 매력(attraction)과 어젠다 설정능력을 높임으로써 자신이 원하는 결과를 달성하는 권력이다(나이, 2004: 30~45, 71). 나이의 소프트 파워 이론은 단지 규범적 정치 이념이 아니라, 현대사회와 국제관계의 역사적 변동에 대한 특정한 진단에 기초한 전략적 명제다. 나이에 따르면, 권력을 목적(혹은 이익, 의지)을 관철할 수 있는 능력으로 정의했을 때, 권력은 단지 이익 관철을 위한 '자원'에 의해서만이 아니라 자원으로 표현되는 잠재적 권력을 실제적인 행위자관계에서 현실적 권력으로 전환할 수 있는 '권력전환(power conversion)' 능력에 의해 측정될 수 있다. 따라서 그러한 전환은 특정한 상황에서 이익을 실현할 수 있는 최선의 자원이 무엇인지에 달렸는데, 오늘날 사회체제와 국제관계의 상황은 하드 파워가 아니라 소프트 파워 자원을 요구하고 있다는 것이다(나이, 2001: 94~98). 이 현실 진단의 핵심은 '복합적 상호 의존(complex interdependence)'이라는 개념에 응축되어 있다. 그것은 즉 시스템의 각 부분에 있는 행위자나 사건이 '서로 영향을 미치는' 상황이라고 본다. 이런 관계는 제로섬 관계일 수도 비제로섬 관계일 수도 있지만, 중요한 것은 자국의 이익이 필연적으로 타국의 이익에 반해 관철되는 것이 아니라, 오히려 타국의 이익이 자국의 이익을 위한 시스템 환경이 된다는 사실이다(나이, 2001: 265~279).

그런데 이처럼 사회과학의 여러 분야에서 비강제적 권력에 대한 경험적·전략적 관심이 증대되어오는 동안, 놀랍게도 다른 한편에서는 현대사회에서 강제력과 물리적 폭력의 지속적인 중요성을 주목하는 연구들이 동시적으로 진행되었다. 근대국가 형성에 대한 많은 역사적 연구들은 대외적으로 전쟁 등 군사적 분쟁, 대내적으로 국가 강제기구의 성장이 근대국가 자체의 국가성(stateness)을 성립시키는 데 결정적 역할을 했음을 발견했다(Burke, 1997; Hanagan, 2002). 나아가 기든스(Giddens, 1987)는 더 지속적인 제도적·기술적 측면에서 보더라도 군사제도와 강압적 행정 기구의 조직화, 그리고 산업화된 전쟁 기술의 비약적 발전이 근대 국민국가 형성에 결정적 역할을 했음을 강조했다. 만(Mann, 1988)은 현대 시기에 군사주의와 자본주의(또는 더 넓은 의미에서의 산업주의)의 결합이 낳은 가공할 만한 폭력에 주목했는데, 근대 이전부터 오랜 역사를 갖는 지정학적 구조와 그 위에서 발전해온 군사적 문화·조직·제도들은 자본주의 산업사회의 거대한 생산력과 만나면서 이전 시기에는 상상조차 할 수 없었던 규모의 폭력을 가능케 했다는 것이다. 틸리(Charles Tilly, 1929~2008)는 심지어 20세기가 '인류 역사상 가장 호전적인 세기'임에 틀림없다고 주장했는데, 그것은 전쟁의 빈도, 규모, 전쟁 당사국 인구 중 사망률 등 어떤 기준으로 보더라도 그렇다는 것이다. 베버와 마찬가지로 틸리는 사회 내적 폭력의 감소가 국가에 의한 폭력 독점에 기인한다는 데 동의하지만, 그는 그것이 합법적·합리적 지배를 의미하는 것이 아니라 "국가 영역의 폭력과, 국가와는 멀리 떨어져 있는 민간생활의 상대적인 비폭력 간의 놀랄 만한 대비"(틸리, 1994: 111)로 나타났음을 강조한다. 즉, 국가는 단지 평화를 위해 폭력 수단을 독점적으로 보유하는 것이 아니라, 대내외적인 폭력 행사에 훨씬 더 조직적으로 개입하게 되었다는 것이다. 특히 국가에 의한 폭력수 단의 독점은 경제 영역에서 자본의 집중과 맞물리면서, 강압 수단의 생 산·구매·사용은 더욱 파괴적이고 대규모가 되었다(틸리, 1994: 123~148).

모더니티의 폭력성에 대한 민감성은 더 일반적인 사회 이론의 패러다임 적 중핵에까지 반영되었다. 바우만은 대량 살상, 인종 청소, 전체주의, 대 규모 전쟁 등과 같은 물리적 폭력이 단지 현대성으로부터 예외나 일탈, 혹 은 근대화의 실패를 의미하는 것이 아니라, 현대성의 중핵에 놓여 있는, 즉 현대사회의 고유한 체계적·문화적 특성으로부터 생성된 현상임을 강조 했다(Bauman, 1989). 현대사회에서는 점점 광범위한 사회적 관계의 시스 템 속에서 기능적 분업구조가 형성되었으며, 그러한 분업구조의 한 요소 일 뿐인 각 행위자는 파편화되고 탈도덕화된 인격을 갖게 되며 그들에게 타인은 단지 사물적 대상이 될 뿐이다. 독일의 역사학자 벤츠는 이러한 '무 감각(Desensibilisierung)' 속에서 '절멸(Vernichtung)'은 20세기 정치적 범주 의 하나가 되었음을 지적했다(Benz, 1998). 다른 한편으로 현대사회에서 권력자원을 독점한 집단은 사회 체제 전체를 특정한 비전에 따라 전면적 으로 재조직하고 사회 구성원들을 추상적 범주로 환원할 수 있게 되었다. 이러한 역사적 조건에서 사람들은 타인을 증오하지 않고, 도덕적 갈등 없 이, 단지 시스템의 한 역할요소로서, 타인들에 대한 대규모적인 폭력에 동 참할 수 있게 된다는 것이다(Bauman, 1996; 1998).

인류학 분야에서도 엘리아스의 '문명화 테제'(Elias, 1976)를 반박하는 연 구들이 나왔는데, 반(反)엘리아스 담론의 대표격인 뒤르는 엘리아스가 근 대사회에만 있는 것으로 믿은 '문명적' 행동 양식이 이른바 '미개' 시대나 '미개'사회에도 존재하며, 반대로 엘리아스가 '미개한' 단계에나 있는 것으 로 믿은 행동 양식이 근대 서구사회에도 완연히 존재한다는 것을 매우 세밀한 인류학적 자료들로 보여줬다. 이를 통해 뒤르는 엘리아스의 문명화 이론 또는 그와 유사한 문명/야만 관념에 깔려 있는 진화론적, 자문화 중심적 사유의 신화적 성격을 폭로하고자 했다(뒤르, 2003: 37~44; Dürr, 2005: 115~116). 특히 관료적, 형식적, 제도적 강제로 이해되는 현대 국가폭력의 이론과는 달리, '군사적 강간'(military rape)으로 불리는 전시 상황에서의 성범죄(Littlewood, 1997)는 중세와 현대를 가로질러 전체주의 국가와 민주주의 국가의 구분을 가로질러 보편적으로 존재해온 폭력이라는 주장은 주목할 만하다. 심지어 뒤르는 현대에 와서 전쟁 강간은 국가폭력 기구에 의해 조직적으로 수행되며 정치적으로 승인되는 대규모적 성범죄였다는 증거를 제시하고 있다(뒤르, 2003: 481~523).

이상의 검토를 통해 권력의 두 얼굴 중 어느 한 측면을 각각의 관점에서 깊이 고찰한 현대의 권력 연구들이 모두 나름의 학문적 설득력과 정치적 의의를 갖고 있다는 것을 알 수 있다. 19세기와 20세기 초엽의 군사적 사회다윈주의와 권력현실주의의 사상적 전통들과 달리, 제2차 세계대전 이후 세계사회과학계의 권력 연구들은 그 초점이 문화·상징·언어에 놓여 있건, 아니면 강제·억압·폭력에 있건 간에 대부분 불균등한 권력관계와 지배-종속의 재생산에 대한 비판적 관점을 공유하고 있었던 것으로 보인다. 그러나 위와 같은 연구들에서 충분히 주목받지 못한 지점이 있다. 그것은 각각의 연구 경향이 일면적으로 주목해온 권력의 두 얼굴이 현실 속에서는 흔히 공존하며, 서로 전제가 되고 서로 강화하며, 하나의 권력 형태는 지배-저항의 조건이 변화함에 따라 다른 형태의 권력으로 변모하기도 하고, 그래서 어느 한 차원의 권력에 대한 외면은 다른 차원의 권력관계를 더욱 평등하게 만드는 것이 아니라 오히려 그것을 더욱 강화하는 데 이바지할 수도 있다는 사실이다. 룽이 정확히 지적한 바와 같이, "현실 속에서 영향력과 권력의 여러 형태는 비사회적인 강제와 기만으로부터 권력자가 종속자의 의지와 목표의 거의 완전한 융합에까지 이르는 여러 개의 축과 연속선상을 따라 또 다른 형태로 변화"해간다. 그러한 혼성과 변이를 포착해내려면 "(권력의) 다양한 형태들이 현실 속에서 다른 형태로 어떻게 변모해가는지, 특수한 권력관계 안에서 어떻게 결합하고 공존하는지"를 분석하는 것이 특별한 중요성을 띤다(Wrong, 1995: 66). 다음에서는 베버와 그람시의 정치 이론이 현대권력의 그러한 결합과 공존 및 역사적 변화를 어떻게 해석하고 이론화했는지를 분석한다.

3. 막스 베버: 현대국가에서 지배와 정당성

1) 현대정치와 합리적-합법적 지배

막스 베버의 정치사회학은 20세기 사회과학에서 정치학 · 사회학 · 국제관계학을 비롯한 거의 모든 학제 영역에 포괄적인 영향을 미쳤다. 특히 많은 학자에 의해 널리 인용되고 참조되었던 것은 권력 개념, 근대국가론, 지배의 사회학, 정당성 이론, 법사회학 등이었다. 이러한 개념과 이론들은 그의 더 야심 찬 학문적 기획, 즉 서구 모더니티의 형성과 보편적인 합리화(Rationalisierung) 경향을 추적하고 이를 더욱 장구하고 포괄적인 비교문명론적 관점에서 자리매김하려는 기획의 하나로 발전된 것이었다(Schluchter, 1998; 2002). 정치사회학에서 그의 가장 일반적이고 기초적인 개념은 바로 '권력(Macht)'이다. 널리 알려진 바와 같이 베버는 권력을 "어떤 사회적 관계 안에서 타인의 저항에 맞서서까지 자신의 의지를 관철할 수 있는 모든 개연성 — 그 개연성이 어디에 기반을 두고 있건 간에"〔Weber, 1972: 28, 이하에서 『경제와 사회(Wirtschaft und Gesellschaft)』는 WG로 표시〕로 정의했다. 이러한 베버의 권력 개념은 두 가지 측면에서 사회과학자들의 계속적 관심을 끌 만한 매력을 갖고 있었다. 첫째, 베버는 권력 개념을 국가와 정당정치 영역에 국한하지 않고 사회적 삶과 관계의 모든 영역으로 확장시켰다. 둘째, 그는 타인의 저항과 의지의 관철을 권력 개념의 핵심으로 정의함으로써, 권력관계를 행위자들 간 갈등적인 사회적 관계의 맥락에서 한결같이 해석할 가능성을 제공했다.

위와 같은 권력 개념에서 출발하여 '지배(Herrschaft)' 개념으로 들어가보자. 베버에 따르면, "지배는 …… 권력의 한 특수한 사례다"(WG: 541). 지배 개념의 핵심을 이루는 두 가지 하부 개념은 바로 '명령(Befehl)'과 '복종(Gehorsam)'이다. 즉, 지배란 "특정한 내용을 가진 명령에 대해 타인들의 복종을 얻어낼 수 있는 가능성"(WG: 28)이다.2) 베버는 안정된 지배를 위해서는 피지배자들이 단지 의무감이나 공포, 또는 자신의 이익만을 위해서 복종하는 것이 아니라, 어떤 질서 또는 지배의 정당성에 대해 확신하고 있어야 한다는 점을 강조한다(WG: 16, 545). 그러므로 모든 지배집단은 그들의 지배가 피지배자들로부터 인정받을 만한 것이라는 정당성 요구(Legitimitätsanspruch)의 근거를 제시할 수 있어야 한다. 그러나 지배집단의 정당성 요구는 그들 자신의 의지와 기교만으로 충족될 수 없는데, 왜냐

---

2) 물론 베버는 『경제와 사회』, 하권, 제9장 「지배의 사회학」, 제1절 「권력과 지배」에서 두 가지 대표적인 지배유형을 논하면서, 위에 기술한 바와 같은 '명령-복종' 관계와 구분되는 다른 하나의 유형으로서 "이해관계(특히 독점적 지위)에 힘입은 지배"(WG: 542)를 언급하고 있지만, 이 유형은 베버의 지배 개념 및 이론의 유기적 구성요소로서 자리 잡지 못했다.

하면 지배는 피지배자들이 지배를 인정 또는 부정하는 잣대가 되는 정당성 기준(Legitimitätskriterium)과의 관계 속에서 작동하기 때문이다. 그러한 정당성 기준의 표피는 국면적인 정치 동학에 의해 진동하지만, 그것의 심층은 한 사회의 역사 속에 거대한 뿌리를 내린 사회적 규범과 가치, 세계관과 신념의 체계로 채워져 있다. 지배는 종교적·문화적·언어적 환경 안에서 그것과 상호작용하면서 작동한다.

이상과 같은 권력론과 지배의 사회학을 기초로 해서 베버는 '조직원리(Organisationsprinzipien)'와 '정당성 원리(Legitimationsprinzipien)'라는 두 가지 측면에서 다양한 유형의 지배구조를 분석했다(Schluchter, 1998: 182~183). 전자는 지배자가 지배 기구 및 피지배자와 명령-복종관계를 규정하는 어떤 조직적 원리에 따라 관계 맺고 있느냐를, 후자는 지배자가 어떤 정당성 원리에 호소함으로써 자신을 정당화하고 피지배자로부터 인정받을 수 있느냐를 묻고 있다. 주지하는 바와 같이 베버의 지배 유형론은 '전통적 지배', '합리적 지배', '카리스마적 지배'라는 세 가지 이념형으로 구성되어 있다. (여기에 베버가 '민주적 지배'라는 제4의 지배유형을 포함했는지 아닌지는 논란의 여지가 있다).

첫째, 전통적 지배(traditionelle Herrschaft)의 특징은 인격적 지배(persönliche Herrschaft)에 있다. 즉, 지배의 주체는 법 규범이나 국가 기구가 아니라 지배하는 개인 또는 집단이다. 여기서 정당성 기초는 지배자 또는 지배집단, 또는 그들의 인격적 지배를 핵심으로 하는 지배질서의 신성성(Pietät)에 대한 아래로부터의 믿음이다(Schluchter, 1998: 222). 그러한 믿음에 기초한 지배자는 형식적 규칙(Regeln)에 종속되지 않는 지배를 행사할 수 있지만, 그렇다고 해서 전통적 지배가 규범(Normen) 자체로부터 자유로운 자의적 지배였다는 의미는 아니다. 전통적 지배는 해당 사회의 문화적 규범에 종속되어 있으며, 전통사회에서 그것은 주로 종교적 규범과 가치체계였다.

둘째, 합리적 지배(rationale Herrschaft)에서 '합리적'이라 함은 지배의 조직원리와 정당성 원리가 구체적 인격체의 속성에 결부되는 것이 아니라, 추상적으로 법령화된 규칙들에 기초한다는 것을 뜻한다. 합리적 지배는 전통적 지배처럼 어떤 구체적 개인 또는 집단에 의한 인격적 지배가 아니라, 형식적이고 실정적이며 표준화된 법적·정치적 규범과 규칙하에 지배가 이뤄지는 비인격적 지배를 특징으로 한다.

끝으로, 카리스마적 지배(charismatische Herrschaft)는 "신성성, 영웅성, 혹은 어떤 개인이나 그를 통해 현시되고 창조된 질서의 모범적 성격에 대한 비일상적인 헌신에 기초하는 지배"다(WG: 124). 카리스마적 지배의 정당성 근거는 전통적 지배나 합리적 지배와 같은 일상적 지배구조 속에서 충족될 수 없는 곤궁이나 열망에 응답하는 '메시지(Sendung)'다. 카리스마적 지배를 지속하려면 카리스마를 체현하고 있다고 믿어지는 개인 또는 집단이 예외적이고 비범한 속성이 있다는 믿음을 대중들에게 계속해서 심어줄 수 있어야 한다.

베버는 위의 세 가지 지배형태 가운데 현대정치에서 가장 일반적이고 특징적인 것이 바로 합리적 지배라고 봤다. 거기에서 '합리적(rational)'은 '합법적(legal)'과 종종 거의 같은 뜻으로 사용되어, 이 두 가지 규정을 결합한 '합법적-합리적 지배(legal-rationale Herrschaft)'라는 개념이 사용되기도 했다. 이러한 합법적 지배에서 지배의 정당성을 판단하는 질문은, 첫째 '지배가 형식적·비인격적인 법 규범과 제도화된 규칙에 따라 이뤄지는가?', 둘째 '법적·제도적 규칙이 정당한 규칙으로 인정될 만한 것인가?' 정도로 압축할 수 있을 것이다. 그래서 슐루흐터(Wolfgang Schluchter)는 현대정치에서 합법성(Legalität)과 정당성(Legitimität)이 법 규범의 형식적 합리성(formelle Rationalität)과 실질적 합리성(materielle Rationalität) 간의 관계라는 형식으로 등장한다고 했다. 한편으로 현대국가에서는 형식적 법치국가의 원리가 점점 더 강화된다. 그것은 입법이 헌법적 원리에 기초해야 하며, 국가 행정이 법령에 기초해야 하며, 법 적용이 보편적이고 평등하게 이뤄진다는 것 등을 포함한다. 이러한 형식적 합리화는 법 적용의 안정성과 예측 가능성을 더욱 높이는 방식으로 비인격적 지배가 강화됨을 의미한다. 그러나 다른 한편으로 현대정치에서는 법과 제도가 사회적 '정의(Gerechtigkeit)'라는 실질적 가치를 구현하고 있다는 믿음을 피지배자들에게 줄 수 있어야 한다. 그러므로 현대국가의 형식적-합법적 지배는 현대시민사회의 정치 문화를 특징짓는 정당성 요구를 실질적으로 반영해야만 안정적 지배에 이를 수 있다.

2) 합리적-합법적 지배와 국가폭력

(1) 현대국가와 폭력

위에서 서술한 바와 같이 베버는 현대정치를 '합리적 지배'로 특징짓고, 나아가 합리적 지배의 핵심이 '합법적 지배'에 있다는 관점을 갖고 있었다. 그러나 여기서 우리는 '과연 현대정치가 이처럼 형식적·보편적·비인격적 규칙에 의해서만 움직이는가?'라는 질문을 던질 수 있다. 이와 관련하여 베버는 합리적-합법적 지배원리와 더불어 현대정치의 또 다른 중요한 차원을 지속적으로 강조했는데, 그것은 바로 국가의 폭력 독점이라는 측면이다. 즉, 현대정치에서는 오직 국가만이 물리적 폭력 수단을 쓸 수 있는 정당성을 부여받는다는 주장이 그것이다.

베버는 '국가(Staat)'를 "조직 지도부가 질서의 관철을 위해 정당한 물리적 강제를 행사할 수 있는 권리와 권력을 독점하는 데 성공한 공적 지배기 관"(WG: 29)이라고 정의했다. 여기서 중요한 두 가지 정의상의 요소는 "정 당한(legitim)" 물리적 강제라는 내용과 물리적 강제력의 "독점(Monopol)" 이라는 규정이다. 즉, 오직 국가만이 물리적 폭력 수단을 쓸 수 있다는 것, 그러나 그러한 강제력은 공적으로 인정되는 정당성을 전제로 해서만 행사 될 수 있다. 그러나 폭력 수단의 독점이라는 속성은 '국가 일반'의 속성이 라기보다는 '근대(현대)국가'의 대체적 속성이라고 보는 것이 더 정확하다.

바로 오늘날 국가와 폭력 간의 관계는 특별히 긴밀합니다. …… 국가는 특정한 영토(Gebiet) 내에서 (이 점, 즉 '영토'는 근대국가의 특성입니다) '정당한 물리적 폭력의 독점(Monopol legitimer physischer Gewaltsamkeit)' 을 주장하는 유일한 인간 공동체입니다. 왜냐하면 오늘날 가장 특징적인 현상은 어떤 단체나 개인이건 간에 오직 '국가'가 허용하는 한에서만 물리 적 폭력을 사용할 권리를 부여받기 때문입니다. 말하자면 국가는 폭력에 대한 '권리'의 유일한 원천입니다. 따라서 '정치'란 국가들 사이에서 혹은 한 국가 내의 인간집단들 사이에서, 권력에 참여하거나 권력 배분에 영향 력을 행사하고자 하는 노력을 뜻한다고 할 수 있습니다(Weber, 1988: 506, 따옴표 강조는 베버).

여기서 베버는 국가의 '폭력적' 차원을 반복해서 강조하고 있다. 이 때문 에 이후의 많은 해석은 베버가 폭력을 지배의 핵심으로 간주했다고 오해 하여 비난하곤 했다. 그러나 이 부분은 매우 섬세하게 접근해야 한다. 베 버의 설명은 이렇다.

폭력성은 분명히 정치단체들의 유일한 관리 수단도 아니며 또한 일상적인 관리 수단도 아니다. 오히려 정치단체의 지도부는 그들의 목적을 관철하기 위해 모든 가능한 수단을 동원한다. 그러나 폭력의 위협, 그리고 경우에 따라서는 폭력의 실제적 행사는 정치단체에 고유한 행위 수단이며, 다른 수단들이 목적 관철에 이바지하지 못할 때 사용될 수 있는 최후의 수단이다(WG: 29).

그렇다면 베버는 왜 이렇게 국가폭력을 강조하는 것일까? 그것은 베버가 국가를 그것이 담당하는 업무의 내용에 따라 정의할 수 없다고 믿었기 때문이다. 오히려 "근대국가는 사회학적으로 오직 그것이 (다른 모든 정치단체와 마찬가지로) 고유하게 가진 특정한 '수단'으로 정의할 수밖에 없습니다. 그것은 바로 물리적 폭력입니다"(Weber, 1988: 506)라고 주장한다. 말하자면 베버는 현대정치에서 국가가 물리적 폭력을 유일한 혹은 주요한 수단으로 사용한다고 본 것이 아니라, 다만 현대사회에서 물리적 폭력의 사용에 대한 정당성을 주장할 수 있는 유일한 조직이 국가라고 주장하는 것이다.

(2) 합리적 지배 밖의 국가폭력

위의 주장에서 우리는 홉스의 정치사상이 얼마나 강하게 반영되었는지 알 수 있다. 리바이어던은 사회 내 모든 폭력을 박탈하여 자신이 독점하고, 그 폭력을 통제하에 놓는다. 그렇다면 문제는 누가 리바이어던을 통제하느냐는 것인데, 베버에 따르면 현대정치의 합리적 지배에서 국가폭력의 정당성 조건과 범위를 규정하고 통제하는 것은 바로 법적·제도적 규칙들이다. 이러한 베버의 관점대로라면 '총구'는 '종이'에 종속된다. 그러나 과연 총구 앞에서 종이가 '종잇조각'에 불과해지는 상황은 없는가? 그런 상황은 현대정치의 예외적 현상인가, 아니면 현대정치에 내재한, 아니 가장 현대적인 현상의 하나인가?

합리적·합법적 지배의 규제권을 넘어서는 국가폭력의 가능성을 우리는 베버의 합리적 지배 이론과 카리스마적 지배 이론, 두 관점에서 접근해 볼 수 있다. 먼저 합리적 지배는 앞에서 언급한 바와 같이 형식적 정당성과 실질적 정당성, 두 측면으로 나뉜다. 형식적 정당성의 측면에서 보더라도 법치국가의 원리만으로는 국가폭력이 시민사회를 질식시키거나 정치권력에 의해 함부로 사용될 가능성을 배제할 수 없다. 왜냐하면 법치주의를 작동시키는 것은 스스로 살아 움직이는 규칙이 아니라, 규칙을 해석하고 적용하는 인간들이기 때문이다. 규칙의 해석과 적용에 대한 접근권을 가진 사회 세력이 규칙의 의미를 왜곡하거나, 정치적으로 오용하거나, 규칙을 선택적으로 적용시키는 것은 법치국가의 외양을 결정적으로 훼손하지 않고서도 얼마든지 가능하며, 그러한 과정을 거치면서 법치국가의 질서 자체를 붕괴시킬 수 있는 정치 상황이 은밀하게 무르익을 수 있다.

나아가 국가의 폭력과 물리적 강제에 대한 정당성 인정 여부는 무엇이 '정의'인가에 대한 실질적 합리성의 관념체계에 크게 의존한다. 국가폭력의 '정당한' 행사에 대한 법적 규정이 확립된 합법적-합리적 지배하에서조차도, 법체계와 정치체계의 추상적 규칙만으로 모든 국가행위의 합법성과 정당성 여부에 대한 명백한 해석이 가능해지는 것은 아니다. 따라서 어떤 상황에서 국가 기구가 행사하는 폭력이 민주적 법치국가가 보장하는 '정당한' 폭력인지를 판단하는 것은 단지 사법적 판단의 문제가 아니라 '정치적 문제'가 된다. 이처럼 민감한 정치적 이슈에서 정치·사회적 엘리트들은 도덕적 비난의 대상이 되어야 할 '폭력'이 과연 무엇인지, 그리고 명백한 물리적 폭력이지만, 도덕적 의미에서 '폭력'으로 명명되어선 안 될 '정당한' 물리력의 행사가 무엇인지에 대한 정의를 둘러싼 경쟁과 투쟁을 벌인다. '폭력의 정당성'에 대한 이러한 담론들은 단지 특정 행위의 합법성에 대해서만 말하는 것이 아니라, 정치질서·정치 이념·정치사에 관련된 거대 담론들과 긴밀히 연계된다(Münkelr and Llanquer, 2002). 말하자면 국가폭력의 실질적 정당성에 관한 판단은 합리적-합법적 규칙에만 종속되는 것이 아니라, 정치적이고 담론적인 투쟁의 장에서 이뤄진다는 것이다.

위와 같은 합리적 지배의 형식적·실질적 정당성 차원을 넘어서, 현대 정치가 과연 '합리적' 지배와 정당성 원리에 의해서 작동하고 있는지를 질문해볼 수 있다. 베버는 '카리스마'라는 개념을 통해 이 문제를 다뤘다. 베버는 카리스마적 지배가 전통적·합리적 지배와 같은 '일상적(alltägliche)' 지배의 위기 국면에서 출현하는 '비일상적(außeralltägliche)' 지배 유형이라고 설명했다. 카리스마적 지배는 기존질서의 정당성을 뒤흔들고 이제까지 통용된 가치와 규범을 붕괴시키는 혁명적 역할을 한다. 그런데 카리스마적 지배는 예외적이고 불안정하기 때문에 어떤 방식으로든 일상적인 지배 형태 안으로 스며들거나 또는 새로운 일상적 지배 형태로 변신해야 한다. 베버는 그것을 '카리스마의 일상화(Veralltäglichung)'로 개념화했다. 그러한 일상화 과정을 거치면서 카리스마적 요소는 기존의 제도적 질서 안으로 흡수되어 들어갈 수도 있고, 또 역으로 카리스마적 메시지 자체를 조직 원리이자 정당성 원리로 하는 완전히 새로운 제도적 질서가 등장할 수도 있다.

그러나 위와 같은 베버의 견해와 달리, 현대정치에서 합리적·합법적 지배로 환원되지 않는 카리스마적 요소가 '일상적으로' 작동하고 있다는 주장이 지속적으로 제기돼왔다. 일찍이 뒤르켕(Durkheim, 1981)은 프랑스 대혁명 이후 근대사회에서도 성/속(sacred/profane)의 구조가 여전히 사회적 삶과 정치의 핵심에 존재한다고 보았으며, 쉴즈(Shils, 1975)는 이를 중심/주변(center/periphery)의 공간적 은유를 통해 정치사회학적 개념으로 변형시켰다. 한 사회의 제도와 문화, 역사적 기억 속에 깊이 각인된 중심적 가치, 믿음체계, 집단적 감정과 정체성은 합법성 여부의 문제를 훨씬 넘어, 법과 규칙 자체의 의미를 규정하는 토대로서 현대정치의 다이내믹에 영향을 미친다. 이 경우 우리는 어떤 상위의 집단적 가치를 위해 대중 자신이 합법성 자체를 탈정당화(Delegitimierung der Legalität)하거나, 혹은 정치 엘리트들이 그러한 집단 가치를 동원하여 탈합법적 지배 체제를 수립할 가능성을 매우 진지하게 고려해야 한다. 이러한 상황에서 국가에 의해 독점된 폭력 수단은 합리적·합법적 지배의 통제권을 벗어나 지배, 억압, 혹은 정복의 수단이 될 수 있으며, 법치주의와 관료제의 거대한 기계는 폭력적 지배를 위한 도구로 탈바꿈할 수 있다.

베버 자신의 정치사회학 내에서도 그와 같은 가능성을 예견할 수 있게끔 하는 통찰이 등장한다. 에를 들어 그는 『경제와 사회』의 하권 8장에서 '정치 공동체(Politische Gemeinschaft)'라는 개념을 논하고 있는데, 여기서 베버는 현대국가가 합법적 지배의 조직인 동시에 문화 공동체, 언어 공동체, 혈연 공동체, 그리고 공동의 정치적 투쟁·삶·죽음의 체험에 기반을 둔 '기억 공동체(Erinnerungsgemeinschaft)'이기도 하다는 것을 강조하고 있다. 이것은 '형식적·비인격적 규칙에 따라 움직이는 합리적 지배 기구로서의 국가'라는 관념과 명백히 대립한다. '공동체로서의 국가'에 대한 대중적 관념은 때론 합리적-합법적 지배가 민족 공동체의 광명에 걸림돌이 된다고 말할 수도 있다. 이와 유사한 맥락에서 베버는 대외적인 국가 위신

(Prestige)에 대한 아래로부터의 요구가 다른 정치 공동체와의 군사적 충돌 (즉 전쟁)을 일으키는 중요한 촉발제가 되었다는 사실을 주목하고 있다. 권위, 권력, 폭력의 동학이 상호 침투되고 교차하는 상황이다(WG: 520~521). 이것은 아래로부터 정치적 정당성을 획득하거나 보전해야 하는 필요성으로 말미암아 군사적 폭력을 투입하고 국가 간 무력 갈등으로 나아가지 않을 수 없게 되는 상황이 있음을 뜻한다. 이상과 같은 측면들을 고려한다면, 현대정치가 오직 합리적·합법적 지배에 의해서만 작동한다는 가정은 법치주의 이데올로기가 주장하는 바와 달리 그렇게 자명하지 않다는 점과 특정한 문화적·군사적·국제관계적 조건 아래에서는 합리적 지배의 규칙과 제도들이 무력화되고 국가의 물리적 강제력만이 전면에 등장한다는 사실이 분명해진다. 합리적 지배와 폭력의 지배는 현대정치의 양면성 그 자체다.

4. 안토니오 그람시: 헤게모니와 역사적 블록

앞에서 베버에 대한 서술이 형식적 규칙에 의한 합리적 지배라는 '소프트'한 권력으로부터 출발하여 국가의 폭력 독점이라는 '하드'한 차원으로 나아간 것처럼, 그람시에 관한 절 역시 지적·도덕적 지도와 헤게모니에 관한 서술로부터 시작하여 그것의 물질적·제도적 차원과 기반에 대한 논의로 나아갈 것이다. 본 논문의 맥락에서 그람시 정치 이론의 가장 중요한 개념은 바로 '헤게모니(hegemony)'다. 그람시의 헤게모니 이론은 그동안 '동의'(부시·글룩스만, 1984), '이데올로기'와 '담론'(Laclau and Mouffe, 1985; Butler, Mouffe, and Žižek, 2000; 무페, 1992), '의식'과 '언어'(Holub,

1992), '지식/권력'(Smart, 1986) 등 매우 다양한 관점에서 좀 더 현대적인 인문·사회과학적 조류들과 결합했다. 본 논문이 문제를 발견한 지점은 위와 같은 헤게모니 이론들이 공통으로 권력의 '소프트'한 측면만을 주목했다는 사실이다. 작업장에서 치열한 생산의 정치, 정치·사회 세력들 간의 집단적 충돌, 인적·물적 자원을 둘러싼 권력 투쟁, 강제 해고와 파업투쟁, 무장한 경찰 대오와 대치하는 시위대, 내전과 전쟁을 비롯한 군사적 분쟁 등, 현대인들이 늘 경험하거나 목격해야 하는 현대정치의 요소들이 기존의 그람시 연구에서는 좀처럼 드러나지 않고 있다. 본 논문은 그람시의 헤게모니 이론이 의식과 언어, 이데올로기와 담론, 지식권력의 차원을 중심에 두면서도, 또한 경제적 관계와 조직적·제도적 강제, 심지어 물리적 폭력을 아우르는 패러다임이라는 것을 보여주고자 한다. 이 주장에 대한 논증은 그람시의 '현대의 군주'에서 출발할 것이다.

1) '현대의 군주'와 국민적-민중적 집단의지

(1) 현대의 군주

마키아벨리의 영향하에 그람시가 개념화한 '현대의 군주(il moderno principe)'는 특정 개인이 아니라, 어떤 집단적 의지의 표현으로서 인민으로부터 인정받고, 행동을 통해 그 집단의지에 구체적 형태를 부여하며, 이를 통해 인민이 부여한 자신의 의미를 확인한 모든 형태의 구체적 실체를 뜻한다. 그것이 한 명의 구체적 개인이 될 가능성을 배제할 수는 없지만, 현대정치에서 그런 일은 특수한 정치적 국면에서만 일어난다. 그람시는 '현대의 군주' 구실을 하는 대표적 기관으로서 한결같이 정당을 주목했지만, 정당정치의 중요성과 영향력이 상대적으로 축소된 오늘날의 조건에서 봤을 때는 '현대의 군주' 역할이 역사적 조건에 따라 정당, 개인, 관료제, 교회, 사회단체, 또는 더욱 복합적인 요소에 모두 열려 있다는 그의 주장이 훨씬 의미 있어 보인다(Gramsci, 1971: 129, 이하에서 『옥중수고』의 영어 편집본인 *Selections from the Prison Notebook*은 SPN으로 표시).

그람시의 '현대의 군주'는 두 가지 구실을 한다. '집단의지의 형성'과 '지적·도덕적 개혁'이 그것이다(SPN: 132~133). 여기서 그람시가 말하는 '집단의지'는 단지 이미 존재하는 어떤 집단 이익을 반영하는 관념을 뜻하는 것일 수 없다. 집단적 의지는 개인과 분파들의 특수한 의지들을 결합하는 정치적·문화적 실천의 결과로서 생겨나는 '창조물(creation)'(Ives, 2006: 64)인 것이다. 그러한 집단의지의 형성은, 이론적으로 봤을 때 지방적·국가적·지역적·지구적 수준에서 모두 가능하다. 그러나 그람시가 가장 주목했던 차원은 바로 "국민적-민중적 집단의지(volontà collettiva nazionale-popolare)"의 각성과 발전이었다(Gramsci, 1975: 1559, 이하에서 『옥중수고』의 이탈리아어 본인 *Quaderni del carcere*는 Q*§ **: ***로 표시한다. *는 노트, **는 메모, ***는 쪽수). 그것은 국민국가라는 정치 공동체 전체의 보편적 가치와 이익에 대한 특정한 정의가 개개의 민중에게도 역시 보편적인 것으로서 인정받고 그들의 열망을 끌어낼 수 있게 된 것이다. 그람시는 프랑스 대혁명을 주도했던 자코뱅이야말로 '마키아벨리적 군주의 절대적 구현'이며, 국민적-민중적 집단의지가 구체적으로 형성되고 작동한 사례라고 평가한다.

여기서 '국민적'과 '민중적'이라는 개념은 그의 헤게모니 이론을 이해하는 데에 결정적인 구실을 한다. 그가 자코뱅을 '마키아벨리적 군주'의 구현이라고 말했을 때, 그는 마키아벨리 정치학의 특정한 측면을 의도하고 있다. 그것은 정치를 "인간을 통치하고, 그들의 영구한 동의를 획득하며, '위대한 국가(Grandi Stati)'를 건설하는 예술"로 이해하는 관점(Q5§ 127: 658)이다. 여기서 그람시가 염두에 둔 국가는 12세기 이래 이탈리아 공화주의의 본산이 되었던 도시국가적 정치 공동체가 아니라, "독립적인 국제정치를 가능케 하는 군사력의 기반"이 될 수 있는 국민국가다. 이것은 그람시가 국민국가의 한계 내에서만 사고하고 있음을 의미하지 않는다. 제숍이 주장했던 것처럼, 그람시는 국민국가가 국내외적 정치의 기본 단위로 주어져 있는 것으로 간주하는 '방법론적 내셔널리즘'을 거부했다. 그의 관심은 국민국가의 통일적 조직과 제도, 지배집단의 국민적-민중적 헤게모니가 형성되거나 또는 형성되지 못한 역사적 과정을 설명하는 데 있었기 때문이다(Jessop, 2006). 한편 그람시는 '국민적'인 동시에 '민중적'인 집단의지에 대해 말하고 있다. 이것은 국민적 집단의지가 지배집단의 특수한 가치와 이익을 보편적으로 만드는 데 머무는 것이 아니라, 정치 공동체를 구성하는 사회집단들 각각의 특수성을 수용하고 결합하여 그것을 더 상위의 보편성으로 승화시킨 것이 되어야 한다는 뜻이다.

이제 그람시가 말한 '현대의 군주'의 두 번째 역할, 즉 '지적-도덕적 개혁'의 문제로 들어가 보자. 그람시는 '현대의 군주'가 "지적-도덕적 개혁의 주창자이자 조직자"이어야 하며, 그것은 "더욱 우월한 총체적 현대문명의 실현을 위한 국민적-민중적 집단의지의 발전을 위한 지반을 창출"함을 의미하는 것이기도 하다고 말한다(SPN: 133). 이 주장의 의미를 온전히 이해하려면, 그람시의 '지식인' 개념과 거기에 담긴 사상을 알아야 한다. 그람시에 따르면, 모든 인간은 지적이고 윤리적인 활동을 하지만 모두가 그에 대해 명료한 이론적 의식을 갖는 것은 아니다. 개개인의 지적·도덕적 활동에는 과거로부터 전승되었거나 비판 없이 수용된 요소들이 내포되어 있는데, 그것은 역사 속에서 전개된 집단적인 헤게모니 투쟁의 결과다. 사람들은 윤리적이고 정치적인 수준에서 벌어지는 세(勢)들 간의 헤게모니 투쟁에 참여함으로써, '상식'을 넘어 자기 자신에 대한 비판적 이해에 이르게 된다(SPN: 9). 그와 같은 헤게모니 투쟁 속에, '단순한 사람들' 가운데서 새로운 층의 '지식인'들이 탄생하는 "지식인과 대중의 변증법"이 작동한다 (SPN: 334). 그러한 변증법 속에서 이뤄지는 지적·도덕적 개혁은 궁극적으로 개별화된 사회집단들을 공동의 의지로 응집하고 결속된 행동을 가능케 함으로써 세력관계를 변화시키는 정치적 과정이다. 그람시가 지적·도덕적 개혁을 경제적 개혁의 강령과 반드시 연계해야 한다고 강조한 이유는(SPN: 133), 인간은 결코 세계관과 신념만으로 움직이지 않으며 노동의 조건과 물질적 삶의 조건에 대한 관심은 인간의 사고와 행동에 커다란 영향을 미치기 때문이다. 그러므로 '현대의 군주'의 지적·도덕적 개혁은 인민의 삶의 모든 차원에 대한 구체적인 진단과 비전, 행동 강령을 포함하지 않고서는 그들의 인정과 신뢰, 지지를 끌어낼 수 없다.

(2) 역사적 사례의 대조: 프랑스 혁명과 이탈리아 변형주의

모든 이념과 이론이 그러하듯이 그람시의 헤게모니론 역시 모든 장소와 시간에 보편적으로 존재하는 문제에 대해 보편적으로 적용 가능한 개념과 이론을 제공하지 않는다. 오늘날 그람시의 의의는 그가 "완성된 설명을 제공해주기 때문이 아니라, 정치적이고 지적인 자기만족에 대한 해독제로서 우리를 동요시키는 어려운 질문들을 던져주기 때문"(Buttigieg, 1995: 32)이다. 우리의 역사적 맥락을 그람시의 역사적 맥락과 소통시키려면 "그람시를 역사화"(Bellamy, 1994; Morton, 2003)하는 접근이 필요하다. 앞에서 잠깐 언급했듯이 그람시가 '국민적-민중적 집단의지'의 구체적 구현을 목격한 역사적 사례는 바로 프랑스 혁명에서 자코뱅의 역할이다. 그람시는 '자코뱅'이 정적(政敵)에 대한 증오로부터 도출되는 파괴적 요소만이 아니라 민중의 요구를 자신의 요구로 만드는 데서 도출되는 건설적 요소들을 내포하고 있으며, 또한 특수한 소수집단의 도당(徒黨)이라는 종파적 요소만이 아니라 국민정치적 요소로서의 성격이 있기도 하다는 점을 강조한다 (SPN: 66). 무엇보다도 자코뱅은 '지도하는' 기능을 수행했다. 그들은 프랑스 부르주아지의 즉각적인 이익을 대변하거나 부르주아 개인들의 경제적·물질적 필요를 충족시키는 데 머무르지 않고, "전체로서의, 통합적 역사 발전으로서의 혁명적 운동"을 대변했으며 "현존하는 주요집단으로 흡수되어야 했던 모든 국민적 집단들의 필요"를 대변했다. 자코뱅은 추상적 이상을 좇는 이들이 아니라 "마키아벨리판 현실주의자들(realisti alla Machiavelli)"이었다(Q19§ 24: 2028). 이들은 평등·박애·자유라는 절대적 진리를 확신했지만, 그보다 더 중요한 것은 자코뱅이 선동했고 투쟁으로 이끌어갔던 광범위한 민중 부문의 대중들 역시 그것의 진리성을 확신했다는 사실이다. 그리하여 자코뱅은 부르주아 정부를 조직하여 부르주아지를 지배 계급으로 만들었을 뿐 아니라, 부르주아 '국가'를 창출하고 부르주아지를 "전 민족의 지도적이고 헤게모니적 계급(la classe nazionale dirigente, egemone)"(Q19§ 24: 2029)으로 만들어 이 새로운 국가에 영구적 기반을 마련하고 완전한 근대적 프랑스를 창출했다(SPN: 79).

이에 반해 이탈리아 근대정치를 주도한 세력은 그와 같은 국민적-민중적 집단의지를 창출하지도 못했으며, 따라서 광범위한 민중 부문의 지지가 필요한 능동적 사회 개혁에 성공하지도 못했다. 모턴(Morton, 2007: 56~66)은 그람시가 주목한 이탈리아 국가 형성의 역사적 경험을 다음과 같이 요약했다. ⅰ) 이탈리아 도시국가들은 상업 자본의 역할 때문에 민족국가를 창출하는 데 실패. ⅱ) 이탈리아의 불균등 발전('남부 문제')과 역사적 후진성. ⅲ) 이탈리아 지식인 계급의 퇴행적인 '코즈모폴리턴' 지향과 '국민적' 집단의지 형성의 실패. ⅳ) 변형주의적 수동 혁명과 '자코뱅'적 세력의 부재. 이 네 가지는 이탈리아 근대사에서 '국민적' 헤게모니가 형성되지 못한 역사적 원인인 동시에, 사회적 변화가 '민중적' 열망과 이익을 전혀 수용하지 못한 채 전개되었던 이유가 되기도 한다.

이에 대한 그람시의 설명은 이탈리아에서 온건당과 행동당의 성격에 대한 분석, 특히 「이탈리아에서 현대적 국가와 국가 기구의 형성과 발전에서 정치적 지도의 문제」(Q19§ 24)라는 긴 제목의 메모에서 가장 잘 드러난다. 그람시는 부르주아 정당인 온건당(Moderati)이 비교적 동질적인 사회집단을 대변하고 있었으며, 그래서 상대적으로 진동의 폭이 작았다고 해석했다. 이 정당은 산업적·상업적·금융적 부르주아지들의 관점과 이익을 대변했으며, 또 그들이 이탈리아 경제 내에서 차지한 위상에 상응하는 권위와 신뢰를 얻을 수 있었다. 그람시는 온건당의 창당 이후 이탈리아 정치를 '변형주의(transformismo)'라는 개념으로 특징짓는데, 이는 보수 정당의 지배가 도전받지 않은 채로 단지 의회 내의 분파들이 이합집산을 거듭하여 정당정치의 기본구조가 지속되는 가운데 표피적인 변화만이 일어나는 정치 현상을 뜻한다. 이탈리아 정치의 맥락에서 이것은 온건당에 의해 확립된 틀 내에서 지배 계급의 권력이 점점 더 확장되는 경향을 뜻했다. 변형주의는 온건당이 행사한 "지적, 도덕적, 정치적 헤게모니의 의회적 표현"이었다. 이에 반해 행동당(Partito d'Azione)은 어떤 사회집단에도 견실히 기초하지 못했으며, 오히려 온건당의 이해관계에 대한 반응으로서 지도부와 지도기관의 노선이 진동했다. 행동당은 견고한 정치적 리더십을 갖지 못했으며 구체적인 정부 프로그램조차 갖지 못했으며, 행동당의 핵심은 언제나 온건당에 이바지하는 선동과 선전이었다(SPN: 57-62). 이러한 정치적 · 지적 · 도덕적 세력관계로 말미암아 이탈리아에서는 민중 부문의 열망과 이익을 담아내지 못한 채, 지배집단의 주도만으로 사회적 변화가 일어난다. 뒤에 '수동적 혁명'을 다루는 부분에서 이 문제를 더욱 자세히 논할 것이다.

2) 헤게모니와 그것의 물적 기초

그람시의 헤게모니 이론은 앞에서 서술한 '현대의 군주'의 지도적 · 개혁적 · 정치적 역할, 특히 다양한 사회 세력들의 개별화된 존재위치와 체험세계, 해석과 비전들을 재구성하고 응집함으로써 하나의 국민적-민중적 집단의지를 창출하는 역할과 밀접한 관련을 맺고 있다. 아래에서는 그람시의 헤게모니 개념이 '소프트 파워'의 차원을 포함하면서도 그것을 넘어서는 포괄적인 정치학적 개념이라는 것을 보여줄 것이다.

(1) 지배와 지도

그람시는 한 사회집단의 우월성이 두 가지 방식으로 나타날 수 있다고 보는데, '지배(dominio)'와 지적-도덕적 '지도(direzione)'가 그것이다. 한 사회집단은 강제나 심지어 무장력을 통해 적대적인 집단을 굴복시키거나 제거함으로써 '지배적'이 된다. 그러나 한 사회집단은 국가권력을 장악하기 이전에 이미 '지도력'을 행사할 수 있으며 또 그래야만 한다. 또한 이미 권력을 행사하여 국가권력을 안정되게 쥐었을 때조차도 지속적으로 '지도적(dirigente)'이어야 한다(Q19§ 24: 2010~2011). 앞에서 그람시가 '현대의 군주'의 역할, 그리고 특히 프랑스 혁명에서 자코뱅의 역할을 분석하면서 '지도적'이라는 개념에 어떤 정치적 의미를 부여했는지를 보았다. 한 사회집단이 지도적이라는 것은 단지 그 자신의 특수한 관점만을 표현하고 조합적 이익만을 추구하는 것이 아니라, 그것을 중심으로 다른 사회집단들의 관점과 이익을 결합함으로써 더 상위의 집단성을 창출할 수 있음을 의미했다.

그런 의미에서의 '지도적'이라는 개념이 지배 · 강제 · 폭력 · 정복 · 제거 등과 대비됨을 확인할 수 있다. 그러나 이것은 '지도'라는 개념이 필연적으로 의식적 동의의 요소를 포함한다는 뜻이 아니며, 나아가 의식 · 언어 · 문화 등의 차원에만 관련된다는 뜻도 아니다. 이 두 가지 경고는 그람시의 헤게모니 개념에 대한 편협한 이해를 넘어서려는 중요한 내용이다. 어떤 사회집단이 행사하는 지적 · 도덕적 지도는 직접적인 행위자 관계 속에서 다른 사회집단의 동의를 얻어내는 것만이 아니라, 그러한 동의 · 이의 결정에 영향을 미치는 더 깊고 포괄적인 역사적 · 사회적 지평에서 사람들을 움직일 수 있는 영향력을 포함한다. 그것은 개인과 집단의 지적 · 도덕적 어휘와 문법을 생산하고 확산하는 능력이며, 그러한 문화적 지형 변화를 가능케 하는 사회적 환경을 만들어낼 수 있는 능력이며, 다양한 개인과 사회 세력들이 어떤 공동의 현실 해석, 미래 비전, 행동 강령에 따라 결집한 진영을 형성할 수 있게끔 동원하고 조직할 수 있는 능력이기도 하다.

여기에서 우리는 서로 전제로 하는 '지도'의 두 가지 차원을 확인할 수 있다. 한편으로 지도는 개별 사회집단의 특수한 가치와 이익을 넘어서는 보편성의 차원을 창출한다는 의미에서 지적 · 도덕적 성격을 핵심으로 한다. 지도하려는 집단이 오직 조합적 이해관계나 정치적 권력 관심에만 몰입한다면 거기에는 (헤겔과 크로체의 의미에서) 다시는 '윤리적' 계기가 존재하지 않게 되며, 그것은 필연적으로 지도적 집단으로서 권위와 인정을 붕괴시키는 결과를 낳는다. 그러나 다른 한편으로 지적·도덕적 지도는 물리적·경제적 혹은 정치적 차원에서 사람들을 지원하고 움직이고 응집할 수 있는 능력이 없이 관념 속에서만 유지될 수 없다. 지도의 이 두 가지 차원은 현실 속에서 서로 배타적이거나 병행하는 관계가 아니라, 한쪽의 강화가 다른 한쪽의 강화를 가져오는, 그래서 어느 한 쪽의 일면적인 발전은 궁극적으로 두 측면 모두의 약화를 가져오는, 상호 전제의 관계에 놓여 있다.

(2) 헤게모니, 시민사회, 국가

앞에서 서술한 '지도'가 행위자 간 관계 속에서 한 집단이 다른 집단들에 대해 행사하는 영향력의 특수한 형태를 의미한다면, '헤게모니'는 그러한 행위적 측면(헤게모니적 실천)과 더불어 더욱 거시적인 수준에서 작동하는 영향관계의 상태('헤게모니 구조')를 포함하는 개념이다. 그래서 '지도'는 한 사회집단이 다른 사회집단에 대해 행사할 수 있지만, 그람시가 '헤게모니'에 대해 말할 때는 "한 사회집단의 '사회 전체'에 대한 정치적이고 문화적 헤게모니"(Q6§ 24: 703, 작은따옴표는 필자)를 지칭한다. 그런 의미에서 헤게모니는 지도보다 한 차원 더 높은 윤리적 개념이다. '지도'와 마찬가지로, 헤게모니의 중핵에는 윤리적 계기가 존재한다. 헤게모니는 한 사회집단이 그 자신의 특수성을 넘어 다른 사회집단들의 특수성 요소들을 결합하여 한 차원 높은 보편성의 수준에 이르는 것을 통해서만 창출될 수 있다. 그러므로 그람시의 헤게모니는 한 집단이 다른 집단들의 운명과 행동을 절대적으로 지배한다는 의미의 '패권'과 오히려 정반대의 의미이다.

그렇다면 헤게모니는 누가 행하며, 어디서 작동하는가? 그람시는 무엇보다도 시민사회를 헤게모니가 창출되고 실현되는 장으로 간주했다. 성직자집단, 학자와 사상가들, 교사, 언론인, 문인과 예술가들은 헤게모니에 관련된 그람시의 분석에 전형적으로 등장하는 사회집단들이다. 이들은 교회에서, 대학에서, 학교에서, 또 대중적 학술 서적과 문학 작품, 예술 작품과 신문·잡지 등을 통해 사람들의 세계관과 신념, 현실 해석의 골격을 제시하고 그들을 특정한 방식으로 응집한다. 이들과 더불어 그람시가 중요시한 헤게모니의 조직자는 바로 정당이다. 그는 (국가와 구분되는 의미에서) 정당이 수행하는 '지식인'으로서 역할을 부단히 강조했다. 헤게모니의 관점에서 보았을 때 정당의 가장 중요한 기능은 "지도하고, 조직하고, 교육하는 지적인" 기능이다. 사회집단들은 정치 정당을 통해 자신의 경제적 목적을 직접적으로 충족하는 수준을 넘어서, "국민적이고 국제적인 성격"을 갖는 일반적 활동의 주체가 된다. 또한 정당은 직접적으로 정치적·철학적 영역에서 그 자신의 유기적 지식인들을 발전시키며, 시민사회 내에서 지배집단의 유기적 지식인과 전통적 지식인층을 체계적이고 광범위하게 규합한다(SPN: 15-16).

그렇다면 국가는? 국가는 단지 강압력만을 행사할 뿐인가? 강제와 헤게모니는 각각 국가와 시민사회라는 별개의 사회 영역에서 따로따로 작동하는 권력 형태인가? 그람시의 저작에는 헤게모니가 사회체계 내 어느 장소에 관련되는 문제인지에 대해 서로 다른 정식들이 모호하게 공존한다. 그 모호성은 '국가=강제, 시민사회=헤게모니'라는 정식과 '국가=정치사회+시민사회=강제의 철갑을 두른 헤게모니'라는 정식(SPN: 263) 사이에서 가장 분명하게 드러난다. 폰타나가 정확히 지적한 것처럼, 위의 두 정식에서 전지는 정치사회를 강압·강제·독재의 영역으로, 시민사회를 평화·동의·설득의 영역으로 대비시키는 자유주의적 국가/시민사회 이분법일 뿐이다. 이에 반해 후자는 국가에 긍정적인 속성, 즉 문화적·교육적·윤리적 역할을 부여한다. 후자의 관점에서 국가는 단지 안전과 질서를 유지하는 강압기구가 아니라, 지배집단의 문화적·사회정치적 가치와 지배원리의 담지자이자 그것을 실현하는 주체이기도 하다(Fontana, 2006: 31~35). 국가는 특정한 주요 사회세력의 헤게모니를 창출하고 재생산하는 교육적 혹은 훈육적 구실을 한다. 예를 들어 그람시는 강제와 동의라는 "법의 두 얼굴"(Benney, 1983)을 동시에 관찰하고 있는데, 그것은 법이 현존하는 사회질서와 권력구조를 유지하는 강제적 수단이면서 동시에 종속집단의 일상적 삶 속에서 질서 자체에 대한 순응을 교육하고 훈육하는 역할을 한다는 의미에서다(Cutler, 2006). 또한 풀란차스가 정당하게 지적한 것처럼, 검찰·경찰과 같은 국가 강제기구들 역시 물리적 강제만이 아니라 권력구조를 내면화시키는 소임을 수행한다(Poulantzas, 1978).

(3) 헤게모니적 실천의 물적 기초와 '역사적 블록'

앞에서 '지도' 개념과 관련하여 그것이 지적·도덕적 측면을 핵심으로 하면서도, 또한 물리적·경제적·정치적 차원을 포함한다는 것을 설명했다. 그것은 헤게모니도 마찬가지다. 서니(Cerny, 2006)는 관계적, 구조적, 하부구조적 권력이라는 개념 구분을 통해 그람시의 헤게모니 이론을 해석했다. 그의 주장은 헤게모니가 관계적 수준, 즉 행위자들 간 구체적 관계 속에서 작동하는 행태적 권력에만 의존해서는 지속적으로 유지될 수 없을 뿐더러, 또한 구조적 권력, 즉 명시적인 갈등과 권력 투쟁이 벌어지는 장에서 게임의 규칙과 불균등구조만으로 환원될 수도 없다는 것이다. 헤게모니는 '하부구조적 권력', 즉 행위자들의 일상적인 삶의 상황과 환경 속에서 권력관계를 내면화하는 권력을 통해 장기적으로 지속될 수 있다(Cerny, 2006: 81~85). 이와 유사한 맥락에서 폰타나 역시 헤게모니는 "공간적, 물리적, 기술적, 경제적인 물적 토대 없이는 생겨나거나 작동할 수 없"으며, "영구한 동의, 즉 헤게모니가 생겨나고 만들어질 수 있게 해주는 것은 바로 이 기초"(Fontana, 2006: 39)임을 강조했다.

그와 같은 헤게모니의 물질적 차원 혹은 물질적 기초는 경제적 차원에서 가장 강력한 힘을 발휘한다. 그람시는 헤게모니가 윤리적-정치적이면서 또한 경제적이며, 어떤 사회집단이 경제 활동에서 수행하는 결정적인 역할에 기초를 두고 있을 때에 비로소 지도적인 구실을 할 수 있음을 강조했다(SPN: 161). 여기서 그람시가 말하는 것은 단지 금전적인 능력, 즉 지적이고 도덕적인 영향력을 행사하기 위한 재정적 자원의 문제가 아니다. 그람시에 따르면, 헤게모니는 지배집단이 다수 대중의 사회적 삶에 부과하는 일반적 방향에 대한 '자생적 동의(consenso spontaneo)'에 기초한다. 많은 그람시 해석자들이 헤게모니를 '자발적 동의(voluntary consent)'와 동일시하곤 하는데, 그람시는 그와 같은 개념 자체를 거의 사용한 적이 없다. 오히려 그는 '자생적 동의'에 대해 종종 언급했는데, 그러한 동의는 많은 부분 지배집단이 그들의 경제적 지위와 기능 때문에 누리게 되는 위신(prestigio)과 그로 말미암은 신뢰(fiducia)에 의해 역사적으로 형성되는 것이다(Q12§ 1: 1518~1519).

그 역사적 사례로서 그는 이탈리아의 온건당이 경제적 상층 계급의 실재적·유기적 전위였음을 부각시켰다. 이들은 지적·정치적 조직자인 동시에 기업 보스, 부농, 상공인들이었으며, 그렇기 때문에 대중들로부터

"자생적으로 강력한 매력(potente attrazione in modo 'spontaneo')"을 행사할 수 있었다(Q19§ 24: 2012). 이 지점은 매우 주목할 만한데, 왜냐하면 여기서 그는 '자발적(voluntary)' 동의가 아닌 '자생적(spontaneous)', 즉 동의를 획득하기 위한 지적이고 정치적인 노력 이전에 경제 체제 내에서의 중심적 역할 때문에 이미 주어지는 위광(威光)에 대해 말하기 때문이다. 자본주의 사회에서 하층 계급의 구성원들은 종종 지역사회와 국가의 경제를 주도하고 지배하는, 그리하여 자기 자신의 미래를 좌우할 수 있는 권력을 가진 사회 세력에게 경외와 권위를 부여한다. 또한 그 경외는 그 사회 세력의 성공과 실패가 곧 정치 공동체 전체의 성공과 실패로 이어진다고 믿게끔 함으로써, 그 집단의 특수 이익을 사회 전체의 보편 이익과 동일시하게 할 가능성을 높인다. 그에 반해 한 사회의 경제적 삶에서 주변적인 사회 세력의 약속과 비전은 많은 경우 이상적이고 실현 불가능하며 신뢰하기 어려운 것으로 인식되곤 한다. 그래서 종속집단이 헤게모니를 쟁취하기 위해 벌이는 투쟁은 이미 자생적 동의에 터하고 있는 지배집단보다 훨씬 더 험난하며, 그에 따라 오랜 진지전을 요구한다.

위와 같이 경제적 차원으로부터 생성되는 자생적 동의와 더불어, 시민사회의 장에도 역시 헤게모니의 물적 측면이 존재한다. 시민사회는 순수하게 정신적인 영역이 아니다. 시민사회라는 장은 충분히 '물질적'이다. 그람시의 유명한 다음 문구를 보자. "서구에서는 …… 국가가 흔들리면 시민사회의 강인한 구조가 순식간에 부상했다. 국가는 단지 외부의 참호일 뿐이며, 그 뒤에는 (시민사회의) 강력한 요새와 토루(土壘)의 시스템이 버티고 있다"(SPN: 238). 여기서 주목할 것은 '요새', '토루'와 같은 표현이다. 이것은 매우 물질적인 뉘앙스를 주는데, 이는 단지 비유로서만 그런 것이 아니다. 시민사회에서 지적·도덕적 헤게모니를 행사하려면 참으로 넓고 두

터운 물리적 · 재정적 · 제도적 반석을 창출해야만 한다.

출판사, 신문, 잡지, 문학, 도서관, 미술관, 극장, 갤러리, 학교, 건축물, 거리 이름 등은 모두 헤게모니 투쟁에 작용하는 요인 또는 요소들이며, 그것이 시민사회에 '이데올로기의 물적 구조'를 구성한다. ……

이러한 헤게모니의 다양한 사회적 응집물들에 의해 "모세혈관 형태로 '퍼져 있는' 간접적 압력"은 다양한 조직 또는 '모세혈관 같은 지적 통로들 (capillary intellectual meatuses)'을 통해 헤게모니적 계급관계로 매개된다 (Morton, 2007: 92).

이 모든 시설 · 제도 · 조직들이 바로 그람시가 말한 '시민사회의 강력한 요새와 토루'이다. 그리고 바로 여기에 그람시가 '진지전'을 주장한 이유가 있다. 시민사회 내에 현존하는 사회질서를 유지하는 헤게모니적 모세혈관 이 촘촘하게 퍼져 있는 사회에서, 그람시가 추구했던 '새로운 질서(ordine nuovo)'는 한 번의 강력한 일격으로 결코 탄생할 수 없었다. 그것은 시민사 회 구석구석에서 진지를 뺏고 뺏기는 오랜 싸움을 요구한다는 것을 그람 시는 분명히 인지했다.

이상의 논의를 통해 그람시의 헤게모니는 지적 · 도덕적 차원을 핵심으 로 하면서도, 물리적 · 경제적 · 정치적 요소를 포함하거나 또는 그 차원들 과 유기적으로 연계되어 있음이 분명해졌다. 마르크스주의의 고전적 은유 를 빌리자면, 헤게모니는 구조와 상부구조 중 어느 하나에만 관련되는 것 이 아니라 양자의 통일체 전체에 관련된다. 그러한 사회적 총체성을 지칭 하는 그람시의 핵심 개념이 바로 '역사적 블록(blocco storico)'이다. 역사적 블록은 경제적 생산과 국가, 시민사회가 유기적으로 상호 연계된 실재적 통일체다. 그래서 그람시는 인간 유기체의 비유를 들어 역사적 블록을 설명하기도 했다. "인간 육체에서 피부와 모든 물리적 현상들은 환영일 뿐이며 오직 골격만이 유일한 실재라고 말할 수는 없다"(Q10§ 41: 1321). 헤게모니는 구조와 상부구조의 여러 차원이 뼈와 살과 피부처럼 하나를 이루는 역사적 블록 전체에 걸쳐 다양한 축을 따라 조직되어 있는 '복잡한 체계'이며, 동시에 사회의 경제적 구조들과 정치적·지적·도덕적 지도를 결합함으로써 하나의 역사적 블록을 창조하고자 하는 '집단적 실천'이기도 하다. 그런 의미에서 "헤게모니는 곧 동의를 뜻하며, 강제와 대립한다는 일반적 관점과는 반대로 헤게모니는 그 자체가 강제와 동의를 결합한다"(Joseph, 2002: 31).

5. 맺음말

이 글의 서두에서 마키아벨리와 그람시의 비유를 빌려 켄타우루스의 머리와 몸을 다시 붙이는 것이 연구의 관심이라고 밝혔다. 그 출발점은 현대 사회과학에서 서로 대조되는 연구 경향들이 제각각 강조해온 권력의 두 얼굴, 즉 강제·억압·폭력 등과 같은 험한 인상과 설득·동의·순종 등 고운 인상이 현실 속에서는 종종 공존하며, 서로 연계되어 있고, 서로 전제가 되며, 서로 강화하고, 서로 다른 형태로 변신하곤 한다는 사실이었다. 그래서 이 연구는 20세기 전반기의 가장 위대한 정치 이론가의 하나였던 막스 베버와 안토니오 그람시의 권력론을 중심으로 해서, 권력의 이 두 상반된 차원이 현대정치에서 서로 어떤 관계에 놓여 있는지에 대한 그들의 통찰을 비판적으로 해석하고자 했다.

베버는 현대정치의 가장 고유한 역사적 특성이 바로 합리적·합법적 지배에 있다고 보았다. 그러한 합리적 지배의 체제하에서 국가의 물리적 폭력과 행정적 강제력은 통치자의 자의성이나 특정 권력집단의 인격적 지배를 위해 사용되는 것이 아니라, 오직 공적으로 부여된 정당성의 범위 내에서 행사되는 것으로 이해된다. 그러나 이 글은 현대정치의 그러한 특성을 인정하면서도, 국가의 폭력 독점이라는 현대정치의 또 다른 차원이 과연 형식적·실정적·합리적 규칙에 따라 항상 통제될 수 있느냐는 질문을 제기했다. 베버 자신도 강조하는 현대국가 간 체제의 고유한 역학, 내셔널리즘의 문제, 그리고 형식적 규칙을 훨씬 넘어서는 정치적·도덕적 담론 투쟁을 고려했을 때, 현대정치에서 '정당성의 정치'와 '국가폭력의 정치'는 어느 한 쪽으로 환원될 수 없는 긴장관계에 놓여 있음이 분명해진다.

한편 그람시는 발전된 자본주의 사회에서 강제가 아니라 헤게모니, 국가가 아니라 시민사회가 현존하는 사회질서를 지탱한다는 주장으로 잘 알려졌으며, 그러한 관점에 입각한 그의 헤게모니론, 진지전론, 시민사회론은 정치학·사회학·언어학·문학 등 매우 다양한 학제 영역에서 폭넓게 수용되었다. 그러나 그람시에게 헤게모니는 지적·도덕적인 것이면서 동시에 물리적·경제적·정치적·군사적인 차원을 포함했다. 지적·도덕적 헤게모니는 물적 기초 없이는 창출될 수도 유지될 수도 없으며, 그러한 물적 기초는 종종 강제적 수단을 통해 창출되거나 폐지될 수 있다는 사실이 중요하다. 헤게모니는 그 중심에 지적·도덕적 지도력이라고 하는 윤리적 동기가 있지만, 그것을 넘어서 경제적·정치적·군사적 지도력을 포함하는 '역사적 블록' 전체에 관련되는 개념으로 이해되어야 한다.

이 논문에서 보여주고자 한 것은 다음 두 가지다. 하나는 20세기 초반 서구정치 이론과 사회과학에서 직접적 폭력 또는 강제와 구분되는 '소프트'한 권력의 작동 방식이 현대정치의 핵심적 양상으로서 깊이 고찰되고 있었다는 것이다. 다른 하나는 그러한 소프트 파워가 단지 관념·언어·문화의 영역에서만 생성되고 작동하는 것이 아니라, 권력관계의 물리적·경제적·정치적 차원과 불가분의 관계를 맺고 있다는 점이다. 이 글에서의 고찰을 통해 현대정치에서 '권력의 두 얼굴'을 서로 고립시키고 대립시키는 것이 아니라, 양자 사이의 복잡하고 역동적인 관계에 대한 인식과 관심이 심화될 수 있기를 기대한다.

■ 참고문헌

나이, 조지프. 2001. 『국제분쟁의 이해』. 양준희 옮김. 한울.

_____. 2004. 『소프트 파워』. 홍수원 옮김. 세종연구원.

뒤르, 한스-페터. 2003. 『음란과 폭력』. 최상안 옮김. 한길사.

무페, 샹탈. 1992. 「그람시에 있어서 헤게모니와 이데올로기」. 샹탈 무페 엮음. 『그람시와 마르크스주의 이론』. 장상철·이기웅 옮김. 녹두, 199~241쪽.

부시-글룩스만, 크리스틴. 1984. 「헤게모니와 동의: 정치 전략」. 앤 쇼우스택 사쑨 엮음. 『그람시와 혁명 전략』. 최우길 옮김. 녹두, 161~171쪽.

틸리, 찰스. 1994. 『국민국가의 형성과 계보』. 이향순 옮김. 학문과사상사.

Arendt, Hannah. 1965. *Über die Revolution*. München: Piper.

_____. 1970. *Macht und Gewalt*. München: Piper.

Bachrach, Peter and Morton S. Baratz. 1962. "The Two Faces of Power." in *American Political Science Review*, 56, pp. 941~952.

Bauman, Zygmunt. 1989. *Modernity and the Holocaust*. Cambridge, UK: Polity Press.

_____. 1996. "Gewalt-modern und postmodern." in M. Miller and H. -G. Soeffner(eds.). *Modernität und Barbarei*. Frankfurt/M.: Suhrkamp, pp. 36~67.

_____. 1998. "Das Jahrhundert der Lager?." in M. Dagag and K. Platt(eds.). *Genozid und Moderne*, Bd, 1. Opladen: Leske+Budrich, pp. 81~99.

Bellamy, Richard. 1994. "Introduction." in A. Gramsci. *Pre-Prison Writings*. Cambridge: Cambridge University Press.

Benz, Wolfgang. 1998. "Vernichtung als politische Kategorie im Denken des 20. Jahrhunderts." in M. Dagag and K. Platt(eds.). *Genozid und Moderne*, Bd. 1. Opladen: Leske+Budrich, pp. 123~134.

Bieler, Andreas and Adam David Morton(eds.). 2006. *Images of Gramsci Connections and Contentions in Political Theory and International Relations*. London and New York: Routledge.

Bourdieu, Pierre. 1977. *Outline of a Theory of Practice*. Cambridge: Cambridge University Press.

_____. 1984. *Distinction*. Cambridge, MA: Harvard University Press.

_____. 1990. *The Logic of Practice*. Stanford: Stanford University Press.

Brunner, Otto, Werner Conze, and Reinhart Koselleck(eds.). 2001. *Geschichtliche Grundbegriffe*, Vol. 3. Stuttgart: Klett-Cotta.

Buci-Glucksmann, Christine. 1980. *Gramsci and the State*. London: Lawrence and Wishart.

Burke, Victor Lee. 1997. *The Clash of Civilizations: War-Making and State Formation in Europe*. London: Polity.

Butler, Judith, Ernesto Laclau, and Slavoj Žižek. 2000. *Contingency, Hegemony, Universality: Contemporary Dialogues on the Left*. London: Verso.

Buttigieg, Joseph. 1995. "Grasmci on Civil Society." in *Boundary*, 2, 22(3), pp. 1~32.

Comte, Auguste. 1975. "Cours de Philosophie Positive(1830~1842)." in Gertrud lenzer (ed.). *Auguste Comte and Positivism: The Essential Writings*. Chicago and London: The University of Chicago Press, pp. 69~306.

Cutler, A. Claire. 2006. "Gramsci, Law, and the Culture of Global Capitalism." in Bieler and Morton. 2006, pp. 133~148.

Dahl, Robert. 1961. *Who Governs?*. New Haven: Yale University Press.

Dilthey, Wilhelm. 1982. "Leben und Erkennen"(1892~1893). in W. Dilthey. *Gesammelte Schriften*, Vol. 19. Göttingen: Vandenhoeck & Ruprecht.

Durkheim, Emile. 1981. *Die elementaren Formen des religiösen Lebens*(1912). Frankfurt/M.: Suhrkamp.

Dürr, Hans-Peter, 2005. *Die Tatsachen des Lebens. Der Mythos vom Zivilisationsprozeβ*, Frankfurt/M.: Suhrkamp.

Eisenstadt, Shmuel Noah. 1999. *Paradoxes of Democracy: Fragility, Continuity, and Change*. Baltimore and London: The Johns Hopkins University Press.

_____. 1998. *Die Antinomien der Moderne*. Frankfurt/M.: Suhrkamp.

_____. 2000. *Die Vielfalt der Moderne*. Weilerswist: Velbrück Wissenschaft.

Elias, Norbert. 1976. *Über den Prozeβ der Zivilisation*. Frankfurt/M.: Suhrkamp.

Etzioni, Amitai. 1993. "Power as a Societal Force." in Marvin E. Olsen and Martin N. Marger(eds.). *Power in Modern Societies*. Boulder, CO: Westview Press, pp. 18~28.

Ferguson, Adam. 1986. *Versuch über die Geschichte der bürgerlichen Gesellschaft* (1767). Frankfurt/M.: Suhrkamp.

Foucault, Michel. 1979. "Omnes et Singulatim: Towards a Criticism of Political Reason." in *The Tanner Lectures on Human Values*. Stanford University.

_____. 1982. "The Subject and Power." in *Critical Inquiry*, 8(4), pp. 777~795.

_____. 1991. "Govermentality." in G. Burchell, C. Gordon and P. Miller (eds.). *The Foucault Effect: Studies in Governmentality*. Chicago: The Univ. of Chicago Press, pp. 87~104.

Germino, Dante. 1990. *Antonio Gramsci: Architect of a New Politics*. Baton Rouge and London: Louisiana State University Press.

Giddens, Anthony. 1987. *The Nation-State and Violence*. Berkeley and L.A.: University of California Press.

Gramsci, Antonio. 1971. *Selections from the Prison Notebook*. London: Lawrence & Wishart.

_____. 1975. *Quaderni del carcere*, volume I ~IV. Edizione critica dell'Istituto Gramsci. Torino: Einaudi.

Habermas, Jürgen. 1973. *Legitimationsprobleme im Spätkapitalismus*. Frankfurt/M.: Suhrkamp.

_____. 1992. Faktizität und Geltung. Frankfurt/M.: Suhrkamp(1973).

Hanagan, Michael. 2002. "Gewalt und die Entstehung von Staaten." in W. Heitmeyer and J. Hagan(eds.). *Internationale Handbuch der Gewaltforschung*. Wiesbaden: Westdeutscher Verlag, pp. 153~176.

Haugaard, Mark and Howard H. Lentner(eds.). 2006. *Hegemony and Power: Consensus and Coercion in Contemporary Politics*, Oxford, UK: Lexington Books.

Holub, Renate. 1992. *Antonio Gramsci: Beyond Marxism and Postmodernism*. London and New York: Routledge.

Ives, Peter. 2006. "Language, Agency and Hegemony: A Gramscian Response." in Bieler and Morton, pp. 45~60.

Jessop, Bob. 1990. *State Theory*. University Park, Pennsylvania: The Pennsylvania University Press.

_____. 2006. "Gramsci as a Spatial Theorist." in Bieler and Morton, pp. 27~44.

Joas, Hans. 2000. *Kriege und Werte*. Weilerswist: Velbrück Wissenschaft.

Joas, Hans and Wolfgang Knöbl. 2008. *Kriegsverdrängung*. Frankfurt/M.: Suhrkamp.

Joseph, Jonathan. 2002. *Hegemony: A Realist Analysis*. London and New York: Routledge.

Koselleck, Reinhart. 1979. *Vergangene Zukunft*. Frankfurt/M.: Suhrkamp.

Laclau, Ernesto and Chantal Mouffe. 1985. *Hegemony and Socialist Strategy: Towards a Radical Democratic Politics*. London: Verso.

Littlewood, Roland. 1997. "Military Rape." in *Anthropology Today*, 13/2, pp. 7~16.

Lukes, Steven. 2005. *Power: A Radical View*, 2/e with two major new chapters. London: MacMillan.

Mann, Michael. 1988. *States, War and Capitalism*. Oxford and New York: Basil Blackwell.

Mitchell, Timothy. 1990. "Everyday Metaphors of Power." in *Theory and Society*, 19, pp. 545~577.

Morton, Adam David. 2003. "Historicizing Gramsci: situating ideas in and beyond their contexts." in *Review of International Political Economy*, 11(1), pp. 118~146.

_____. 2007. *Unravelling Gramsci: Hegemony and Passive Revolution in the Global Political Economy*. London and Ann Arbor: Pluto Press.

Münkler, Herfried and Marcus Llanque. 2002. "Die Rolle der Eliten bei der Legitimation von Gewalt." in W. Heitmeyer and J. Hagan(eds.). *Internationale Handbuch der Gewaltforschung*, pp. 1215~1232.

Olsen, Marvin. 1993. "Forms and Levels of Power Exertion." in Marvin E. Olsen and Martin N. Marger(eds.). *Power in Modern Societies*. Boulder, CO: Westview Press, pp. 29~36.

Piccone, Paul. 1983. *Italian Marxism*. Berkeley et al.: University of California Press.

Poggi, Gianfranco. 2001. *Forms of Power*. Cambridge, UK: Polity.

Popitz, Heinrich. 1992. *Phänomene der Macht*. Tübingen: J.C.B. Mohr(Paul Siebeck).

Rehmann, Jan. 1998. *Max Weber: Modernisierung als passive Revolution, Kontextstudien zu Politik, Philosophie und Religion im Übergang zum Fordismus*. Berlin and Hamburg: Argument Verlag.

Schluchter, Wolfgang. 2002. *Rationalismus der Weltbeherrschung: Studien zu Max Weber*. Frankfurt/M.: Suhrkamp.

Schmitt, Carl. 1995. *Der Leviathan in der Staatslehre des Thomas Hobbes. Sinn und Fehlschlag eines politischen Symbols* (1938). Stuttgart: Klett-Cotta.

Schmitt, Carl. 1996. *Über Begriff des Politischen*(1932). Berlin: Dunker & Humblot.

Shils, Edward. 1975. *Center and Periphery: Essays in Macrosociology.* Chicago and London: Chicago University Press.

Smart, Barry. 1986. "The Politics of Truth and the Problem of Hegemony." in David Couzens Hoy(ed.). *Foucault: A Critical Reader.* Oxford, UK: Basil Blackwell, pp. 157~173.

Smith, Adam. 2000. *The Theory of Moral Sentiments*(1759). Amherst, NY: Prometheus Books.

Snook, Ivan. 1990. "Language, Truth and Power: Bourdieu's Ministerium." in R. Harker and C. Mahar(eds.). *An Introduction to the Work of Pierre Bourdieu.* London et al.: MacMillan, pp. 160~179.

Weber, Max. 1972. *Wirtschaft und Gesellschaft*(1922), 5/e. Tübingen: J.C.B. Mohr (Paul Siebeck).

Weber, Max. 1988. "Politik als Beruf"(1919). in Max Weber. *Gesammelte Politische Schriften*, 5/e. Tübingen: J.C.B.Mohr(Paul Siebeck), pp. 505~560.

Wrong, Dennis. 1970. "Max Weber." in D. Wrong(ed.). *Max Weber.* Englewood Cliffs, N.J.: Prentice Hall, pp. 1~76.

Wrong, Dennis. 1995. *Power: Its Forms, Bases, and Uses.* New Brunswick and London: Transaction Publishers.

제2부 소프트 파워와 21세기 권력의 원천

제2장
소프트 파워와 정책 담론: 경합하는 일본의 정체성

손 열(연세대학교)

1. 머리말

국제정치학계를 중심으로 소프트 파워에 대한 논의가 점증하고 있지만, 이 권력의 자원과 행사 양식에 대한 이렇다 할 이론은 아직 나오지 않았다. 그렇다고 이러한 현실이 군사력과 경제력으로 환원되지 않는 비물질적 권력의 행사가 존재하지 않는다는 방증은 아니다. 이 책의 서론에서 지적한 것처럼 그간 잡히지 않은 현실을 설명하는 도구로서 소프트 파워를 이론화하는 노력이 미흡했거나 아니면 그 개념이 근본적인 한계를 갖기 때문일 수도 있다. 그럼에도 소프트 파워는 이제 현실정치 · 외교에서 자연스럽게 통용되는 일종의 시민권을 확보했다. 현장에서 '소프트 파워' 개념이 소프트 파워를 얻고 있다는 얘기다.

소프트 파워는 나이(Nye, 2004)의 개념으로, 타자를 끄는 힘 즉, 매력(attraction)으로 작동된다. 총칼과 돈으로 얻는 것이 아니라 자기의 가치,

이념, 문화, 실천 등에서 우러나오는 호소력이 타자를 움직일 때 나타난다. 이 과정은 자발적·준자발적 동의(consent)의 과정이며, 지극히 주관적이고 정서적인 과정이다. 머리뿐만 아니라 마음에 호소하기 때문이다. 또한 소프트 파워는 관계적 성격을 갖는다. 매력은 누구를 겨냥하는가에 따라 다르게 작동할 수 있기 때문이다. 따라서 자기의 가치와 이념 혹은 이미지가 어떻게 하면 타자에게 매력적일 수 있는지를 '아는 능력'이 소프트 파워의 핵심일 것이다. 그렇다면 어떻게 해야 매력적일 수 있을까? 어떻게 해야 타자의 마음을 끌 수 있을까?

매력은 자연스럽게 존재한다. 객관적인 경험에 의해 도출되는 것이 아니라 간주관적(間主觀的) 사회작용의 결과이고, 의사소통(communicative exchange)을 통해 만들어진다. 즉, 현실(reality)이 지속적인 소통의 과정을 통해 사회적으로 구성되는 것과 마찬가지로 '매력적'이란 현실 역시 세상을 특정하게 해석하는 행위자들이 특정 사실에 대한 해석을 놓고 서로 소통하면서 결국 하나의 현실(즉, 진실)로 수렴해가는 과정의 결과이다. 특정 이념과 가치, 이미지의 매력은 서로 다른 사실 해석 속에서 하나의 해석이 승리하는, 즉 '매력적'이란 진실이 되는 결과이다.

그런데 특정국이 자기 이념과 가치를 매력적인 '현실'로 만들고자 타자를 설득(persuasion)하는 것은 그다지 효과적인 방법이 아니다. 리오타르(Lyotard, 1979)의 하버마스(Jürgen Habermas) 비판에 따르면 설득은 논쟁을 통해 이루어지고 논쟁은 경험적 증거에 근거한 추론(reasoning)으로 진행되는 것이나, 현실은 구성되는 것이기 때문에 논쟁 당사자들은 증거에 대해 혹은 무엇이 증거를 구성하는가에 종종 합의하지 못하게 되고, 따라서 추론의 과정이 가능하지 않다는 것이다. 오히려 행위자들은 문제의 현실을 자기 이익에 맞게 구성·재구성한다는 것이다. 예컨대 특정국은 자기 이해관계를 반영하는 '매력적'이란 현실을 구성하려 한다. 이 과정에서 경험적 사실에 대한 타자(특히 소프트 파워를 투사하려는 대상국)의 견해는 크게 중요하지 않다. 타자가 자기를 원하게 하는 것이 소프트 파워이므로 자기의 정치적·문화적 가치, 이념, 실행 이미지가 타자(관계하는 타자)에게 매력적으로 보여야 함에도 그 견해를 무시하는 태도를 취한다는 것이다. 이는 소프트 파워의 신장을 위한 노력이 종종 실재권력으로 전화되지 않음을 암시한다.

　이 글은 소프트 파워를 가지려고 특정한 가치, 이념, 정책을 발신하는 국가적 노력을 분석하고자 한다. 이러한 노력에는 '무엇이 소망스러운가, 어떤 이미지를 가져야 하는가, 어떤 측면의 자기가 두드러져야 하는가'라는 자기정체성 구성의 문제가 결부된다. 실제 소프트 파워 증진 노력은 한 국가의 대외 전략을 구성하는 국제정치적 시도인 동시에 치열한 정체성 정치가 벌어지는 국내정치의 장이다. 국내체제하에서 서로 달리 위치한 여러 행위자·집단이 자신의 관념과 이익을 담는 정체성을 구성하려 경합하고 이에 따라 정책을 실천하려 하기 때문이다. 이런 점에서 소프트 파워는 개혁과 국가자원의 배분을 둘러싼 첨예한 정치적 투쟁의 차원에서 활용할 수 있는 사안이다. 다시 말해서 소프트 파워는 정책 담론(discourse) 혹은 통치 담론으로 존재하는 것이다.

　이 글은 일본을 사례로 한다. 일본은 1990년대 중반부터 소프트 파워에 관심을 보여온, 비교적 긴 소프트 파워 추진의 역사를 갖고 있다. 미국의 소프트 파워론이 탈냉전 초기 미국의 상대적 쇠퇴론에 대한 비판으로 등장했다면(Nye, 1990), 일본의 그것은 1990년대 중반 장기 불황에 본격적으로 접어드는 시기, 상대적으로 쇠퇴하는 하드 파워를 인정하면서 소프트 파워로 그 공백을 메워보겠다는 전략의 하나로 등장했다. 일본의 소프트 파워 담론은 이후 상황적 맥락의 변화에 따라 정체성 구성내용에 변화를 주고, 이에 따라 서로 다른 내용의 소프트 파워 담론을 생산한다. 이 과정을 분석하여 도출되는 함의는 다음과 같이 요약할 수 있다. 소프트 파워는 전략적 개념이다. 서로 다른 행위자들이 권력의 생산과 사용에 집중하는 까닭이다. 둘째, 소프트 파워는 국내정치 과정이다. 소프트 파워 신장 노력은 정체성 구축 작업이지만, 타자의 시선보다는 스스로 자신을 정의·구성하려는 시도이다. 따라서 대외적으로 표출되는 소프트 파워의 수준은 국내적 노력과 관계없이 형성되는 것일 수 있다. 역으로 국내의 노력이 대외적으로 부작용(즉, 비호감)을 가져올 수도 있다. 끝으로 소프트 파워론은 하드 파워 신장의 수단으로 전화되는 경향이 다분하다. 명백한 상업화(경제적 경쟁력 강화) 경향이 그것이다. 이런 면에서 볼 때, 하드 파워와 소프트 파워를 적절히 배합하여 주어진 목표를 달성한다는 스마트 파워(smart power)론은 결코 말처럼 쉽지 않은 과제이다(CSIS, 2007). 현실 세계에서 소프트 파워와 하드 파워는 기능적으로 분리 가능한 것이 아니라 서로 연결되고 뒤섞여 있기 때문이다.

2. 경제적 매력: '매력국가' 담론

나이가 *Soft Power*를 쓴 2004년은 미국이 압도적인 물리력을 보유하고 있음에도 겪을 수밖에 없었던 대외적 어려움을 상쇄하기 위해 보완적 수단으로서 소프트 파워를 활용해야 하는 상황이었다(Nye, 2004). 이는 1990년 그가 *Bound to Lead*에서 소프트 파워를 제기한 때와 상황적 맥락을 달리한다(Nye, 1990). 나이는 탈냉전 세계에서 미국의 상대적 쇠퇴, 일본과 독일의 상대적 부상에 따라 새로운 질서가 도래할 것이란 일반적 예상을 비판하면서, 미국은 소프트 파워로 여전히 최강의 지위를 누릴 것이라 주장한 바 있다. 나이에게 소프트 파워 담론은 상황적 맥락에 따라 구성되는 것이다. 미국의 소프트 파워는 탈냉전 초기에는 미국의 쇠퇴가 성급한 판단임을 지적하기 위한 수단으로, 2000년대 중반 이후에는 하드 파워의 압도적 우위를 보완해주는 패권 유지의 기제로(Nye, 2004), 오늘날 금융위기 상황에서는 경제적 위기 극복의 수단으로 서로 다르게 구성되었다(나이, 2008). 이처럼 소프트 파워는 만병통치약처럼 다루어지고 있다.

일본 역시 예외는 아니어서 소프트 파워가 정책 서클에서 본격적으로 회자되기 시작한 때는 금융기관의 파탄과 함께 일본 경제가 본격적 불황에 접어들던 1996년이었다. 그 중심은 재계를 대표하는 게이단렌(經團連)이었다. 또 재계를 대표하는 도요타의 오너인 도요타 쇼이치로(豊田章一郎)가 게이단렌 회장으로서 매력국가(魅力ある國) 담론을 주도했다. 게이단렌은 일본 경제가 전후 최대의 혼미로부터 빠져나오지 못하고 있고 국민이 장래에 대한 자신감을 상실한 상황을 언급하면서, 일본이 처한 근본적인 문제는 "메이지 이후 일본이 구미 제국을 따라잡으려는 추격형 경제발전을 전제로 한 경제사회 시스템이 한계에 봉착"했다는 데 있다고 보았다. 일본에 필요한 것은 시대의 대세, 즉 세계화, 고도 정보통신 네트워크화, 환경과의 조화(순환형 사회)라는 21세기 문명의 이행에 맞추어 "매력있는 일본을 창조한다는 높은 이상을 걸고 그 실현을 위해 개혁을 실행에 옮기"는 것이다(經團連, 1996).

이 비전은 크게 두 가지 프로젝트로 나뉜다. 첫째는 국내적 차원에서 "풍요롭고 활력 있는 시민사회"를 만들어가야 한다는 것으로, 여기에는 분권화, 탈규제, 투명하고 작은 정부, 자기책임 원칙 확립 등에 의해 개인이 자유롭고 평등한 시민으로서 활동할 기회가 보장되는 사회를 만들자는 내용이 담겨 있다. 둘째는 "세계의 평화와 번영에 공헌하는 국가" 만들기로서, 경제 대국인 일본에 주어진 국제적 책무를 다하자는 것이다. 국제 공헌의 각론으로서 세계규범 제정을 통한 국제적 평화 실현에 공헌, 경제 협력, 지구환경 보전, 과학기술 발전 공헌, 투명성과 국제적 정합성 확보, 시장 개방에 의한 교류 확대, 민간 국제교류 확대 지원 등의 내용이 담겨 있다. 안과 밖으로 이 두 가지 개혁 프로젝트를 성공적으로 추진할 때 비로소 "세계에 통용되는 일본"이 될 것이며, 이것이 곧 "매력 있는 국가"라는 것이다. 게이단렌은 메이지 유신과 전후 개혁에 필적할 만한 제3의 근본적 개혁이 요구됨을 역설하면서, 새로운 일본을 창조하지 못하면 일본은 쇠퇴의 길을 걸을 것이라고 진단했다.

이 비전의 핵심은 "세계로부터 신뢰받고 존경받는 일본"을 만들자는 것이다. 즉, 일본의 소프트 파워를 신장하자는 주장이다. 그리고 신뢰와 존경은 "뼈를 깎는 개혁을 통해" 얻어진다는 것이다. 요컨대 소프트 파워는 일본에 자연스럽게 존재하는 특질을 계발하는 것이 아니다. 일본적 전통을 새롭게 포장해 발신하는 작업이 아니라 고통스러운 개혁을 통해 창조하는 것이다. 도요타는 장래 국제사회에서 신뢰받고 존경받는 "새로운 일본의 아이덴티티를 확립하자"고 명언하고 있다(經團連, 1996). 여기서 새로운 정체성은 좀 더 보편성을 갖는 요소들의 조합임을 짐작하기 어렵지 않다(손열, 2005: 124).

그러나 게이단렌이 주창하는 소프트 파워는 신뢰와 존경의 담론을 담는 동시에 어디까지나 단기적으로는 불황, 장기적으로는 경제의 세계화, 사회의 고령화, 환경 문제의 부상, 미래 성장동력의 확보라는 경제 과제에 대한 대응 차원에서 제기되는 것이다. 재계의 이익을 대변하는 게이단렌의 개혁 프로그램치고는 대단히 포괄적이고 미래 지향적인 내용을 담은 이 담론의 저류에는 역시 개혁을 통해 국내외적으로 기업 경영하기 좋은 환경을 만들자는 이해관계가 굳건히 내장되어 있다. 소프트 파워의 신장을 통해 장기적인 기업 이익을 확보하자는 뜻이다.

　게이단렌의 매력국가론은 정부로 전파된다. 2000년 오부치(小淵惠三) 총리의 싱크탱크가 내어놓은『21세기 일본의 구상』이 그 증거이다. 이 보고서는 장기불황이란 현재적 고민과 미래에 대한 불안이란 맥락에서 등장한 것이나 특이할 점은 일본의 쇠퇴에 따라 사회 전반에 만연한 "자학적 비관론"을 경계하면서 일본 자신의 잠재력을 강조한 데 있다. "일본 안에 잠재해 있는 뛰어난 자질, 재능, 가능성에 빛을 주어 이를 십분 활용하고 개화시키는 일"이 일본의 장래를 결정한다는 것이다(21世紀 日本の構想 懇談會, 2000: 10). "일본의 프런티어(frontier)는 일본 안에 있다." 여기서 찾아지는 두 프런티어는 국내적으로 거버넌스(governance)를 협치(協治)로 번역하여 통치에서 협치로의 변환, 그리고 대외적으로는 소프트 파워로서 "글로벌 시빌리언 파워(global civilian power)"의 추구이다. 전자는 당시 유럽 정책 서클에서 유행했던 거버넌스론, 즉 지구화와 정보화 속에서 등장하는 새로운 문제 영역과 새로운 행위자를 포섭해 새로운 제도적 장치를 모색하고자 한 지적 흐름을 차용한 것이었다. 그리고 후자는 이미 수년 전 아사히 신문의 후나바시(船橋洋一)가 제기했던 주장을 재현한 것으로서 국제적 공공재 창출(무역, 금융, 인구, 빈곤, 환경 문제 등) 및 ODA, 기타 문화, 환경, 인권 등의 영역에서 국제 공헌을 적극적으로 해나가는 기반이며, 구체적으로 이런 소프트 파워는 "의제설정력(議題設定力), 가설제안력(假說提案力), 정보발신력(情報發信力), 다각적 대화력(多角的對話力), 문화적 매력(文化的魅力), 메시지력(message力) 등 지적·문화적 소프트웨어를 중핵(中核)으로 하는 국민적 총합력(國民的總合力)"이라는 것이다(21世紀 日本の構想 懇談會, 2000: 29).

이 보고서 역시 경제적으로 쇠퇴하는 일본을 소프트 파워로 만회해보자는 담론의 하나이다. 다만 개혁의 목표로 경제 부문보다는 정치·사회적인 측면을 강조한 점, 그리고 일본에 잠재한 매력적인 요소들을 계발하자는 데 이전 논의와 차이가 있을 뿐이다. 그런데 여기에는 개인(국민)과 정부 간의 협치와 시민사회에서 개(個)와 공(公) 간의 새로운 관계 구축에 대한 제안은 있으나, 정작 일본에 잠재한 매력 인자가 구체적으로 무엇인지, 개인의 어떤 능력이 일본적 정체성을 반영하는 것인지가 명확히 제시되지 않았다. 이는 일본 내에 존재하는 프런티어를 찾기가 쉽지 않다는 뜻으로 해석할 수 있다.

이후 소프트 파워론의 성격은 경제 중심으로 회귀한다. 2003년 게이단렌에 의해 다시 주창되는 매력국가론이 그것이다. 게이단렌이 2003년『활력과 매력 넘치는 일본을 지향하며』(經團連, 2003)라는 비전 보고서(「오쿠다 비전」)에서 펼친 매력론은, 국제공헌론을 넘어 환경 입국, 즉 일본의 환경기술과 비즈니스 모델을 세계에 발신하여 세계 표준화하자는 주장과, 대내직접투자(FDI)를 이끌 수 있는 매력 있는 일본경제를 만들자는 데 두었다. 1996년 매력국가론보다 경제적 이익을 더욱 바짝 끌어안은 소프트 파워론이다. 후자는 일본이 기업 경영하기 어려운 나라라는 인식에 근거한 것이다. 그라임즈(Grimes, 2005)는 금융규제, 폐쇄적이고 불투명한 우편저금체계, 도쿄 금융시장의 비매력을 들면서 일본이 매력을 획득하려면 이 부문에서의 개혁이 필요함을 구체적으로 지적한 바 있다.

이상의 소프트 파워 담론에서 드러나는 특징은 다음과 같다. 첫째, 소프트 파워론의 주 수신자는 일본국민이다. 소프트 파워 전략이 기본적으로 외국의 타자가 자기를 어떻게 보는가에 대한 관심에서 출발하는 것이라면 일본의 담론은 지극히 국내지향적이다. 정책 결정자가 보는 자기 정체성을 국민 일반이 동일시하게 하여 개혁을 추진하려는 의도이다. 여기서 외국의 타자는 자기의 이해관계 — 여기서는 재계 등 정책 엘리트가 추진하고자 한 사회 경제적 개혁 — 에 따라 적당히 조작될 수 있었다. 외국의 타자에는 개혁된 일본을 매력적으로 받아들일 것이란 검증되지 않은 전제를 설정했다. 일본의 매력을 위한 개혁이나 누구를 어떻게 끄는 것인지에 대한 고려는 대단히 희박했던 것이다. 둘째, 이는 대단히 경제주의적 담론이다. 하드 파워의 상대적 쇠퇴를 만회하기 위한 소프트 파워 전략임에도, 소프트 파워는 결국 하드 파워(즉, 경제력)의 회복을 꾀하는 수단이었다. 게이단렌이란 재계단체가 소프트 파워론을 주도한 까닭이 여기에 있다.

3. 문화적 매력: 쿨한 일본(Japan Cool)

고유한 전통문화, 급속한 산업화를 통한 경제발전과 민주화 등을 자기 정체성의 중심으로 알고 있던 한국인이 한류를 통해 상업 문화적 정체성을 알게 되었듯이, 일본은 2000년대 들어서 전통적 일본 정체성 — 예컨대, 샐러리맨, 효율적 생산체계, 가부장적 위계조직 — 이 아닌 새로운 정체성에 노출되었다. 한국인이 동아시아인에 의해 새로운 정체성을 부여받은 것처럼 일본의 그것 역시 외국인에 의해 발견된다. 미국인 맥그레이는 이른바 "Japan's Gross National Cool"이란 제목의 글(McGray, 2002)에서 쿨(Cool)한 일본을 그려냈다. 일본의 소프트 파워 자원은 전통적 정체성이 아니라 새로운 대중소비 문화에서 찾을 수 있다는 것이다. 망가, 아니메, J-Pop, 패션, 디자인, 음식 등이 "쿨 재팬(Cool Japan)"을 구성한다.

여기서 발견되는 일본 문화는 고급의 이념과 가치의 담지자가 아닌 "라이프스타일 리더(lifestyle leader)"이다. 이 문화는 특정한 관점이나 관점 간의 위계 없이 모두가 동시에 동등하게 존재하는 슈퍼 플랫(super flat)하고 포스트모던(postmodern)적인 특징을 지닌다(McGray, 2002). 예컨대, 세계 시장에서 공전의 히트를 친 헬로 키티(Hello Kitty)는 서양적이면서도 일본적인, 양면을 묘하게 공유하는 문화 상품으로서 전통적 속성만을 강조하는 폐쇄적인 스모와 극명하게 대조된다. 맥그레이는 일본 문화의 대외적 성공이 바로 이러한 개방성과 복합성에서 비롯된다고 보고 있다. 나아가 그는 장기 불황과 정치적 혼돈, 사회적 폐색감 등이 기왕의 가치를 버리고 새로운 소비지향형 대중문화를 창조하는 원천이었음을 지적한다. 이는 곧 기성 엘리트에 의한 Uncool Japan(종신 고용, 입시 지옥, 남녀 차별, 권위주의 등)이 아닌 "오타쿠"에 의한 Cool Japan(권위와 대규모조직의 거부, 기업가 정신 등)이다. 더욱 중요한 점은 그 국제정치적 의미이다. 맥그레이는 다음과 같이 주장한다.

> 일본은 초강대국으로 다시 탄생하고 있다. 정치 경제적 역경이란 상황과 달리 일본의 국제적 문화 영향력은 조용히 성장하고 있다. 팝 음악으로부터 가전, 건축, 패션, 아니메와 요리까지 일본은 80년대에 누린 경제력만큼이나 문화적 초강대국의 지위를 보여주고 있다(McGray, 2002: 44).

잃어버린 십 년은 일본의 정치 경제적 실추를 가져온 대신 글로벌 문화 강국의 등장 즉, 일본의 재생을 이끌었다는 것이다. 다시 말해, 경제적 실패는 문화적 성공의 씨앗이 되었다는 것이다. 이제 일본은 하드 파워 쇠퇴

국일지 모르나 동시에 소프트 파워 부상국으로 세계적 지위를 유지한다.

끝이 보이지 않는 경기 침체, 정치적 불안정, 사회적 폐색감 속에 신음하던 상황에서 외국인, 특히 미국인이 일본을 소프트 파워 강국으로 규정해준 것은 일종의 구원이었다(Leheny, 2006). 쿨 재팬은 일본의 정책 서클에 커다란 반향을 일으켰다. 맥그레이가 서양·미국을 대표하는 인물이 아님에도 "맥그레이의 일본"은 "일본의 일본"이 되었다. 이들은 일본의 정체성을 쿨 재팬에서 찾았다. 구조 개혁이 요구되는 새로운 정체성의 일본을 찾으려는 이전의 것과 단절된 새로운 소프트 파워론이다. 문화력이 소프트 파워의 원천으로서 육성의 대상이 되었고 정책적 시도들이 모색되기 시작했다.

국가 브랜드에 대한 체계적인 관심이 그 일환이었다. 2002년 고이즈미(小泉純一郎) 총리의 연설에서 비롯된 외무성의 2003년 "일본 브랜드: 국가의 매력을 생각한다"라는 슬로건부터 2006년 "지적 재산권 전략 프로그램"에 이르기까지, 국가 브랜딩 전략은 문화력이란 일본의 매력을 통해 소기의 성과를 얻으려는 소프트 파워 전략이다. 대표적인 보고서로서 총리 관저 산하위원회의 「일본 브랜드 전략의 추진」 보고서(2005)는 "세계로부터 존경받고 사랑받는 일본이 되려면 일본의 문화력을 일층 향상시켜 그 문화력을 최대한 발휘하면서 일본의 강점인 경제력도 활성화해 매력 있는 일본 브랜드를 확립, 강화해 나가는 것이 중요하다"고 밝혔다. 여기서 일본의 문화력 혹은 매력은 "안전, 안심, 청결, 고품질"에 더해 "일본의 독창성, 전통, 자연의 조화에 근거"하는 것으로 정의되고 있다. 그리고 나서 이 보고서는 세 가지 라이프스타일 브랜드 — 첫째는 건강식인 일본 음식, 둘째는 과일과 야채 등 지방 브랜드, 셋째는 패션 — 을 선정하고 이를 전략적으로 발신하는 체제를 갖추고자 했다.

문화력과 브랜드화는 더 체계적인 문화 외교로 전개된다. 같은 해 총리 관저 정책심의회인 "문화외교 추진에 관한 간담회"는 "문화 교류의 평화 국가"로서 일본을 창조하자는 슬로건하에 정책 보고서를 제출한다(總理官邸, 2005). 문화 교류를 활성화하여 그 외교적 측면의 중요성을 확대하자는 것으로서 이는 결코 새로운 정책 담론은 아니지만 흥미로운 점은 일본의 지적·문화적 자산을 대중문화(pop culture), 이를 담는 콘텐츠, 음식과 패션 등 현대 생활문화로 분명히 정의하고 있다는 데 있다. 이들은 "21세기형 쿨"로 표현되고 있다. 이는 곧 "세계가 이제부터 발전시켜갈 만한 사회 모델"로서 그 매력은 "전통문화의 배경과 기초를 가진 현대문화"에 있는데, 그 이유는 "하이브리드 기술과 같은 환경과 선단 기술의 융합, 로봇 기술과 같이 인간에 친절한 기술, 순환형 사회와 같은 환경관련 정책" 등이 "흥미로움, 즐거움, 아름다움, 건강함 등 생활 속의 행복 추구와 밀접히 관련되는 동시에 자연 및 환경과 조화되면서 지속적으로 또 물심양면으로 풍요로운 생활"을 가능하게 하는 모델이기 때문이라는 것이다(總理官邸, 2005: 7~8).

라이프스타일 리더로서 일본의 정체성은 확고해졌고, 이것이 매력적이라는 데 합의가 이루어졌다. 그다음 단계는 이를 전략적으로 발신하는 일이다. 이 보고서는 첫째로 일본어 보급의 강화와 일본에 대한 관심을 고취하는 작업, 둘째로 이를 위해 망가, 아니메, 패션, 음악, 영화, 음식 등 현대문화를 적극적으로 발신시키는 작업, 셋째로 매력을 향상시키기 위한 인재양성 작업을 들고 있다. 이 논의를 바탕으로 외무성은 2005년 "매력 있는 일본 팔기를 위한 '닛폰 프로모션'"을 주창한다. 일본방문 캠페인, 대일 투자 촉진, 지구 박람회를 통한 일본의 매력 어필, 전통부터 현대까지 일본 문화 소개가 그 일환이다. 소프트 파워를 얻기 위한 문화 외교가 경제적 이득을 취하려는 방편으로 전화했다. 앞서 언급한 총리실 보고서 역시 "지적, 문화적 자산으로서 콘텐츠 산업의 육성과 발신"을 명확히 하면서 상업적 가치 추진을 지원했다.

더욱 적극적으로 상업적 이익을 추구하려고 소프트 파워를 전개한 것은 경제 부처들이다. 이들은 소프트 파워론에 기대어, 즉 문화력을 고양한다는 취지로 대중문화 상품 생산을 증진한다는 정책 담론을 만들어 냈다. 이제 일본 관료들은 고통스러운 기존 사회·경제 체제의 개혁이 없이도 새로운 일본적 정체성을 바탕으로 산업정책을 추진할 수 있게 된 것이다. 총무성 산하의 일본 미디어 통신 센터(JAMCO)는 TV 프로그램을 국외로 수출하는 역할을 확장했고, 경제산업성은 콘텐츠 및 대중문화 산업의 육성에 적극적으로 나섰다. 예컨대, 인터넷의 발전으로 콘텐츠들이 디지털화되고 온라인으로 보급되면서 콘텐츠 산업이 디지털 시대의 총아로 부상했다. 이를 배경으로 대중문화 콘텐츠를 생산, 보급하는 디지털 문화 콘텐츠 산업의 육성은 소프트 파워 담론의 지원 속에서 자연스럽게 정부 관료의 정책적 관심을 끌게 되었다. 정보산업을 담당하던 우정성이 총무성으로 통폐합되면서 총무성은 이 부문의 육성을 위해 자원 배분을 시작했고, 경제산업성은 디지털 콘텐츠 협회와 보조를 맞추어 디지털 콘텐츠 육성을 위한 정책적 노력을 기울였다.

더 나아가 문화력 육성 작업은 수출로 이어진다. 일본의 대중문화 수출은 외교적 가치가 아닌 상업적 가치에 경도되어 추진되었다. 각 성청은 경쟁적으로 문화산업의 육성과 수출에 예산을 투입했다. 앞서 언급한 외무성의 "닛폰 프로모션"도 그 중 하나였다. 정책 서클에 소프트 파워란 개념은 대단히 매력적이어서 정책 결정자들이 국가 개입의 새로운 대상을 찾는 노력을 합리화해 줄 수 있었다(Otmazgin, 2007: 11).

그러나 소프트 파워가 갖는 국내적 호소력과는 달리 그 권력작용의 대상인 외국의 일본문화 소비자, 문화력의 수신자에 대한 호소력은 애초 기대와 차이가 있었다. 오트마진(Otmazgin, 2007)은 일본 대중문화가 동아시아에 확산되면서 동아시아 지역 문화 및 지역 시장의 형성에 크게 이바지했다고 주장한다. 일본의 상업 미디어 상품 그리고 문화산업이 동아시아 문화산업의 모델로 확산되고 있다는 것이다. 이를 통해 동아시아의 소비자들은 일본에 대한 새로운 "긍정적" 이미지(고품질, 혁신)를 갖게 된다. 반면, 일본 상품의 소비는 일종의 무국적성을 띠는 것이어서(이와부치, 2004) 국가의 관여 혹은 국가가 의도한 영향력을 행사하는 조건으로 작용하지 못하는 상황이 발생한다. 헬로 키티와 같이 일제(日製)지만 문화 상품의 내용이 탈국적성 혹은 포스트모던적 성격을 띠는 경우, 이 소프트 파워는 국민국가에 기반을 둔 권력으로는 작동하지 않는 것이다. 아오키 등이 일본 대중문화의 동남아 전파가 일본이란 국가의 소프트 파워로 연결되지 못함을 한탄하는 까닭은 여기에 있다.

4. 외교적 매력: 가치의 외교

일본은 외교에서 하드 파워뿐만 아니라 소프트 파워적 요소가 중요함을 일찍이 인식하고 있었다. 그리고 그 핵심은 가치외교, 즉 특정한 가치를 자기의 정체성으로 삼아 이를 확산하여 국제정치적 목표를 실현하는 것이다. 일본은 1930~1940년대 무력과 금력으로 동아시아를 지배하는 동시에 역내 구성원의 마음을 엮는 비전을 제시하고자 애쓴 바 있다. 동아 신질서, 동아 협동체, 대동아 공영권 등은 지역 정체성을 창조하여 공간적 일체성을 높이고자 한 시도였다. 여기서 창조하려던 정체성은 유교문명과 일본 문화에 내재한 협동주의적 전통의 아시아적 공유 등을 위시한 특정 가치들로 구성되었다.

패전과 제국의 붕괴란 참담한 결과 속에서 일본은 새로운 전후 체제를 구축하면서 결코 전전(戰前)의 가치를 부활하려는 노력을 기울이지 않았다. 오히려 미국의 패권하에서 새로운 정체성, 즉 평화와 민주라는 가치를 바탕으로 경제 성장에 매진했다(Dower, 1993). 1990년대 들어 아시아적 가치 논의가 부활하여 싱가포르의 리콴유(李光耀)와 말레이시아의 마하티르(Mahathir bin Mohamad), 중국의 장쩌민(江澤民) 등이 유교적 가치에 토대를 둔 아시아적 사회를 주창했고 일본 역시 동조한 바 있으나, 일본이 아시아적 가치를 자기의 정체성으로 삼기에는 동아시아 공간에서 전전의 기억이 여전히 생생했다. 같은 얘기라도 일본이 하면 매력적이지 못했다. 다시 말해서 정체성에 근거한 가치외교는 ─ 적어도 정체성이 동아시아적인 한 ─ 일본에는 껄끄러운 과제였다.

2000년대 들어 서서히 가치외교를 내세우던 일본은, 2006년 중반부터는 전면에 가치외교를 내걸고 있다. 문화력에 기반을 둔 소프트 파워론이 적극적으로 전개되는 모습과 궤를 같이하여 가치에 근거한 소프트 파워 외교가 등장한 것이다. 여기서 가치는 보편적 가치로 설정되었다. 자유, 민주, 인권, 법치, 시장경제가 그것이다. 2007년도 외교청서는 이른바 "일본 외교의 신기축"으로서 가치외교를 전면에 내걸고 있다. 미·일 동맹의 강화, UN 외교, 근린 제국과의 관계 강화란 전통적 외교정책에 더하여, 보편적 가치를 기초로 자유와 번영의 세상을 만들겠다는 야심 찬 구호이다. 국내적으로 지적·문화적 가치를 현대생활 세계의 대중문화에서 찾으려는 정체성의 정치가 전개되고 있다면 대외적으로는 가치를 기본적 가치, 즉 자유,

민주, 인권, 법치, 시장경제에서 찾으려는 정체성의 외교라 할 수 있다.

가치의 외교가 본격적으로 제기되기 시작한 때는 2004~2005년경 미·일 안보협의회 교섭이었다. 급속한 군사기술 혁명(RMA)을 배경으로, 특히 9·11을 계기로 추진된 미국의 군사 변환(military transformation)은 주일미군의 재배치(GPR)와 미·일 동맹의 변환을 요구했고, 일본은 2002년 말에 미국과 미·일 안전보장 협의위원회("2+2")를 통한 변환 교섭을 시작했다. 국제 테러리즘 및 대량파괴 무기(WMD) 확산이 심각한 위협이 되는 "21세기의 새로운 안보환경"에 대처하려면 동반 변환이 필요하다는 논의는 곧 미·일 동맹의 재정의를 의미하는 것으로서, 이런 상황 속에서 2005년 1월 양국은 "공통의 전략 목표"를 제시한다.[1] 이는 지구 수준의 테러와 대량파괴 무기 확산을 공통의 위협으로, 반테러와 비확산을 공통의 과제로 삼고, 기본적 인권·민주주의·자유·법치 등의 가치 확산을 공통의 목표로 설정하고 있다. 미·일 동맹을 가치의 동맹으로 규정한 것이다.[2]

가치를 매개로 미국과의 동맹을 일체화하겠다는 일본의 전략은 곧바로

---

1) "21세기의 새로운 안보 환경"에 대처하려면 동반 변환이 필요하다는 논의가 미·일 안보협력의 의제로 등장했다는 사실은 1996년 Nye Initiative와 미·일 안보선언에 의해 재정의한 미·일 동맹의 의의를 또다시 정의하겠다는 미국의 의지를 드러내는 것이다. 1996년 안보선언이 "일본의 방위"를 주목적으로 한 냉전의 미·일 동맹을 "아태 지역의 평화와 안정"을 위한 탈냉전의 동맹으로 재정의한 것이었다면, 기왕의 전통적 국가 간 억지(deterrence)를 넘는 새로운 21세기 안보 위협에 대한 대응으로 미·일 동맹은 다시 새롭게 정의되어야 했다.

2) "2+2" 교섭에서 미국이 지구적 변환의 차원에서 일본과 "역할의 분담"을 논의하고자 했다면 일본은 "억지력 유지"와 "기지 부담의 경감"에 집착하여 교섭에 임했다. 미국은 이러한 일본의 수동적 대응을 답답해하는 속에서 인식의 차를 좁히고자 동맹의 이념을 공유하는 노력에서부터 협의를 시작했고, 결국 동맹의 21세기적 재정의를 이뤄냈다.

동아시아 공동체론으로 이어진다. 이는 보편 가치를 정체성으로 하는 공동체를 구축하려는 시도이다. 2004년 6월 동아시아 정상회의(EAS) 출범을 준비하기 위해 열린 아세안+3(APT) 고위 실무급 회의(SOM) 이래 구체적으로 제시되었는데, 이른바 동아시아 공동체 구상으로서 세 가지 내용을 담고 있다. 첫째, 일본은 기능적 접근을 내걸고 있다. 이는 현재 역내의 현실적 여건, 즉 국가 간 경쟁, 민족주의의 건재 등을 고려해볼 때 제도적 접근, 즉 여러 부문에 걸친 포괄적이고도 높은 수준의 제도화를 꾀하는 노력은 오히려 국가 간 알력과 대립을 가져올 가능성이 농후하다는 판단에 근거했다. FTA, 금융, 환경, 안보 중 비전통적 안보 부문 등 기능적 영역에서의 협력을 심화해나감으로써 궁극적으로 고수준의 통합적 제도 틀을 마련할 수 있을 것이란 전망이다(Yamada, 2005; 伊藤憲一, 2005: 60~64).

둘째, 기능적 접근의 차원, 특히 경제의 차원에서 볼 때 지역의 범위는 동북아 및 동남아(즉, APT)와 함께 호주, 뉴질랜드, 인도를 포괄하는 대영역을 설정해야 한다는 것이다. 호주, 뉴질랜드를 포괄하는 지역 구상은 이미 2002년부터 등장하기 시작했으나, 2004년부터 일본은 본격적으로 아세안+3(APT)에 인도, 호주, 뉴질랜드 3국을 추가하는 지역 안을 추진했다. 경제 협력의 측면에서 APT를 넘어 상호 의존이 심화되고 있는 세 국가를 추가해야 한다는 것이 일본의 주장이다(伊藤憲一, 2005: 62).[3]

끝으로 일본은 공동체가 특정한 가치와 이념을 공유해야 한다는 전제하에, 전후 유럽이 부전(不戰) 공동체와 민주주의를 내건 것처럼 동아시아

---

3) 일본의 주장에 더하여, 중국의 부상에 의해 아세안의 영향력이 저하되는 현실을 우려한 싱가포르와 인도네시아가 멤버십 확대를 통해 중국을 견제하려는 전략적 판단을 했고, 그 결과 호주, 뉴질랜드, 인도의 EAS 참가가 가능해졌다. EAS에서 동아시아의 공간적 범위는 아세안+6로 되었다.

지역은 자유, 민주주의, 인권, 법치, 시장경제란 보편적 가치를 추구한다는 "방향성"을 확립해야 한다고 주장한다. 과거 일본이 주장했던 정체성의 근거가 동아시아란 공간에 내재된 특정한 가치나 환경이었다면, 21세기 일본은 대단히 서구적인 가치를 내건 것이다. 이런 이유로 호주, 뉴질랜드, 인도 등 전통적 관점에서 동아시아 국가로 보기 어려운 나라들이 가치를 공유하는 한 구성원으로 들어올 수 있게 된 것이다.

보편적 가치를 강조하는 외교적 노력은 2006년 "자유와 번영의 호(弧)"란 외교 구상으로 정점에 이른다. 동쪽의 미국·호주, 중앙의 인도, 서쪽의 EU·NATO 등과 긴밀히 협력하여 보편 가치가 실현되는 지역을 형성한다는 것으로써, 이는 유라시아의 주위(周圍), 즉 베트남, 라오스, 캄보디아에서부터 시작하여 중앙아시아를 거쳐, 중동, 코카서스, 동유럽, 발트 3국을 연결하는 긴 지역을 대상으로 한다. 일본은 이 지역에 민주주의와 인권 같은 보편적 가치에 기초하여 경제적으로 풍요하고 정치적으로 안정된 지역을 만드는 데 새로운 외교 노력을 기울이겠다고 선언했다(麻生太郎, 2006b). 「2007년도 외교청서(外交靑書)」(2006)의 헤드라인을 장식한 이 구상은 미·일 동맹의 강화, 근린 외교란 전통적 외교 목표에 더하여 소프트 파워적 외교 발상으로서 "일본 외교의 신기축(新基軸)"이란 의미를 부여받을 정도로 위상이 격상되고 있다.

이어서 아베(安倍, 2006)는 2006년 9월 취임 후, 미·일·호·인 4개국 전략대화 창설 등 4개국 연대를 외교의 최우선 과제로 설정한 바 있다. 특히 호주와의 관계 강화는 구체적인 모습을 띠고 있다. 일본과 호주 간에 맺은 "일·호 안전보장 협력에 관한 공동선언"은 양국이 미국과 각각 군사 동맹을 맺고 있다는 점에서 미·일·호 삼각동맹이 현실화된 의미가 있다. 이 역시 "민주주의 가치에 기본을 두고 인권, 자유, 법치를 존중"하는

파트너십을 강조하는 이른바 민주 동맹이다.[4)]

일본의 가치외교는 비교적 체계적으로 제시되고 있다. 그리고 보편적 가치를 추구하는 것인 만큼 일정한 매력을 가진다. 그렇다면 관건은 일본의 실행의지이다. 가치외교가 매력을 가지려면 일본이 이 가치를 체화하고 일관적으로 추구하고 있다는 이미지를 보여야 한다. 기회주의적으로 가치외교를 취하는 한 그 효용은 감퇴할 수밖에 없다. 일본이 21세기 들어 보편 가치를 들고 나온 계기는 미·일 동맹의 강화란 맥락이었다. 즉, 미국과의 공조를 강화하기 위해 미국이 추구해온 가치외교에 동참한다는 의미가 있다. 동아시아 공동체 전략 역시 아시아로부터의 소외를 우려하는 미국을 배려해서 가치 공동체를 들고 나온 측면이 있다.

그러나 이러한 시도들은 궁극적으로 부상하는 중국에 대한 전략적 고려를 담고 있다. 중국이 경제뿐만 아니라 외교적으로 부상하는 ─ 매력 공세가 전개되는 ─ 현실에서 일본은 소프트 파워적 균형을 추구할 수밖에 없다(손열, 2008). 즉, 중국에 대한 경제적 상호 의존이 심화되는 현실, 그리고 동남아에서 중국의 화교적 영향력이 강화되는 현실에서 미국과의 군사동맹 강화라는 하드 파워적 균형만으로는 부상하는 중국을 다룰 수 없기 때문이다. 중국이 유교적 전통을 담는 정책 언어들, 예컨대, 덕치(德治)를 강조하고, "이인위본(以人爲本)"과 "친민(親民)" 등 민본주의(民本主義)로부터 시작하여 "조화사회〔和諧社會〕 건설"과 "사회주의 영욕관(榮辱觀)", "이웃과 화목하게 지내고, 이웃을 부유하게 하고, 이웃을 안전하게 한다(睦隣, 富隣, 安隣)"는 외교 방침이나 "조화세계〔和諧世界〕" 건설 등 유교

---

4) 이에 대해서는 外務省, 『安全保障協力に關する日豪共同宣言』(2007.3.13), http://www.mofa.go.jp/mofaj/area/australia/visit/0703_ks.html 참조.

사상에서 가져온 언어들을 내놓는 데 대한 일본의 균형이 필요한 것이다(조영남, 2008: 214). 일본의 보편 가치 외교는 보편(혹은 서구적 보편)을 고리로 주요 세력과 연대함으로써 "대중화 유가문화권(大中華儒家文化圈)"의 형성을 꿈꾸는 중국에 대한 대응 전략적 측면이 강하다. 이는 구체적으로 두 가지 전략적 의미가 있다. 첫째는 중국이 자국에서 발상하는 특정한 가치가 아닌 보편 가치를 실현하는 자유 민주국가가 되는 한 역내 주도권을 인정할 수도 있다는 것이다. "자유, 민주, 인권, 법치, 시장경제"라는 보편적 가치는 중국이 체화해야 할 공동의 가치이다.[5] 둘째, 이를 중국이 받아들일 가능성이 없는 한 중국 견제와 포위의 수단으로 활용할 수도 있다. 일본이 미국과 가치 동맹을 맺고 호주, 뉴질랜드, 인도를 동아시아 공동체에 포함하는 노력을 집요하게 경주한 이유는 이들이 위의 보편적 가치와 이념을 공유하는 국가들인 점에서, 중국을 보편 가치로 결속하거나 압력을 가하는 데 유용하기 때문이다.

　　일본의 가치외교가 마치 미국의 "자유의 확산"을 보는 듯한 이유는 미국과 공조 속에 중국을 견제, 관여하겠다는 전략적 의도의 소산이기 때문이다. 물론 일본은 스스로 보편 가치를 체현하고 있음을 강조한다. 아소 다로는 '자유와 번영의 호' 전략을 홍보하면서, 그 구상이 "버터 냄새"가 나긴 하지만 일본 역사(특히 에도 시대) 속에서도 자유와 민주의 전통이 흐

---

5) 따라서 일본은 중국을 특정한 다자제도에 결속하여(multilateral binding) 의도와 행위를 일정하게 통제, 구성하려 한다. 이는 중국의 부상과 위협이 지역제도의 형성을 저해한다는 기왕의 수동적 사고를 넘어 적극적으로 중국의 변화를 촉구하고, 변화하는 중국을 기회로 삼아 일본의 재생과 동아시아의 안정과 번영을 추구한다는 일종의 발상 전환을 의미한다. 일본은 "공동체"란 언어를 사용함으로써 지역을 가치와 이념을 공유하는 단위체로 설정하고, 특정한 정체성을 표현하는 정책의 그물망 속에 중국을 얽어놓음으로써 이를 벗어나는 독자적 행동에 고비용을 부과하게 하는 것이다.

르고 있음을 애써 강조하고 있다(麻生太郎, 2006a). 그럼에도 이러한 가치 외교 추진은 그간 일본이 타자에게 주어왔던 애매한 정체성, 즉 아시아와 구미 사이에서의 애매한 행보를 다시 일깨워주는 부정적 결과를 가져오는 경향이 있다. 일본이 보편적 정체성을 강조할수록 아시아와 거리가 멀어지는, 그리고 아시아적 정체성을 강조할수록 중국의 리더십에 복속되는 결과를 가져오는 것이다.

5. 맺음말

소프트 파워는 타자가 보는 자기의 이미지와 이념, 정책에 대한 평가로 얻거나 잃는 것이다. 즉, 정체성의 문제와 깊은 연관이 있다. 그런 만큼 소프트 파워는 관계적 성격을 갖는다. 자기 정체성은 타자와의 끊임없는 간주관적 소통과 관계구조의 결과이기 때문이다. 자기 스스로 규정하는 정체성과 타자가 규정해주는 정체성이 일치할 때 소프트 파워는 발휘될 수 있다. 그러나 이 글에서 보듯이 정체성의 정치는 본질적으로 자기중심적이어서 타자의 시각을 진실로 받아들이기보다는 자기가 구성한 현실, 즉 자기의 이해관계가 걸리는 현실을 진실로 삼아 발신하려는 경향이 일반적이다. 자기가 보기에 매력적인 것이 남에게도 매력적일 것이란 전제가 그것이다. 그런 속에서 자기가 보기에 매력적인 현실은 타자를 대상화하고 그와 관계하여 자기의 정체성을 구축하는 정치적 과정의 결과로 드러난다. 매력의 현실은 대단히 정치적이다.

일본의 매력 찾기는 이러한 지적·문화적 과정을 통해 이루어졌다. 하드 파워가 쇠퇴하는 속에서 소프트 파워를 찾아 신장해보려는 전략적 의도 속에서 탄생, 성장한 이 담론은 주어진 정치경제적 환경 속에서 서로 달리 위치한 다양한 행위자(기업인, 정치인, 관료, 외교관, 지식인 등)에 의한 다양한 매력 찾기, 정책 담론 만들기, 그리고 주도하기 경쟁이었다. 불황 극복을 위한 개혁으로서 소프트 파워, 라이프스타일 리더(lifestyle leader)로서 소프트 파워, 보편 가치의 발신자로서 소프트 파워는 서로 다른 내용을 담은, 또한 각기 서로 다른 상황적 배경 속에서 등장한, 자기정체성 구축 작업이었다. 매력국가론이 개혁으로서 일본의 정체성이었다면, 라이프스타일 리더론은 탈근대 첨단문화의 정수로서 일본의 정체성이었고, 보편 가치론은 21세기적 지역공동체 구축을 주도하는 일본의 정체성이었다. 이들이 지향하는 정체성이 서로 다름에도 ― 물론 상호 정합성의 명백한 불일치가 일어나는 것은 아니지만 ― 전략적이라는 데 공통점을 갖고 있다. 권력자원의 획득과 사용에 초점이 맞추어진 까닭이다.

전략은 소프트 파워론이 갖는 국제정치적 외양과 달리, 권력자원의 동원과 사용이 국내적인 과정이라는 점에서 국내집단 간의 경쟁적 정책 담론의 모습으로 표현되었다. 그리고 전략은 상업적이고 정치적으로 전개되었다. 재계는 사업하기 좋은 환경 구축의 하나로, 관료는 디지털 콘텐츠 등 신사업 분야 확보를 위한 구실로, 정치가는 국민의 지지를 얻으려는 방책으로, 외교관은 특정국의 영향력 확산을 저지하기 위한 수단으로 소프트 파워를 내걸었다. 또한 소프트 파워의 상업적 성격은 결국 소프트 파워가 국가 경제경쟁력 강화의 차원에서 추진되는 결과를 가져왔다. 소프트 파워는 일본의 하드 파워 신장을 위한 수단으로 이뤄진 것이다. 따라서 개념적으로 소프트 파워는 하드 파워와 분리 가능하나, 현실 세계에서 이 둘은 긴밀하게 연결되어 있고 또 섞여 있다. 그렇다면 이 둘을 분리 가능한 자원으로 규정하고 나서, 상황과 정책 목표에 맞추어 효과적으로 배합, 사용한다는 스마트 파워(smart power)론은 현실적으로 실행이 쉽지 않을 것이다(CSIS, 2007).

둘째로 이러한 과정은 타자와 소통이 부재한 가운데 이루어졌다. 따라서 담론은 매우 국내중심적이었다. 자국의 가치와 국제적 지위에 대한 일본인 자신의 고정관념 선상에서 정체성 구축작업과 경쟁이 이루어졌다. 아시아가 일본을 더 잘 알면 알수록, 일본에 매력을 갖고 신뢰를 보낼 것이란 관념이 그 중 하나이다. 일본의 정책 결정자들이 목표로 한 일본 정치경제 시스템, 라이프스타일 리더로서 일본의 대중문화, 보편 가치를 실천하는 일본이란 정체성이 과연 타자가 자기를 어떻게 보는가에 대한 진지한 성찰이 선행된 속에서 간주관적으로 이루어졌는지는 의문이다. 이런 점에서 소프트 파워론은 실제 일본의 소프트 파워 증진과는 무관한(incidental) 것으로 보인다. 이는 일본이 개혁에 실패했다기보다는, 혹은 일본의 새 문화산업과 엔터테인먼트 산업이 실패했다기보다는, 혹은 일본의 보편가치 외교가 실패했다기보다는, 일본이 타자가 자기를 어떻게 보는가에 대한 진지한 고민이 부족했음을 뜻하는 것이다. 문화 대국(혹은 문화산업 대국), 가치 대국, 경제 대국이 곧 소프트 파워 대국을 의미하는 것은 아니다.

끝으로, 소프트 파워가 21세기 현실 국제정치의 중요한 단면을 이해하는 데 핵심적 언어가 되려면 더 정교한 개념화와 이론화가 필요하다. 그 자원이나 작동 방식에 대한 이론적 가공 노력이 취약하기 때문이다. 일본이 소프트 파워 신장에 투하한 노력에 비해 소프트 파워가 그다지 신장되지 않은 것처럼 보이는 상황에 대한 까닭이 정책적 오류에 있다고 볼 수만은 없다. 왜냐하면 근본적으로 그 개념의 모호성이 정책 결정자로 하여금 서로 다르게 사용하게 할 수 있기 때문이다. 그렇지만 대외 능력의 신장

수단(즉, 대외적 권력자원)이 아닌 정책 담론 혹은 통치 담론으로서 소프트 파워의 위상은 공고하다. 그런 만큼 정체성의 정치 또한 치열하게 전개될 것이다.

■ 참고문헌

김상배 엮음. 2008.『지식질서와 동아시아: 정보화 시대 세계정치의 변환』. 한울.

나이, 조지프. 2008.11.8.「오바마 그리고 미국의 힘」. ≪조선일보≫.

손열. 2005.「매력 없는 경제대국 일본」. 평화포럼21 엮음.『매력국가 만들기: 소프트 파워의 미래 전략』. 21세기평화재단 평화연구소.

손열 엮음. 2007.『매력으로 엮는 동아시아』. 지식마당.

이와부치 고이치(岩淵功一). 2004.『아시아를 잇는 대중문화: 일본 그 초국가적 욕망』. 또하나의문화.

조영남. 2008.「중국 외교의 새로운 시도: 소프트 파워 전략」. 김태호 외.『중국 외교의 새로운 연구』. 나남.

평화포럼21 엮음. 2005.『매력국가 만들기: 소프트 파워의 미래 전략』. 21세기평화재단 평화연구소.

하영선. 2008.『동아시아 공동체: 신화와 현실』. 동아시아연구원.

하영선·김상배 엮음. 2006.『네트워크 지식국가: 21세기 세계정치의 변환』. 을유문화사.

麻生太郎. 2006a.「東アジアの将来の安定と繁栄を共に目指して: 過去の教訓そして夢を見る自由に向けたビジョン」. 麻生外務大臣演説, http://www.mofa.go.jp/mofaj/press/enzetsu/18/easo_0503.html

_____. 2006b.「'自由と繁栄の弧'をつくる」. 麻生外務大臣演説, http://www.mofa.go.jp/mofaj/press/enzetsu/18/easo_1130.html

安倍晋三. 2006.『美しい国へ』. 東京: 文藝春秋.

伊藤憲一 編. 2005. 『東アジア共同體と日本の針路』. 東京: NHK出版.

外務省. 2003. 「日本ブランド: 國の魅力を考える」.

_____. 2005. 「平成18年 重點外交政策」, http://www.mofa.go.jp/mofaj/gaiko/jg_se isaku/j_gaiko_18.html

_____. 2007. ≪2007年 外交青書≫.

經團連. 1996. 『經團連 ビジョン2020: 魅力ある日本の創造』.

_____. 2003. 『經團連 ビジョン2025: 活力と魅力溢れる日本をめざして』.

總理官邸 傘下 知的財産本部. 2005. 「日本ブランド戰略の推進」.

總理官邸. 2005. 「日本の創造を」. 『文化外交の推進に關する懇談會 報告書: 文化交流の平和国家』.

21世紀 日本の構想 懇談會. 2000. 「日本のフロンテイアは日本の中にある」.

CSIS. "A Smarter, More Secure America." in *Commission on Smart Power*.

Dinnie, Keith. 2008. "Japan's Nation Branding: Recent Evolution and petential Future Paths." in *Japan Aktuell*, 3.

Dower, John. 1993. "Peace and Democracy in Two Systems." in Andrew Gordoned. *Postwar Japan as History*. Berkeley: University of California Press.

Grimes. 2005. "Japan as an Indispensable Nation in Asia." in *Asia-Pacific Review*, 12(1).

Leheny, David. 2006. "A Narrow Place to Cross Swords: Soft Power and the Politics of Japanese Popular Culture in East Asia." in Peter Katzenstein and Takashi Shiraishi(eds.). *Beyond Japan*. Ithaca: Cornell University Press.

McGray, David. 2002. "Japan's Gross National Cool." in *Foreign Policy*, May~June.

Nye, Joseph S. 1990. *Bound to Lead: The Changing Nature of American Power*. Basic Books.

_____. 2004. *Soft Power: The Means to Success in World Politics*. New York: Public Affairs.

_____. 2005. "The Rise of China's Soft Power." in *Wall Street Journal Asia*, Dec 29.

Otmazgin, Nissim Kadosh. 2007. "Contesting Soft Power: Japanese Popular Culture in East and Southeast Asia." in *International Relations of the Asia-Pacific*, 10.

Terada, Takashi. 2006. "Forming an East Asian Community: A Site for Japan-China Struggles." in *Japan Studies*, Vol.26, No.1.

Yamada, Takio. 2005. "Toward a Principled Integration of East Asia: Concept of an East Asian Community." in *Gaiko Forum*, Fall.

제3장
소프트 파워와 문화자본, 그리고 정체성

한 준(연세대학교)

1. 머리말

2009년 미국의 제44대 대통령에 취임한 오바마와 국무장관 역할을 맡은 힐러리 클린턴 모두 변화된 세계질서 속에서 미국의 역할 및 지위와 관련하여 스마트 파워(Nye, 2008)의 중요성을 강조해서 눈길을 끌었다. 스마트 파워라는 용어는 이제 국제관계에서 시민권을 획득한 개념으로서, 특히 과거 부시 정부가 무력을 앞세워 세계질서를 재편하고자 했던 것에 대한 민주당의 세계 전략적 대안으로 주목받고 있다. 스마트 파워라는 용어를 처음 사용했던 조지프 나이는 스마트 파워를 하드 파워와 소프트 파워가 결합한 개념으로 정의했다. 하지만 과거 미국의 세계질서 속에서의 권력 행사가 주로 무력과 경제력에 기반을 둔 하드 파워에 중점을 두어왔던 것을 고려한다면 스마트 파워의 중점은 역시 소프트 파워의 기반을 여하히 축적하고 활용할 것인가에 놓인다고 할 수 있을 것이다.

조지프 나이(Nye, 2005)가 대중화시킨 소프트 파워 개념과 관련된 학술적 논의는 상당 부분 그 모호성과 다차원성에 초점을 맞추었다. 국제관계에 대한 논의에서 처음 제안된 소프트 파워 개념이 한 국가를 단위로 하여 주로 활용되는 것은 주지의 사실이다. 그런데 소프트 파워 개념에는 한 국가의 권력 기반이 되는 자원이 과거의 경제력과 군사력이 아닌 "문화와 가치"를 주로 한다는 '자원 기반'의 측면과 과거 하드 파워에서처럼 강제력을 통해 상대방을 억지로 떠밀어 자신의 의지와 이해를 관철하는 것이 아닌 매력을 통해 상대방이 자발적으로 자신의 뜻에 따라 행동하도록 하는 '작동 방식'의 측면이 동시에 존재한다. 이 두 측면 중 어느 측면이 더 소프트 파워를 이해하는 데 중요한지, 그리고 대중문화와 고급문화, 정신문화와 물질문화 등 다양한 문화와 가치의 범위를 어디까지 설정해야 하는지, 의식적으로 알고 느끼면서 끌려가는 매력과 무의식적으로 당연시하면서 끌려가는 매력 중 어느 편이 더 중요한지 등 소프트 파워라는 용어에 대해 판도라의 상자를 연 것처럼 꼬리를 물고 의문이 제기되었다.

그런데 소프트 파워 개념을 둘러싼 이러한 질문들과 논란들은 부분적으로 '문화와 가치'라는 개념에 내재된 것이기도 하다. 문화는 그동안 사회과학에서 다양하게 접근했던 주제이고, 또한 이른바 사회과학에서의 "문화로의 전환"(Bonnel, Hunt, and Biernacki, 1999) 이후 문화의 중요성을 강조하는 흐름이 사회과학의 다양한 분야에서 형성되기도 했다. 소프트 파워에 대한 강조 역시 국제정치에서의 "문화로의 전환"을 반영했다고 볼 수도 있을 것이다.

예컨대 정치학과 사회학 분야에서 로널드 잉글하트(Ronald Inglehart)는 국가적 어젠다로 정치와 경제에서의 부국강병과 질서 유지를 중시하던 물질주의 가치관이 시민의 참여와 환경 보호 등 새로운 문화적 가치를 중시하는 탈물질주의 가치관으로 대체되고 있다는 주장을 서구 선진사회들의 경험적 자료를 통해서 보여주었다(Inglehart, 1997). 소프트 파워가 중요해진 최근 국제정치의 변화는 바로 이러한 탈물질주의 가치의 상승과 밀접한 관련을 맺고 있다고 볼 수도 있다. 시민들이 과거의 정치군사적 헤게모니와 경제적 우위보다 문화적 가치에 대한 공감을 더욱 중시하는 것이 주로 한 국가사회의 내부적 변화라면, 정치·군사력이나 경제력의 우위에 기초한 힘의 논리보다 문화와 가치의 잣대로 국가 간 공감에 기반을 둔 매력의 논리를 강조하는 것이 국가 간 국제관계에서의 변화라고 볼 수 있다.

탈물질주의에 대한 강조가 정치사회학에서 문화로의 전환을 대변한다면, 사회학에서 문화로의 전환은 문화자본에 대한 관심에서 잘 나타난다. 문화자본은 부르디외(Bourdieu, 1986)가 처음 언급한 개념인데, 사회자본(Bourdieu, 1986; Coleman, 1988; Putnam, 2000)과 함께 경제자본으로부터 구별되는 새로운 자본의 형태로 주목을 받았다. 소프트 파워 논의가 정치권력의 외연을 확장하는 의미를 갖는 데 비해, 문화자본과 관련된 논의는 자본의 외연을 확장하는 것이라고 할 수도 있다. 하지만 여기에서 우리가 주의해야 할 점은, 문화자본과 관련된 논의에서 부르디외는 자본을 경제적 개념으로 환원하지 말고 권력관계의 표출로 봐야 한다고 주장했다는 사실이다. 따라서 문화자본 개념 속에는 소프트 파워와 마찬가지로 권력관계가 작동하는 방식과 기반에서 문화의 중요성에 대한 암묵적 강조가 깔려 있다. 다만 이제까지 문화자본이 국내에서의 문화적 불평등이나 권력관계에 초점을 맞춘 것에 비해, 소프트 파워 논의는 국제관계에서의 문화와 가치에 기반을 둔 권력 논의를 주로 전개해왔다는 차이가 있을 따름이다.

이 글에서는 이처럼 서로 관련성을 갖는 소프트 파워와 문화자본의 관계를 주로 문화자본에 대한 이론적, 개념적 고찰을 통해서 살펴봄으로써 궁극적으로 소프트 파워 개념을 확장하고 심화시키는 이론적 계기를 만들고자 한다.

2. 문화 생산/소비의 장과 문화자본

문화자본은 부르디외의 문화적 실천에 대한 구조주의적 설명에 처음 등장했다. 부르디외는 문화와 예술에 대한 사회학적 접근을 제안하면서, 이러한 접근이 칸트 이후 강조된 초월적 순수 미학(pure aesthetics)에 대한 대안인 사회적 미학(social aesthetics)을 위한 이론적 작업을 지향한다고 보았다. 부르디외에게 미적 가치는 사회의 구체적 현실을 초월한 영역에 고고하게 존재하는 것이 아니라 일상적 현실의 얽힌 관계 속에서 현실을 반영하고 동시에 구성하면서 존재하기 때문이다.

부르디외는 사회를 구조적 관점에서 접근한다. 특히 그의 구조적 관점은 이른바 위상학적(topological) 접근 방법에서 잘 드러난다. 위상학적 접근에서는 사회의 발전 과정을 일련의 자율적인 장(field)의 분화 과정으로 파악하며, 분화된 자율성을 지닌 장들은 내적으로 불평등한 권력관계에 의해 특징지어진다고 본다. 불평등하게 분포된 권력관계의 배치를 공간적 차원에서 파악하고 분석한다는 의미에서 부르디외의 이론적 입장과 연구 방법을 위상학적이라고 부르는 것이다. 부르디외는 '과학과 학문의 장'(1988), '문화와 예술의 장'(1996) 등 다양한 장에 대한 구체적 분석을 통해서 장의 논리를 밝히는 학문적 작업을 수행했다.

부르디외는 그의 저서인 『예술의 규칙』(1996)을 통해서 문화예술 생산의 장에 대한 분석을 본격적으로 제시한다. 문화 예술의 장이 성립된 것은

19세기 말 '예술을 위한 예술'이라는 구호에서 잘 드러나듯이 종교나 정치권력의 시녀로서 장식적 구실을 하던 중세적 예술에서 탈피하여, 예술 자체의 아름다움을 추구하는 근대적 예술이 주장되면서부터였다. 예술이 정치권력에 종속되어 권력의 신장에 봉사하는 정도에 따라 판단되는 것이 아니라, 자체의 기준에 의해 평가받고 판단되기 시작하면서 근대 예술은 자신의 외적 정당성을 주장하고 내적 질서를 유지하기 위한 근거로서 미학을 발전시키게 되었다. 그리고 이러한 미학에서 제시하는 미적 가치의 기준으로 현실을 초월한 무관심성(disinterestedness)이 강조되었다. 이러한 과정에 대한 분석을 통해 부르디외는 예술의 자율성과 미적 가치 기준으로서 무관심성이 문화와 예술의 생산을 둘러싼 사회적 조건의 구조적 변동의 산물이라는 점에 주목한다.

자율적 장으로서 성립된 문화 생산의 장(field of cultural production)은 다른 장들과 상이한 독자적 논리로 지배되는데, 다른 사회 일반, 특히 정치의 장에서는 경제자본의 중요성이 막강한 반면, 문화 생산의 장에서는 경제자본이 아닌 문화자본의 힘이 중요하다는 것이다. 문화자본은 문화적 가치 기준을 제시하고 이를 자신에게 적용하고 활용하여 이득을 취할 수 있는 능력이나 자원을 의미한다. 이러한 문화자본은 문화와 예술의 생산자라고 할 수 있는 예술가 세계에서의 불평등한 권력관계를 반영하는 것이다. 예컨대 19세기 프랑스의 미술계에서 아카데미에 속한 화가나 조각가들이 높은 수준의 문화자본을 누렸다면, 19세기 후반과 20세기 초반 이후에는 갤러리의 후원에 힘입은 인상파를 위시한 아방가르드의 문화자본이 우월하게 되었다(이에 대한 분석으로는 White and White, 1964 참조). 이러한 예에서 보듯이 문화자본의 불평등은 항상 갈등을 내포한다. 그리고 이러한 갈등은 이른바 문화 영역에서의 권력 갈등으로 나타나는바, 아방

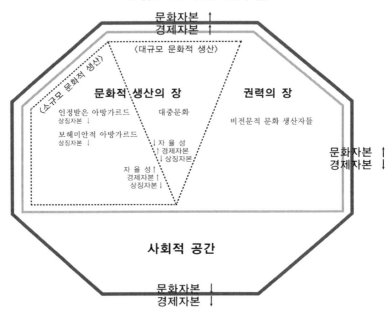

〈그림 4-1〉 경제자본과 문화자본

문화자본 ↑
경제자본 ↑

〈대규모 문화적 생산〉

〈소규모 문화적 생산〉

문화적 생산의 장   권력의 장

인정받은 아방가르드   대중문화
상징자본 ↓   비전문적 문화 생산자들

보헤미안적 아방가르드
상징자본 ↓
                        자 율 성 ↓
                        경제자본 ↑
                        상징자본 ↓

자 율 성 ↑   문화자본 ↑
경제자본 ↓   경제자본 ↓
상징자본 ↓

사회적 공간

문화자본 ↓
경제자본 ↓

가르드들이 기존의 주류 화단에 도전하고 이들의 도전이 승리로 귀결되면
서 문화자본이 이동하게 된 것이다. 〈그림 4-1〉은 위상학적 관점으로 볼
때, 사회 속에서 문화 생산의 장의 지위와 문화 생산의 장 내부에서 문화자
본의 많고 적음에 따라서 예술가들의 권력관계가 어떻게 분포되고 배치되
는가를 보여준다.

문화 생산의 장에서 문화자본의 작동 방식은 몇 가지 특이한 양상을 보
인다. 우선 문화자본은 경제자본과 거꾸로 뒤집힌 방향으로 작동한다. 쉽
게 풀어 말한다면 경제적으로 성공한 대중적인 예술가나 예술작품이 문화
적으로는 대가나 걸작으로 인정받지 못하고, 반대로 문화적으로 진가를
인정받으려면 대중적 인기와 영합해서는 안 된다는 것이다. 또 다른 특징
은 문화자본을 둘러싼 문화 생산의 장에서의 갈등이 일종의 패러디 형태

로 이루어진다는 것이다. 프랑스 아방가르드의 대표적 인물이라고 할 수 있는 마르셀 뒤샹이 주류 화단의 대표적 걸작인 다빈치의 모나리자를 패러디함으로써 그것에 체화된 기존의 미의식이나 미적 가치를 우습게 만들고 도전했던 것이 대표적인 예라고 할 수 있다.

부르디외에게 문화자본은 문화 생산의 장에서 서로 다른 예술가들 사이의 권력관계를 판가름하는 자원이나 능력에 그치지 않는다. 부르디외는 일반 사람들의 문화에 대한 태도와 입장에서도 불평등한 문화자본이 중요한 역할을 한다고 본다. 이러한 일반 사람들의 삶에서 도출한 문화자본의 중요성에 대한 분석을 부르디외는 그의 저서 『구별짓기(distinction)』(1984)에서 수행했다. 문화 예술인이 아닌 일반 사람들의 삶에서 문화자본의 중요성은 부르디외의 계급 불평등에 대한 관심과 밀접한 관련이 있는데, 『구별짓기』 저술 이전에 부르디외는 1968년의 대규모 대학생 시위를 즈음해 프랑스 고등교육체계에서의 불평등 문제에 관심을 두고 연구를 진행했으며, 그러한 그의 관심은 재생산(reproduction)이라는 개념에 집중되었다. 마르크스가 『자본론』에서 사용했던 자본과 노동의 재생산이라는 개념과 맥을 같이하는 부르디외의 재생산 개념은 계급 간 불평등이 교육을 통해서 재생산되고 고착된다는 내용을 담고 있으며, 이때 교육은 단순히 고등교육을 받을 기회의 불평등한 배분 문제만이 아닌 교육 내용에서의 불평등까지 포함한다.

문화 예술인들 사이에서 문화자본이 문화적 가치와 미의 기준을 결정하고 작품에 대한 평가와 그에 따르는 명예와 존경에 영향을 미칠 수 있는 역량과 자원을 의미한다면, 일반 사람들 사이에서 문화자본은 문화 예술을 이해하고 즐길 수 있는 교육을 받은 정도이며, 또한 미묘한 차이를 구별하여 자신의 라이프스타일 속에서 미적 감각을 발휘할 수 있는 역량을 의미한다. 따라서 문화자본이 문화 예술인들 사이에서 권력관계를 반영하고 있다면, 일반 사람들 사이에서 문화자본의 분포는 계급적 귀속에 밀접하게 관련되어 있다. 이때 계급은 부르디외가 강조하듯이 경제자본의 소유 관계에 의해서만 결정되는 것이 아니라 문화자본에 의해서도 결정된다. 예를 들어, 전문직에 속한 사람들의 경우 경제자본과 문화자본을 모두 풍부하게 소유하고 있다면, 상공인 계층의 사람들은 경제자본은 많지만 문화자본이 상대적으로 부족하고, 하위 전문직의 경우 경제자본은 물론이고 문화자본도 상대적으로 낮다고 할 수 있다.

이처럼 문화자본과 경제자본이 교차하면서 형성된 일종의 클러스터와 같은 계급집단에 따라서 문화적 소비와 향유가 결정된다. 예컨대 상류층이라고 할 수 있는 전문직 종사자들은 음악이나 미술 작품에 대한 지식이 풍부하여 바흐의 평균율 피아노곡이나 추상주의 회화를 즐기며, 중류층 상공인 집단은 예술 작품에 대한 지식도 중간 정도이고 대중적으로 많이 알려진 「푸른 다뉴브」와 같은 왈츠 곡 혹은 팝아트 계열의 미술을 즐기는 것으로 나타났다. 하류층인 노동자들은 예술에 대한 지식이 거의 없으며 대체로 팝 음악 정도를 즐긴다고 한다. 이처럼 위상학적 공간에서의 계급적 위치와 문화 예술적 취향 및 소비가 서로 대응하는 현상을 보고 부르디외는 '상동(homology)'이라고 이름 붙였다.

여기에서 우리는 부르디외가 자신의 저작에 "구별짓기"라는 이름을 붙인 이유를 알 수 있다. 그는 사람들이 보유한 문화자본의 정도에 따라서 서로 상징적 경계를 구성하고 설정하며 이를 재생산한다는 전제하에, 문화자본이 사람들을 서로 다른 그리고 위계적인 집단으로 구별 짓는다고 보는 것이다. 부르디외의 문화자본에 대한 이론은 구별인 동시에 배제(exclusion)의 논리라고 할 수 있으며, 근대사회에 여전히 남아 있는 문화적 귀족과 신분제에 대한 비판적 함의를 가진다고 볼 수도 있다.

그런데 이처럼 계급과 상응하는 문화적 위계의 기반으로서 문화자본이 작동하려면 사회 전반적으로 문화에 대한 위계적 시각이 먼저 성립되어야 한다. 요컨대 어떤 문화나 예술의 부류는 상류(highbrow)에 속하고, 반대로 다른 문화나 예술의 부류는 하류(lowbrow)에 속한다는 것에 대한 사회적 합의가 전제되어야 할 것이다. 이러한 사회적 합의는 물론 자발적으로 이루어지기보다는 권력의 영향에 의해 강요되는 경향이 있을 것이다. 그리고 이처럼 강요된 기준을 형성하는 역할을 문화 예술계에서 문화자본을 보유한 집단이 담당한다는 것이 부르디외의 생각일 것이다.

부르디외의 이러한 문화자본에 대한 이론적, 경험적 논의를 소프트 파워에 대한 논의와 비교해본다면 다음과 같은 흥미로운 유사성을 발견할 수 있다. 우선 문화에 대한 관점에서 문화자본 이론과 소프트 파워 이론 모두 내재적(internalist) 관점보다는 외재적(externalist) 관점을 취하고 있다. 문화에 대한 내재적 관점이 그 환경이라고 할 수 있는 사회 · 정치 · 경제적 영향을 배제한 채 문화 내부의 고유한 논리에 의해 문화가 변화한다고 본다면, 외재적 관점에서는 문화가 독립적이지 못하고 언제나 사회 · 정치 · 경제적 힘과 관련을 맺고 있다고 본다. 앞서 언급한 칸트의 초월적 미학이 문화에 대한 내재적 관점의 대표적 예로서, 대다수 예술 평론이나 예술철학, 예술사에 대한 관점의 기반에 깔려 있다. 부르디외는 바로 이러한 초월적 미학을 비판하는 외재적 관점을 취했는데, 소프트 파워 역시 문화와 예술의 권력 기반으로서의 측면을 강조한다는 점에서 외재적 관점에 입각해 있다. 문화자본과 소프트 파워 개념의 또 다른 유사성은, 이들 모두 문화를 권력의 자원으로 본다는 점이다. 문화자본의 관점에서 볼 때 문화를 권력의 자원으로 삼는 주체는 개인이나 집단이다. 문화 소비자 입장에서는 개인이 될 것이며, 문화 생산자 입장에서는 집단이 될 것이다. 그에 비해 소프트 파워의 관점에서 볼 때 문화를 권력의 자원으로 활용하는 주체는 국가이다.

하지만 문화자본 이론과 소프트 파워 이론 간에 유사성만 있는 것은 아니다. 둘 사이에는 차이도 분명히 존재한다. 이 두 이론 간의 차이는 주로 문화자본과 소프트 파워가 권력 기반으로서 작동하는 방식에서의 차이라고 할 수 있다. 문화자본은 앞에서 설명한 바와 같이 서로 다른 계급 간, 혹은 문화 생산에서 주류와 비주류 간 배척과 배제의 논리로서 작동한다. 자신이 향유하는 문화 스타일을 상대방에게는 허용하지 않는 것이다. 국제 관계 속에서 문화자본의 논리를 소프트 파워로 해석한다면 일종의 고전적 제국(empire) 논리와 유사하다고 볼 수 있다. 하지만 소프트 파워는 문화가 권력관계에서 배척이 아닌 흡인, 즉 끌어당기는 방식으로 작동한다고 본다. 한 국가가 지닌 문화적 저력이나 가치의 우월성이 상대방으로 하여금 따르고 좋아하게끔 한다고 보는 것이다. 하지만 이러한 차이가 절대적인 것은 아니다. 계급 간 문화자본의 차이를 이용하는 상류층이 항상 하류층을 배척하는 것은 아니기 때문이다. 상류층은 자신의 문화적 실천으로부터 하류층을 배척하는 동시에 하류층이 자신의 문화적 실천을 우러러보기 바란다.

3. 문화 다양성과 관용의 도전: 옴니보어

문화자본에 대한 부르디외의 주장은 사회학에서 큰 반향을 불러일으켰다. 불평등과 계급에 대한 논의에서 문화의 중요성을 상기시키는 동시에 문화 예술에 대한 사회학적 논의를 개인과 작품으로부터 장의 수준으로 옮겨 논의하게끔 했다. 그런데 부르디외의 연구가 미친 영향이 큰 만큼, 그에 대한 비판적 논의 또한 다양하고 폭넓게 등장했다. 부르디외의 문화 자본에 대한 논의에 대해 등장했던 비판 가운데 하나는 논의의 맥락 의존성에 대한 문제 제기이다. 부르디외가 대상으로 삼아 연구했던 프랑스 파리에서의 문화자본 분포가 다른 서구사회와 다를뿐더러, 비서구사회와도 당연히 차이를 보일 수밖에 없다는 주장이었다. 미국 사회를 주로 연구했던 데이비드 할레(Halle, 1993)는 계급에 따른 미술품에 대한 인식과 이해의 차이를 뚜렷하게 발견하기 어렵다는 연구 결과를 발표했고, 역시 미국의 남성 직장인들을 대상으로 연구를 수행했던 미셸 라몽(Lamont, 1992)은 미국 남성들의 문화자본은 프랑스에 대한 부르디외의 연구 결과와 달리, 구조적 차이보다는 전략적이고 상황적인 특성을 보인다는 연구 결과를 보고했다. 결국 이러한 논의들에서 강조되는 것은 문화자본이라는 개념의 유용성과 적용 가능성이 사회마다 차이를 보이고, 그 편차가 문화자본 효과의 강도뿐 아니라 문화자본을 구성하는 문화적 내용 및 그 분포와 활용에서의 편차 등 다양한 차원에 걸쳐 있다는 점이다.

문화자본 논의에 대한 첫 번째 비판이 문화자본의 외적 적합성에 대한 문제 제기라면 두 번째 비판은 문화자본 이론의 내용 자체, 특히 문화자본의 작동 방식에 관한 문제 제기이다. 그 주된 비판의 내용은 문화자본 이론이 제안하는 계급적 지위와 문화 취향 및 실천 사이의 상동관계가 현대 사회에서는 엄밀하게 존재하지 않게 되었다는 것이다. 즉, 상류층의 취향 및 문화 실천 혹은 소비와 하류층의 취향 및 문화 실천이나 소비 사이에서 그 내용상 뚜렷한 차이를 발견하기 어렵게 되었다는 것이 이 비판의 핵심적 내용이다.

문화자본의 상동 논리에 대한 비판에도 두 가지 종류가 존재하는데, 계급적 지위 및 문화적 취향과 실천 사이에 어떤 유의한 관계도 존재하지 않으므로 문화자본의 유용성이 사라졌다고 하는 개인주의화(individualization) 주장이 있는가 하면(Warde, 1997), 문화자본의 작동 방식이 변해서 특정한 문화 예술의 내용이나 스타일이 계급적 지위에 상응하는 것이 아니라 문화자본에 따라 선호하는 취향의 범위가 넓어지거나 좁아진다고 하는 옴니보어〔omnivore(Peterson and Kern, 1996)〕 주장이 있다.

개인주의화는 영국 사회학자인 알란 워드(Warde, 1997)가 주장한 것으로, 그는 영국인의 음식 취향을 연구한 결과 계급적 지위에 따라 고급과 저급의 취향이 분명하게 대응되는 것이 아니라 계급과 상관없이 개인의 취향에 따라 외식할 때 찾는 음식의 종류가 달라진다는 연구 결과를 내놓았다. 이러한 개인주의화는 특히 소비에 대한 연구에서 탈근대적·탈산업적 사회의 개인적 체험이 강조되면서, 사람들이 더 이상 자신이 처한 구조적 상황에 얽매이지 않고 자신의 체험을 바탕으로 선택하여 그 폭이 넓어졌다고 주장하는 체험사회론(Schulze, 1997)과 맥을 같이한다. 이러한 개인주의화 주장은 문화자본 이론에 대한 급진적 부정이라고 할 수 있는데, 대체로 연구자들은 문화자본의 적합성을 전면적으로 부정하는 이러한 급진적 비판보다는 문화자본의 작동 논리가 바뀌었다고 하는 옴니보어 주장에 더 공감하는 분위기이다.

옴니보어 주장은 미국의 음악사회학자인 리처드 피터슨(Peterson and Kern, 1996)이 미국인이 선호하는 음악 장르를 중심으로 음악 취향을 연구한 결과, 문화자본 이론에서 주장하는 상동관계가 아닌 변형적인 패턴의 관계가 발견되면서 정식화된 이론이다. 부르디외가 문화자본의 논리를 경험적으로 입증하면서 계급별로 선호하는 음악 장르에서의 차이에 주목했기 때문에 피터슨의 연구는 특히 의의를 갖는다고 할 수 있다. 피터슨은 문화자본론의 가정하에서 직업을 중심으로 계급적 지위를 구성하고 직업별로 선호하는 음악 장르를 구분했는데, 상류층이라고 할 수 있는 전문직 종사자들이 클래식 등의 고급음악 장르를 선호하기는 하지만 동시에 하류층의 취향에 상응하는 로큰롤 등의 대중음악이나 재즈 등의 장르 역시 선호하는 것을 발견했다. 반면 하류층이라고 할 수 있는 노동자 계급은 컨트리뮤직이나 헤비메탈 등을 선호하는 것으로 나타났다. 결국 이러한 발견은 문화자본이 음악 취향에 영향을 미치기는 하되, 그 작동 방식은 부르디외가 가정했던 것과 같이 계급적 지위에 특정한 내용의 문화 혹은 예술 스타일이 엄격하게 상응하지 않는 ─ 상류층과 고급 취향, 하류층과 저급 취향 식으로 ─ 다는 것을 밝혀냈다.

문화자본 이론의 상동관계에 대한 대항 논리로 피터슨은 옴니보어를 제안하는데, 옴니보어라는 단어의 의미에서 나타나듯이 그 내용은 상류층일수록 다양한 문화적 내용을 선호하고 폭넓게 즐기는 반면, 하류층으로 갈수록 자신들이 선호하는 저급한 취향에 고착되는 경향이 있다는 것이다. 이러한 문화적 취향과 소비 측면에서의 옴니보어 논의는 문화생산 차원에서 문화 장르나 스타일을 넘나드는 크로스오버(crossover) 혹은 혼종(fusion)의 시도가 늘어나고 또한 기존의 예술 경계를 확장시키는 이른바 아웃사이더 예술(Zolberg and Cherbo, 1997)에 대한 개방이 빈번하게 나타나는 것과 일맥상통하는 현상이다. 소비 측면에서 옴니보어와 생산 측면에서 혼종과 크로스오버는 모두 문화적 가치 면에서 절대적 권위의 지배가 아닌 포용(inclusion)과 관용(tolerance)의 중요성이 커진 것을 반영한다. 이는 배제(exclusion)에 기반을 두었던 문화자본의 작동 논리와 분명히 다르다. 또한 과거처럼 계급별로 자기들만의 폐쇄적 상호작용에 몰두하는 것이 아니라, 다양한 사회적 지위와 계급 간 소통과 상호작용이 늘어나면서 지위 경계 및 상징적 경계가 약화된 결과이기도 하다.

이러한 변화들에 덧붙여 피터슨은 매스미디어가 발전하면서 고급문화에 접근할 수 있는 하류층의 기회와 가능성이 커졌을 뿐 아니라, 대중문화가 상류층에 접근할 기회도 늘었다는 점에 주목한다. 이처럼 매체 측면에서의 변화는 이제 인터넷이라는 쌍방향 매체에 의해 더욱 많은 다양성을 제공하는 방향으로 발 빠르게 나아가고 있다. 매체 이외에도 국제화(Globalization)에 따라 문화적 변동이 가속화되고 있는데, 이러한 국제화의 문화적 결과에 대해서는 문화적 수렴이 이루어질 것이라는 주장과 더욱 다양하고 많은 문화 간 교류와 체험의 기회가 늘어나면서 문화적 다양성이 꽃필 것이라는 주장이 대립한다. 옴니보어 주장은 국제화의 문화적 효과 중에서 다양성 증가에 무게를 두는 견해라고 볼 수 있다.

옴니보어에 대한 관심의 증가는 현대사회에서 다양한 인종과 민족, 성별과 성적 지향 등 다양한 주체들이 상호작용하면서 정체성에 대한 관심이 증가하는 것과도 관련이 깊다. 정체성에 대한 강조는 정체성 간 상호 공존과 존중을 주장하려는 것이기 때문이다. 문화자본의 상동관계에 대한 논리가 문화 장르 및 스타일의 위계적 우열을 가정하고 있었다면 - 물론 부르디외는 이러한 위계적 우열에 대한 가정을 비판하는 편에 있었지만 - 옴니보어 주장에서는 문화 장르 및 스타일의 위계적 우열을 인정하지 않고 대등하다고 가정한다. 물론 이러한 문화 장르 간의 우열을 전면적으로 부정할 수는 없다. 옴니보어 경향이 전면적으로 확대되는 것을 가로막는 장애들이 있기 때문이다. 베타니 브라이슨(Bryson, 1996)의 연구 결과에서 보듯이 미국인들, 특히 엘리트들의 음악 취향은 옴니보어 방향으로 개방되면서도 헤비메탈이나 랩 등의 음악에 대해서는 배제를 지속한다고 한다.

브라이슨은 이러한 맥락에서 기존의 상동 논리에 기초한 문화자본의 논리가 미국인의 정체성 정치에 영향을 받아 관용을 바탕으로 한 옴니보어적 다문화자본(multicultural capital)으로 변화하고 있다고 본다.

　문화자본의 상동적 배제 논리에 대한 대안으로 제시된 옴니보어 이론은 소프트 파워 논의와 관련하여 시사하는 바가 크다. 우선 문화자본의 상동적 배제 논리가 국제관계에서 제국의 논리에 가깝다면, 다문화자본적인 옴니보어 논리는 상호 의존(interdependence) 및 존중(recognition) 논리와 유사하다고 볼 수 있다. 이것은 국제관계에서 권력관계를 뺏고 빼앗기는 영합적(zero-sum) 관계로 보는 것이 아니라 서로 도움을 주고받으며 의존하는 정합적(positive-sum) 관계로 보는 것과 맥을 같이하기 때문이다. 소프트 파워와 관련된 분석 중에서 민주적 가치의 확산 및 민주적 가치에 대한 존중을 통해 소프트 파워를 키운다는 생각이 국제관계에서 국가 간 상호 존중을 중시하는 태도로 연결된다면, 이는 옴니보어에 입각한 다문화자본 논리와 유사하다고 할 수 있다. 하지만 소프트 파워 논리를 다문화자본 논리로 해석해서 가치와 문화를 상대화할 때, 소프트 파워를 통해 권력 기반을 강화하는 데 목적을 두는 개별 국가의 관점으로 보면 자신의 권력 자원이 지닌 상대적 우위가 감소될 우려가 있다. 소프트 파워를 철저하게 정합적 관계 속에서 해석하는 데는 한계가 있는 것이다. 또한 브라이슨이 다문화자본 논리 속에서도 헤비메탈이나 랩에 대해서는 배제의 논리가 여전히 남아 있다고 보았던 것과 유사하게, 다문화주의적으로 소프트 파워를 해석하더라도 특정 문화에 대한 낙인(stigma)에서 비롯된 집단적 배제 시도는 여전히 가능하며 어쩌면 더 심화될 수도 있다. 그 대표적 예로 반이슬람주의처럼 특정한 국가나 문화에 대한 거부와 배제의 논리를 들 수 있다.

4. 문화자본과 사회자본의 관계

문화자본과 소프트 파워 개념이 외재적 관점에서 문화를 권력자원화하는 점에서 유사하다면, 소프트 파워의 작동 방식으로서 밀어내는 배척이 아닌 끌어당기는 흡인이 중시된다는 것은 사회적 네트워크에 기반을 둔 사회자본과의 유사성을 암시한다. 한 국가의 소프트 파워에서 중요한 것이 그 국가의 문화와 가치를 이해하고 친근하게 여기는 다른 국가의 시민이나 지도자들이라면, 그러한 시민과 지도자들은 국가적 차원에서 사회자본이라고 할 수 있기 때문이다. 이러한 의미에서 문화자본이 소프트 파워의 내용적 측면과 관련이 깊다면, 사회자본은 소프트 파워의 메커니즘 혹은 작동 방식과 관련 있다고 할 수 있을 것이다.

사회자본 역시 최근 들어 문화자본과 함께 무형의 자본으로서 관심을 끄는 개념이다. 문화자본 개념을 처음 제안했던 부르디외도 사회자본에 대한 논의에 참여하고 있으며(Bourdieu, 1986), 그 논의에는 사회학·경제학·정치학 등 다양한 사회과학 학문 분야의 많은 연구자가 참여하는 중이다(Putnam, 2000; Coleman, 1988). 이렇게 다양한 방향으로부터의 다양한 관심들이 주목하는 사회자본의 개념적 핵심은 "타인이나 집단, 조직을 통해 자신이 원하는 바를 달성할 수 있는 사회관계 혹은 구조의 특성"이다. 사회관계나 사회구조의 다양한 특성 중에서 개인과 사회에 바람직한 결과를 가져올 수 있는 기능과 효과에 초점을 맞춘 것을 사회자본이라 할 수 있다.

사회적 관계의 특성들 가운데 사회자본으로 중요하게 기능할 수 있는 대표적인 것이 사회적 신뢰이다. 협동과 협력을 부추겨 결과적으로 개인과 집단 모두에게 바람직한 성과를 가져올 수 있는 신뢰는 사회자본의 중요한 측면이다. 하지만 사회적 신뢰는 사회자본의 일부일 뿐 전체는 아니다. 신뢰에 기반을 둔 긴밀한 사회 연결망과 활발한 상호작용 역시 사회자본의 중요한 구성요소가 된다. 서로 지속적이고 반복된 상호작용이 이루어질 때 협동과 협력 또한 원활해질 것이기 때문이다. 사회구조의 특성으로 사회자본에 중요한 것은 안정적인 명성과 위신의 체계이다. 명성과 위신은 사람들에게 신뢰를 쌓을 수 있는 기초를 제공할 뿐만 아니라 협력을 위한 리더십과 그에 대한 복종을 가져올 수 있게 한다.

그런데 사회자본과 문화자본은 사회적 관계와 구조에 기반을 둔 이익의 실현과, 문화적 가치의 독점을 통한 이익의 실현이라는 면에서 분명한 차이를 보이면서도 서로 긴밀하게 연결되어 있다. 사회자본이 관계와 구조에 기반을 두고 있다면 그것은 주로 관계와 구조의 형식적 측면, 즉 '관계'나 '구조' 그 자체에 중점을 둔 것이다. 하지만 사회적 관계와 구조는 형식 못지않게 내용 또한 중요하다. 사회자본이 앞서 언급한 대로 사회적 관계나 구조의 특성 중에서 효과와 기능에 초점을 맞추기는 하지만, 사회적 관계에서 도구적 · 수단적 측면에 지나치게 집착하면 사회자본 축적에 장애가 늘어난다는 딜레마가 있다. 사회자본이 축적되려면 무엇보다도 신뢰를 쌓을 수 있도록 서로 간에 의도의 진정성에 대한 확신이 있어야 하기 때문이다.

사회자본 축적을 위해 사회적 관계의 도구적 · 수단적 측면을 넘어서고자 한다면 사회적 관계의 내용적 측면에 관심을 기울일 필요가 있다. 사회적 관계의 내용적 · 내재적 측면에서 핵심적인 것은 서로 동일한 가치와 규범 · 문화를 공유하는 것이다. 문화자본이 사회자본의 내용을 채운다면, 사회자본은 문화자본의 통로이자 그것이 반영된 프리즘과 같다. 경험적 실례를 갖고 생각해보면, 소통이 없는 문화와 가치 속에서 사는 상이한 사람들 사이에서는 사회자본이 형성되기 어려울 것이다. 만약 계층이나 인종 간에 문화와 가치의 격차가 심하다면, 그 사회에서는 사회자본이 형성되기 어려울 것이다. 또한 사회적 관계를 다양하게 맺어 사회자본을 형성하고 싶다면 그 대상이 되는 사람들과의 소통을 위해 문화적 선호를 다양화하고자 노력하게 될 것이다. 이처럼 문화적 선호를 관계 상대들에 맞추어 다양화하는 과정에서 옴니보어적인 문화 취향이 형성되기도 한다는 연구 결과(Erickson, 1996)는 바로 이러한 문화자본과 사회자본의 복잡하고도 밀접한 상호관계를 잘 보여준다.

앞서 살펴본 바와 같이 문화자본의 작동은 배제적 상동의 논리에 따를 수도 있고, 관용적 옴니보어의 논리를 따를 수도 있다. 그런데 문화자본이 둘 중에서 어떤 논리를 따르는가에 따라서 사회자본에 대해 갖는 함의 또한 달라질 것이다. 우선 배제적 상동의 논리에 따르면, 문화와 가치를 공유하는 집단 내부의 사람들 사이에서는 자신들이 공유하는 문화와 가치를 통해서 결속이 단단해지는 반면, 상이한 문화와 가치를 지닌 다른 집단의 사람들과는 관계를 맺기 어려울 것이다. 반면 관용적 옴니보어의 논리에 따르면, 상호 문화와 가치를 이해하려 노력하는 사람들 사이에서는 다양한 방식으로 관계 맺기가 가능해질 것이다. 따라서 더욱 자유로운 방식과 형태로 사회관계가 이루어질 가능성이 커질 것이다. 이러한 문화자본의 작동 논리에 따른 차이가 사회자본에 대해서 갖는 함의는 사회자본의 형태를 구분해봄으로써 더욱 분명해질 수 있다.

사회자본이 긍정적 결과를 가져오는 사회적 관계와 구조의 특성들이라고 할 때, 관계와 구조의 형태에 따라 크게 두 가지로 나누어볼 수 있다. 하나는 사람들 간의 결속을 다지는(binding) 역할을, 다른 하나는 낯선 사람들 간의 가교(bridging) 역할을 한다.

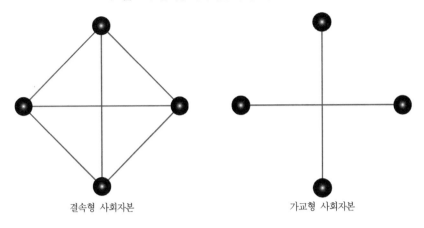

〈그림 4-2〉 결속형 사회자본 대 가교형 사회자본

결속형 사회자본   가교형 사회자본

이 두 형태의 사회자본은 〈그림 4-2〉에서 확인할 수 있다. 결속형 사회
자본은 주로 제임스 콜맨(Coleman, 1988)이 강조했던 형태로, 사람 간의 관
계가 조밀하면서 빈틈없이 서로 연결되어 규범이나 규칙의 형성이 용이하
고 집합 행동의 가능성이 크다는 장점을 지닌다. 반면 가교형 사회자본은
로널드 버트(Burt, 1992)가 제안한 사회자본의 형태로, 결속형과 반대로 조
밀하지 않고 빈틈이 많은 상황에서 이 빈틈을 연결하는 가교의 역할을 하
는 사람이 있어서 실현되지 않은 기회를 창출해준다는 장점을 지닌다. 결
속형 사회자본의 경우 관계 속에 포함되는 모든 사람이 함께 혜택을 누릴
수 있는 반면, 가교형 사회자본은 경우에 따라 혜택의 분배가 달라진다는
차이가 있다. 가교형 사회자본에서는 가교 역할을 하는 사람이 구조적 공
백이나 빈틈을 메움으로써 혜택을 독점할 수도 있고(Burt, 1992), 아니면
가교를 통해서 연결된 사람들이 혜택을 함께 누릴 수도 있다(Baker, 2000).

문화자본의 두 작동 논리와 사회자본의 두 형태 간 관계를 정리하면 다
음과 같은 잠정적 가설을 제안할 수 있다. 배제적 상동의 논리에 입각한

문화자본의 논리가 집단 내의 결속에 주된 관심을 둔 결과 결속형(binding) 사회자본의 기초로서 작용할 가능성이 크다면, 관용적 옴니보어의 논리에 입각한 (다)문화자본의 논리는 서로 다른 위치와 형편의 사람들 사이에 가교를 놓음으로써 다양성과 이질성을 높여가는 가교형(bridging) 사회자본의 기초가 될 가능성이 크다.

현대사회의 일반적 경향은 사회 내의 정체성이 다양해지고 이질성이 높아지는 추세에 있다. 국제화(Globalization)는 한 사회 안에서 인종적 · 민족적 다양성을 높일 뿐 아니라 국제적으로도 다양한 인종과 민족, 종교 간 교류와 소통의 기회를 늘리는 방향으로 변화를 가져오고 있다. 또한 인터넷과 모바일을 비롯한 새로운 미디어의 발달은 사람들 사이의 연결을 더욱 조밀하게 만들고 예상치 못했던 새로운 만남과 연락의 가능성을 늘리고 있다. 이처럼 다양한 정체성 간의 경합과 만남이 증가하는 현대사회의 현실 속에서 관용적 옴니보어의 중요성과 아울러 가교형 사회자본의 필요성은 점점 더 높아진다고 하겠다.

5. 문화자본의 측면에서 본 소프트 파워

이제까지 문화자본 개념과 그 개념에 대한 비판 및 도전, 다양한 문화자본 개념과 사회자본 개념의 이론적 관련 등을 살펴보았다. 이제 출발지점으로 돌아와 소프트 파워에 대해 이러한 문화자본을 둘러싼 다양한 논의가 어떤 논리적, 현실적 함의를 갖는지 살펴보도록 하겠다.

부르디외가 처음 제안한 문화자본의 개념은 한 사회, 좀 더 구체적으로는 프랑스 사회에서의 계급 재생산 메커니즘 및 문화적 장의 권력관계를 분석하는 데 유용한 개념으로 출발했다. 이러한 문화자본의 개념은 권력의 관점에서 문화와 가치에 접근한다는 측면으로 보면 소프트 파워라는 생각과 유사성을 갖지만, 차이점 또한 존재한다. 우선 적용 대상의 수준이 개인이나 집단(문화자본)과 국가·사회(소프트 파워)로 서로 다를 뿐 아니라, 배제와 배척(문화자본)을 통해서 권력을 확인하는 작동 방식과 매력을 통해서 끌어당기는(소프트 파워) 방식 간에도 큰 차이가 있었다. 하지만 한 사회의 제한된 맥락을 벗어나 국제화의 효과를 고민하고, 서로 다른 사회적 맥락을 비교하게 되면서, 또한 다양성과 이질성의 문제에 직면하면서 문화자본의 논의는 새로운 방향으로 전개되었다.

다문화자본의 관점을 수용하면서 새롭게 제안된 관용에 기초한 옴니보어 논리는 엘리트의 문화적 취향과 실천이 다양한 문화적 레퍼토리를 수용할 수 있는 폭넓은 방향으로 변화하고 있다고 주장했다. 이러한 옴니보어 논리는 서로 다른 위치에서 다른 문화와 가치를 지닌 개인이나 집단 간의 교류와 소통을 증진할 수 있다는 면에서 활발한 문화적 교류를 가능케 할 것으로 기대할 수 있다. 이러한 옴니보어 논리에서 비롯된 문화자본은 사회자본의 측면에서는 서로 떨어져 있거나 단절되어 있던 행위자들을 서로 연결함으로써 다양성과 새로운 기회와 참신한 시각의 이점을 얻을 수 있는 가교형 사회자본 개념과 잘 연결된다.

문화자본에 대한 이러한 새로운 관점은 소프트 파워에 대해서 시사하는 바가 크다. 여전히 적용의 수준은 개인이나 집단이지만, 이 개인이나 집단은 한 사회 내부에 갇힌 상태가 아닌 국제화된 환경 속에 놓여 있다. 결국 다른 사회의 개인이나 집단이 특정 국가의 문화와 가치에 대해 얼마나 개방적이고 호의를 갖는가가 그 국가의 소프트 파워를 높이는 데 크게 기여할 것이다. 비근한 예로 한국의 소프트 파워가 높아지려면 인근 아시아권의 국가에서 한국의 문화와 가치를 이해하고 애호하는 사람들이 늘어나야 할 것이다. 또한 옴니보어적 논리의 다문화자본은 낯선 문화와 가치를 배척하는 것이 아니라 관용하고 이해하고자 노력함으로써 서로 다른 문화와 가치 간에 매력과 끌림의 기반을 넓히는 역할을 할 것이다.

관용을 바탕으로 옴니보어적 다문화자본에 기초한 소프트 파워는 그것이 국제관계 속에서 서로 존중하고 이해하며 공동 번영을 꾀하는 데에는 크게 도움이 될 것이다. 그러나 만약 어떤 한 국가가 국제관계를 주도하거나 아니면 더 나아가 다른 국가들에 대한 헤게모니를 강화하려는 의도를 갖는다면, 소프트 파워는 다른 국가를 회유하는 전통적인 개념의 이데올로기로 전락해 자기모순에 빠지고 약해지거나 파괴될 것이다. 소프트 파워의 중요성을 처음 제창한 미국의 대외정책이 이 두 방향 중에서 어느 방향으로 향할 것인가에 따라 소프트 파워에 대한 인식 역시 달라질 수밖에 없을 것이다.

■ 참고문헌

Baker, Wayne E. 2000. *Achieving Success Through Social Capital: Tapping Hidden Resources in Your Personal and Business Networks.* San Francisco: Jossey-Bass.

Bonnell, Victoria E., Lynn Avery Hunt and Richard Biernacki. 1999. *Beyond the Cultural Turn: New Directions in the Study of Society and Culture.* Berkeley, CA: University of California Press.

Bourdieu, Pierre. 1984. *Distinction: a Social Critique of the Jjudgement of Taste.* Cambridge, MA: Harvard University Press.

_____. 1986. "Forms of Capital." in J.G. Richardson(ed.). *Handbook of Theory and Research for the Sociology of Education*. New York: Greenwood Press.

_____. 1988. *Homo Academicus*. (Trans)Stanford, CA: Stanford University Press.

_____. 1996. *The Rules of Art: Genesis and Structure of the Literary Field*. (Trans) Stanford, CA: Stanford University Press.

Bryson, Bethany. 1996. "Anything But Heavy Metal: Symbolic Exclusion and Musical Dislikes." in *American Sociological Review*, 61(5), pp. 884~899.

Burt, Ronald. 1992. *Structural Holes: The Social Structure of Competition*. Cambridge, MA: Harvard University Press.

Coleman, James. 1988. "Social Capital in the Creation of Human Capital." in *American Journal of Sociology*, 94(S1).

Erickson, Bonnie. 1996. "Culture, Class, and Connections." in *American Journal of Sociology*, 102(1), pp. 217~251.

Halle, David. 1993. *Inside Culture: Art and Class in the American Home*. Chicago: University of Chicago Press.

Inglehart, Ronald. 1997. *Modernization and Postmodernization: Cultural, Economic, and Political Change in 43 Societies*. Princeton, NJ: Princeton University Press.

Lamont, Michele. 1992. *Money, Moral and Manners: The Culture of the French and the American Upper-Middle Class*. Chicago: University of Chicago Press.

Nye, Joseph. 2005. *Soft Power: The Means To Success In World Politics*. New York: Public Affairs.

_____. 2008. *The Power to Lead*. New York: Oxford University Press.

Peterson, Richard A. and Roger M. Kern. 1996. "Changing Highbrow Taste: From Snob to Omnivore." in *American Sociological Review*, 61, pp. 900~907.

Putnam, Robert. 2000. *Bowling Alone: Civic Disengagement in America*. New York: Simon and Schuster.

Schulze, Gerhard. 1997. "From Situations to Subjects: Moral Discourse in Transition."
    in Pekka Sulken, John Holmwood, Hilary Radner, and Gerhard Schulze(eds.).
    Constructing the New Consumer Society. New York: St. Martin's Press, pp.
    38~57.

Warde, Alan. 1997. *Consumption, Food and Taste.* Thousand Oaks, CA: Sage.

White, Harrison and Cynthia White. 1964. *Canvases and Careers: Institutional Change
    in the French Painting World.* Chicago: University of Chicago Press.

Zolberg, Vera L. and Joni Maya Cherbo. 1997. *Outsider Art: Contesting Boundaries
    in Contemporary Culture.* New York: Cambridge University Press.

제4장
소프트 파워와 정체성의 정치: 유럽의 사례*

홍태영(국방대학교)

1. 머리말

정체성 문제는 나를 어떻게 인식하느냐의 문제이며, 타자와의 관계를 어떻게 설정하느냐의 문제이다. 또한 그것은 자신이 속한 공동체와의 관계설정 문제이기도 하다. 물론 이러한 관계들은 하나의 정체성으로 귀결되는 것이 아니라 다중적일 수 있다. 최근 정체성 문제가 부각되는 이유는 현재 주어진 세계화, 그리고 포스트모던이라는 상황과 관련이 있다.

우선 세계화라는 상황은 근대의 정치 공동체로서 존재해왔던 국민국가라는 틀에 대한 문제 제기의 성격을 갖는다. 근대적 공동체로서 국민국가

---

* 이 글은 《국제관계연구》, 14권 1호(일민국제관계연구원, 2009)에 "세계화와 정체성의 정치"라는 제목으로 수록된 것을 이 책의 목적에 맞게 수정·보완한 것이다.

는 상징적으로 1648년 베스트팔렌 조약, 그리고 프랑스 혁명을 계기로 지구 상에 지배적인 정치 공동체로서 존재해왔다. 국민국가의 틀 내에서 국민은 주권자로서 시민의 집합체였고, 시민은 국민의 일원으로서 자신의 정체성 을 확립시켜왔다. 근대의 정치 공동체인 국민국가라는 틀 속에서 정체성은 주요하게 '국민적 정체성(national identity)'의 절대적 우위 속에서 작동했 다. 세계화는 국민국가의 권력에 대해 문제를 제기하면서 국민적 정체성에 대해서도 의문을 제기하고 있다. 즉, 영토적 경계 내에서 절대적이고 배타 적인 주권을 행사하는 주권에 대해 새로운 권력의 양태들 ─ 초국적 자본, 초국적 국제기구와 규범들 등 ─ 이 위협을 가하고 있다. 다음으로 포스트모 던 상황은 국민국가의 출발점에 해당하는 합리적이고 이성적인 개인에 대 해 문제를 제기하고 있다. 근대정치철학의 출발점인 계약의 주체였던 개인 에 대한 문제 제기는 근대적 이성에 대한 비판적 접근과 그에 대한 새로운 대안의 모색을 추구하는 것과 관련이 있다. 그리고 그것은 국민국가를 중 심으로 형성되어온 국민적 정체성에 대한 문제 제기로 이어진다.

물론 아직 국민국가라는 틀이 견고하기 때문에 국민적 정체성을 부정하 는 데에 이른 것은 아니다. 하지만 그 가능성은 넓게 열려 있다. 이처럼 국 민적 정체성에 대해 문제를 제기하는 두 가지 요소를 이해해보고자 하는 것이 이 글의 목적이다.[1] 특히 세계화 및 포스트모던이라는 상황과 관련 하여 착안해야 할 지점이 문화라는 변수이다.

---

1) 정체성에 대해서는 다양한 논의들이 존재한다. 최근 세계화 및 네트워크 사회의 도 래에 주목하면서 정체성의 새로운 현상을 주목했던 카스텔은 정당화 정체성(legitim- izing identity), 저항적 정체성(resistance identity), 기획적 정체성(project identity) 등의 개념적 구분을 통해 최근의 현상들을 분석하고 있다(Castells, 2008). 이 개념이 엄밀하게 적용되는 것은 아니지만, 정체성과 관련한 다양한 현상들에 대해 일정한 분석적 도구가 될 수 있을 것이다.

정체성이 쟁점이 되는 이유는 시공간의 차이에 따라 그리고 그에 따른 권력의 변화에 따라 정체성의 위상이 변화되기 때문이다. 시공간과 권력의 변화라는 측면에서 쟁점이 되는 부분은 국민국가라는 시공간에서 세계화라는 새로운 시공간으로의 변화이며, 정체성의 근거가 될 수 있는 문화로서 소프트 파워이다.[2] 정체성을 둘러싼 가장 주요한 변화는 근대의 정치적 공간으로서 국민국가라는 시공간에서 세계화에 따른 새로운 시공간들의 등장이다. 이러한 변화들 속에서 주요한 변수로 파악되는 것이 문화이다. 다양한 권력 간의 힘겨루기 장으로서 역할을 하는 문화는 정체성들 간 경쟁에서도 그러한 공간을 제공할 것이다.

이 글에서는 우선 국민국가 권력의 형성에 따른 국민적 정체성 형성의 과정과 의미를 짚어볼 것이다. 그리고 이후 유럽의 예를 좀 더 자세히 살펴보면서 다양한 정체성 간의 경쟁과 갈등의 상황을 살펴볼 것이다. 근대의 정치 공동체로서 국민국가가 최초로 그 모습을 갖추었던 곳이 유럽이었고, 최근에는 그러한 국민국가적 틀의 공동체에 대한 새로운 대안적 공동체의 모습을 구성해 나가고 있기도 하다. 그러한 의미에서 유럽은 현재 정체성을 둘러싼 경쟁이 가장 치열하게 전개되고 있는 곳이다. 유럽의 예를 통해 정체성의 변동과 갈등의 의미를 살펴보고, 현시점에서 정체성의 정치학이 민주주의에 줄 수 있는 새로운 계기들에 대해 사고해볼 것이다. 그것은 국민국가라는 공동체의 틀 속에서 형성되고 발전하여온 근대 민주

---

2) 소프트 파워 개념은 이 책 논의의 출발점이라는 점에서 이 글에서도 역시 언급할 필요성은 있다. 다만 정체성 개념을 논의하면서 소프트 파워 개념이 하드 파워에 대비되는 의미에서, 그리고 억압적 권력에 대비되는 의미에서 '문화'를 지칭하면서 느슨하게 사용된다는 조건에서 유의미성을 가질 수 있다. 참고로, 나이(J. Nye) 역시 소프트 파워 개념을 엄밀하게 사용하고 있지 않다.

주의가 세계화와 포스트모던이라는 상황 속에서 어떠한 전환을 통해 스스로 변화하고 발전할 수 있는가를 찾는 작업이기도 하다.

2. 국민국가와 국민적 정체성

근대정치철학은 정치의 출발점을 신이 아닌 개인의 의지에서 출발하여 공동체를 구성하는 것이었고, 그것을 통해 근대 국민국가로의 길을 시작했다. 하지만 근대정치철학은 그와 동시에 신이 제공했던 공동체의 유대를 새롭게 찾아야 하는 과제를 떠안았다. 즉, 낱낱의 개인들을 어떻게 공동체와 결합시키고, 또한 개개인들을 어떻게 결합시킬 것인가의 문제이다.

대표적인 계약론자인 홉스는 근대 국가권력의 기원을 개인에게 두면서 개인과 국가권력의 관계를 대표(representation)라는 개념을 통해 이해하고자 했다. 그는 『리바이어던』에서 다중(multitude)을 형성하는 모든 사람의 동의를 통해 하나의 인격에 다중이 대표되는 관계를 설정했다. '주권'은 '하나의 인공적인 혼'이고, '공화국'은 '인공적인 인간'으로 설명된다(Hobbes, 1968: 81). 홉스는 근대의 정치적 주체로서 국가의 위상을 명확히 했던 것이다. 홉스는 나아가 국가와 인민 전체의 동일시 그리고 법률의 배타적인 근원으로서 입법자, 즉 국가권력의 위상을 정립하면서 근대 국가권력의 기본적인 경향성을 부여했다. 국가권력과 근대의 정치적 주체로서 개인, 그리고 개인들의 집합체로서 인민의 관계가 대표라는 방식을 통해 동일시되는 것이다. 홉스는 '하나의 인격(one Person)'을 형성하는 것은 '대표자의 통일성'이지 '대표되는 자의 통일성이 아니라'고 명시하고 있지만, 결국 대표의 과정이 진행되기 위해서 전제되어야 할 것은 대표되는 자들의 단일성이었다(Hobbes, 1968: 220).

기독교의 계시가 공동체의 기본적인 원리로 작동하던 중세 시기 사회적 통합과 공동체에 대한 헌신 문제 역시 종교적 원리에 의해 해결될 수 있었다. 하지만 기독교에서 벗어나 합리적 이성을 갖춘 개인에서 출발하여 공동체 건설을 추론했던 근대정치는 사회적 통일을 위한 새로운 요소가 필요했다. 그러한 의미에서 근대정치의 철학적 성찰과 현실적 형성의 과정은 일종의 "세속화된 신학", 즉 정치신학의 문제 설정이라고도 할 수 있다 (Schmitt, 1988: 42). 루소가 『사회계약론』의 마지막 장에서 말한 '시민종교'는 공동체 구성원으로서 "선량한 시민이 되고 충실한 신민이 되기 위해" 필수적인 것이었다. 시민적 덕성과 합리적 이성을 갖춘 시민의 형성과 그들의 추상적 집합체로서 국민의 형성이라는 과제는 시민에게 제도적인 권리를 부여하는 동시에, 문화적이고 정신적인 통일체로서 국민을 형성시키는 과정을 수반했다. 후자의 과정은 "국가 내의 문화적 변이를 극소화시키고, 국가 간의 문화적 변이를 극대화"시키는 국민문화의 형성을 통해 이루어진다(Tilly, 1975: 19). 그것은 민족주의에 기반을 둔 '상상의 공동체'를 형성해 나가는 과정이었고, 실제 인간 공동체와 그 네트워크의 부재 또는 분열에 따르는 감정의 공백을 메우는 과정이었다(Anderson, 1983). 국민국가틀 속에서 개인들은 국가권력이 인정한 시민으로서 국민을 형성하며, 그 국민은 정치적 실체일 뿐만 아니라 의미 - 문화적 표상체계 - 를 공유한다. 따라서 국민은 상징적 공동체이며, 이 점이 바로 정체감과 충성심을 만들어내는 국민의 권력을 설명해준다. 그리고 근대정치의 기본적인 원리가 되는 정치적 대표성은 이러한 과정을 통해 형성된 동일성의 논리에 바탕을 두고 있다. 근대의 대의제는 동일성의 논리를 통해 모든 다양한 차이들을 하나의 거대한 중심 개념으로 통일시키는 것을 목표로 했고, 그러한 대의제에 기반을 둔 민주주의를 만들어냈다. 따라서 민주주의는 동일성이 있어야 하며, 필요하다면 '이질적인 것의 배제 또는 섬멸'도 요구되었다 (Schmitt, 1988: 94).

근대 국민국가(nation-state) 형성의 과정은 크게 국가 건설(state-building) 과 국민 건설(nation-building)이라는 두 가지 과정을 통해 이뤄졌다.[3] 전자 의 과정이 주로 국가 장치 — 관료제와 군사적 독점 및 민주주의적 제도 등 — 의 형성을 의미한다면, 후자의 과정은 국민 주권이라는 원칙에 어울리는 '국민(nation)' 만들기 작업이었다. '국민 만들기'는 다시 시민권(citizenship) 을 통한 권리의 담지자로서 국민을 만드는 작업과 함께 근대적 개인이 스스로 국민의 구성원으로 인식하게 하는 작업, 즉 정체성을 부여하는 작업을 통해 진행된다.

정체성 형성 작업에서 국가는 주요한 행위자이다. 국가권력에 의한 주체로의 호명 작업이 국민의 정체성(identity) 형성작업이며, 동일화(identification) 과정이다. 국민국가 구성원의 정체성 형성에서 국가는 흔히 '문화국가'라는 이름으로 자신의 소임을 수행했다.[4] 전통사회로부터 근대사회로 이행해가는 과정에서 학교, 공장, 감옥 등의 장치들은 노동과 규율, 감시와 처벌 등을 통해 근대적 인간을 만들어낸다. 그러한 장치들을 통해 근

---

3) 이러한 시각으로 본 근대 국민국가 형성과 관련한 역사사회학계의 연구는 풍부하게 존재한다. Elias(1996), Giddens(1993), Tilly(1975, 1994), 홍태영(2008) 등 참조. 특히 정체성 형성과 관련한 탁월한 연구로는 Colley(1994), Bell(2001) 등이 있다.
4) 프랑스 문화부장관을 역임했던 앙드레 말로, 미테랑 정부 문화부장관 자크 랑 등은 적극적으로 문화국가를 표방했다. 이미 19세기에도 1830년대 기조(Guizot) 정부, 제3공화국의 쥘 페리(J. Ferry) 정부 등이 교육자적 정부 혹은 문화국가라는 의미를 사용하고 지향했다. 정부에 의한 문화국가의 표방은 국가에 의한 국민의 형성이라는 적극적 역할을 강조하는 것이며, 국민적 통합에 대한 강조로서 작용했다. 해방 직후 김구에 의한 '문화국가' 표방 역시 그러한 맥락에서 이해할 수 있다.

대사회의 규율을 내면화하면서 실천하는 합리적이고 이성적인 인간이 만들어진다. 근대인들을 둘러싸고 있으면서 삶을 규정하는, 사회적 규율과 추구된 가치들은 근대인의 삶을 지배하는 시간과 삶이 발생하는 공간을 재구성한다. 기본적으로 우리를 둘러싼 시간과 공간은 사회적이다. 시간은 "집단행동의 리듬을 표시해주는 동시에 규칙성을 보증해주는 기능"을 한다는 점에서, 공간은 "같은 문화를 가진 사람들이 같은 방식으로 공간을 표현"하고 있다는 점에서 사회적인 기원을 갖는다(Durkheim, 1992: 34~35). 이제 근대의 시간과 공간의 개념이 근대인들의 몸을 통해 내면화된다.

국가는 국민교육이라는 이름으로 학교기관을 통해 국민을 만들어낸다. 교육은 시공간을 새롭게 구성함으로써 현재의 시공간에 존재하는 국민을 시계열적으로 또한 공간적으로 동일화시킨다. 영토적 경계를 설정하고 그 물리적 공간 내에서 이루어져온 것들을 한 나라의 역사로 만드는 작업, 곧 국사(national history)를 만들고 교육하는 작업이 그 중 하나이다. 언어적 통일성은 국민 만들기 작업의 기본에 속한다. 물론 한 국민이 다른 언어를 사용하는 예도 있다. 하지만 근대 국가권력이 확립될 시점에서는 일국민이 하나의 언어를 사용하는 것이 이상적이다. 국가권력이 절대적 주권을 행사하는 영토적 경계 내에서 역사적·의식적 규정을 통해 정체성을 만드는 기본 작업에 착수한 뒤, 국민은 일상 속에서 끊임없이 호명된다. 일상의 대중매체 속에서, 경제적 생활 단위로서, 또한 정치적 주체로서 다양한 형태와 통로를 통해 다양한 방식으로 주체들이 구성된다. 하지만 그것은 국민이라는 이름으로 통일된 주체이다.

프랑스 혁명 이후 19세기 유럽은 서서히 국민국가의 틀을 마련하기 위한 작업들을 진행해나간다. 이 과정에서 근대적 개인에 기초한 사회적 관계의 형성, 즉 국민 혹은 민족, 계급, 성, 인종 등의 다양한 사회적 관계들과 그것들을 둘러싼 근대적 시공간, 상징 등 문화적 요소들이 중첩된다. 문화적 요소들은 근대적 개인들을 근대라는 시공간 속에서 주체로 구성해 낸다. 그 작업은 주요하게 '문명화(civilisation)'라는 이름으로 진행되었다. 엘리아스는 중세 시대 궁정예절이었던 '쿠르투아지(courtoisie)'가 귀족들의 예의범절이라고 할 수 있는 '시빌리테(civilité)'로 확대되었고, 그것이 일반 민중의 예절로까지 확대되는 과정을 '시빌리자시옹(civilisation)'이라 부르면서 그 과정을 설명했다(Elias, 1996). 19세기 노동자 계급은 '위험한 계급'으로 규정되었고, 문명화의 대상이었다. 19세기 말 서구 유럽의 제국주의적 침략 과정은 제3세계에 대한 '야만'의 규정이자 그들에 대한 '문명화'의 진행이었다. 조선은 그들에게 '야만'의 세계였고, 그들은 '문명화'의 전도사로서 그들의 침략을 정당화했다.[5] 서구 중심에 있었던 삶의 방식은 '예의범절'이라는 이름으로, 그리고 문명이라는 이름으로 지구 곳곳에 보편적인 규범으로 자리 잡고 있다. '문명화'라는 개념은 '인간 몸의 역사적 발전 과정'을 설명하고 있다. 그것은 근대인들이 예의범절이라는 사회적 규율을 체현(體現)하는 과정이며, 규율을 내면화하는 과정이다.

문화라는 요소는 국민적 정체성 형성에도 국민문화라는 이름으로 결정적인 작용을 하며, 세계화의 동학 속에서 주요한 변수로 작동한다. 그리고 포스트모던의 문제 제기 속에서도 문화는 심미적 주체 혹은 미학적 주체의 추구라는 형태를 통해 주목받는다.

무엇보다도 근대 이후 문화가 심미적 탁월함에 한정되거나 정치나 경제의 파생물로 이해되는 것에서 확대되어 '삶의 특별한 방식', 나아가 '지

---

5) 개항과 더불어 들어온 서구 문물과 서구적 가치관들은 급속도로 조선인의 삶 속에 침투했다. 무엇보다도 서구의 '문명/야만'이라는 이분법적 담론의 구조는 오히려 우리 지식인들의 말과 글을 통해 더욱 확산되었다. 김진송(1999), 박노자(2005) 참조.

배적인 정치적 위치를 표출하는 정치적 성향'과 관련하여 이해되었다 (Storey, 2000: 23~26). 기어츠의 말대로 "모든 국가의 정치적 과정은 국가를 통제하기 위해 고안된 공적 제도들보다 더 폭넓고 더 깊은 …… 뒤르켐이 '집합의식'이라고 부르는 비공식적 영역에서 일어"나고 있는 것이다 (Geertz, 1998: 371).

기어츠가 언급한 뒤르켐의 집단적 표상이란 "모든 문화적 믿음, 도덕적 가치, 특정 집단이 공유하는 상징과 관념"을 의미한다(Durkheim, 1992). 표상은 문화적 집단이 살아가는 상징적인 의미 세계를 창조하는 것으로 뒤르켐에게 이 개념은 도덕적이고 종교적인 믿음뿐만 아니라 문화 속에서 시공간이 지각되는 특별한 방식과 같은 근본적 개념을 포함하는 것이다. 집단의식은 그 '자체의 법칙에 복종하는 감정, 관념, 이미지의 총체적인 세계'를 만들어내면서 집단의 구성원들에 의해 생산되고 공유된다. 우리는 사회화 과정에 따라 자신이 속한 문화적 집단의 언어, 가치, 믿음과 상징을 배우고, '나는 누구인가' 같이 인간 정체성을 이루는 기본적인 토대조차도 특정한 인종적, 민족적, 구성원이 됨으로써 획득한다.

근대 국민국가가 문화국가를 표방하면서 동일화를 통해 정체성을 형성하는 행위는 앞서 말했듯이 근대 대의제 민주주의의 전제이다. 동일화를 통한 국민의 단일성에 근거하여 대의제가 작동한다. 하지만 거기에 근대 대의제 민주주의의 내재적 한계가 존재한다. 국민적 정체성의 틀 혹은 근대적 정체성의 정치가 갖는 억압과 배제의 동학이 작동하고 있기 때문이다. 국민국가의 주권자로서, 국민을 구성하는 권리의 주체로서 시민은 '인간'이 존재하는 방식이었지만, 그로부터 배제되는 많은 비(非)시민의 문제는 지속적으로 제기되었다. 그것은 국민국가라는 정치 공동체가 존재하기 위해 지속적으로 자기 확장을 해왔기 때문이다. 끊임없이 경계를 확정지으면서, 동시에 비시민을 만들었던 것이다. 국민국가가 형성되어가는 19세기 무렵에 노동자들과 여성들은 인권이 갖는 보편주의적 원칙에 근거하여 자신들의 권리를 요구했다. 그리고 그에 근거하여 노동자들과 여성들은 국민국가라는 정치 공동체에 편입될 수 있었다. 하지만 보편화의 과정, 즉 보편성에의 편입 과정은 일종의 '정상화' 과정이다. 여성들과 노동자들은 보편주의적 해방을 얻으려고 '보편적인 것에의 동일화', 즉 정상성에의 복종이라는 대가를 치러야 했다.

3. 세계화와 정체성들의 경쟁: 유럽의 사례

냉전의 해체 그리고 이미 그 이전부터 세계화가 시작되었고, 근대에 대한 근본적인 문제 제기 속에서 탈근대라는 담론 역시 광범위하게 확산되었다. 근대의 중심적 권력체였던 국민국가의 위상이 흔들리면서 정체성 역시 새로운 논의의 대상이 된다. 권력의 새로운 모습, 그것은 권력의 새로운 작동 방식에 대한 이해일 수도 있고, 권력 본질 자체의 변화일 수도 있다. 그러한 변화가 발생한 근저에는 분명히 세계화가 주요하게 작동했고, 탈근대라는 규정 역시 권력의 새로운 모습을 드러나게 했다. 카스텔의 지적처럼 시·공간에 대한 국가의 통제는 점점 자본, 재화, 서비스, 기술, 통신, 정보의 흐름에 의해 압도되고 있으며, 국가가 전통을 전유하고 국민적 정체성을 구성함으로써 역사적 시간을 장악하려 했던 것은 자율적 주체로 정의되는 다원화된 정체성에 의해 도전을 받고 있다(Castells, 2008: 391).

세계화를 통해 진행되는 세계의 단일화 혹은 네트워크를 통한 경계 허물기 과정은 기존 국민국가 권력을 무력화시키고 있음이 분명하다. 세계 경제의 주요한 행위자인 초국적 기업은 국제적 네트워크를 형성하고 그들에 의해 형성된 네트워크는 국경, 국가적 정체성, 국가적 이해 등을 초월한다(Castells, 2003: 267). 국민국가 시대에 국민적 정체성이 지배적 정체성으로 개인을 구성하고 시민으로서 그리고 국민으로서의 동일성을 부여했다면, 이제는 다양한 층위의 정체성이 새롭게 경쟁적으로 형성된다. 국민적 정체성 형성에서와 마찬가지로 '문화'는 정체성의 형성과 전환에서 항상 중요한 계기이자 변수로 작용한다. 네트워크 사회의 출현은 국민국가 시기 지배적 정체성의 단일성, 폐쇄성 등에 반해 개방성, 유동성, 비결정성 등을 특징으로 하는 정체성 형성 공간을 제공한다. 국가에 의한 동일화 과정을 통한 정체성 형성에 반해 새로운 정체성 형성을 통한 권력의 구성을 추구한다는 의미에서 '구성권력'(Negri and Hardt, 2001) 혹은 '정체성 권력'(Castells, 2008) 개념이 가능하다.

1) 유럽의 정체성

정체성 권력들은 다양한 방식으로 존재한다. 그 범위의 측면에서 본다면 국민국가의 경계를 넘어 그것들을 포괄하는 형태, 예를 들어 유럽의 정체성 혹은 이슬람적 정체성 등이 존재할 수 있다. 하지만 반대로 국민국가 내부에 더 작은 범주의 정체성 역시 형성 가능하고 또한 발생하고 있다. 물론 이러한 정체성의 다양한 형태들은 기존에도 존재했던 것이 사실이다. 문제는 기존의 그것들이 국민국가 정체성의 하위 범주로서 존재했다면, 이제는 국민국가를 넘어 더 규정적인 정체성으로 형성되고 있다는 점이다. 또한 그 기능에서도 다양한 양태를 띤다.

유럽의 초국적 자본이 주도하는 유럽연합이라는 새로운 공동체는 유럽 (인)의 정체성을 요구하고 형성하려 한다. 사실 아직 형성 중인 유럽이라는 공동체를 두고서 정체성을 둘러싼 싸움이 진행 중이다. 정치적 통합을 진행하는 요즘, 걸림돌에 자주 부딪히는 것은 경제적 이해관계의 상충이라는 측면에서도 많은 부분 설명되지만, 동시에 유럽의 정체성과 유럽에의 소속이 갖는 의미에 대한 불명확성 등에서도 기인한다. 유럽 통합을 주도했던 초국적 자본은 유럽에 네트워크 권력의 전형을 보이는 신자유주의적 유럽이라는 정체성을 부여하려 하지만, 이에 대항하여 사회주의적 유럽의 정체성이 제시된다. 또한 다문화적 유럽에 대항하여 기독교적 유럽 역시 제시된다. 또한 '유럽'의 정체성에 대항하여 과거 국민적 정체성을 강조하면서 그 배타적 정체성을 더욱 강화시키려는 경향 역시 존재한다. 극우 인종주의적 정당들이나 사회 세력들의 성장이 그것을 말해준다. 그들은 인종과 문화를 혼합하려는 세계화의 기획 혹은 유럽의 기획을 비난한다. 국민국가의 정체성은 더욱더 민족적 정체성의 의미를 강화하는 방향으로 이루어지고, 유럽의 정체성 역시 이슬람의 침투에 대항하여 기독교적 정체성이 강조된다.

하지만 규범적 차원에서 유럽은 '민주주의적 유럽' 혹은 '사회적 유럽'이라는 정체성을 갖기를 희망한다. 카스텔은 "복지국가, 사회 연대, 고용 안정, 노동자 권리의 방어가 있고, 보편적인 인권과 제4세계의 참상에 대한 우려가 있으며, 민주주의 재확인과 민주주의의 지방 및 지역 수준에서의 참여 확대, 그리고 때에 따라 언어로 표현되고 현실적 가상성의 문화에 굴하지 않는 역사, 영토에 뿌리를 둔 문화의 생명력"에 유럽적인 가치를 부여하고 있다(Castells, 2008). 하버마스 역시 유럽의 '민주주의적 정체성'을 이야기한다. 그것은 초국적 자본에 의해 주도되는 신자유주의적 유럽, 그리고 미국의 신자유주의적 세계화에 대항하는 의미에서 사회적이고 민주주의적인 유럽을 대비시키는 의미이다(Habermas, 2000; Ferry, 1998). 현재 유럽의 지식인들은 민주주의와 인간의 권리라는 가치에 기반을 둔 '도덕적 내지는 정신적 정체성(une identité morale)'이 유일하게 가능하고 또한 바람직한 정체성이라고 주장한다(Camps, 1992; Beck, 1997). 그것이 과거 국민국가의 형성 과정에서 국민문화 및 그에 의한 국민적 정체성의 형성에서 나타났던 것과는 다른 방식, 즉 배제가 없는, 그리고 공통의 적이 없는 정체성의 형성이어야 한다고 강조한다(Delanty, 1998). 따라서 민주주의적 정체성만이 유일하게 보편적으로 유럽인들에게 수용될 수 있는 "보편적이고 열린 정체성"이다. 이러한 유럽의 정체성에 대한 적극적인 모색은 미국적인 신자유주의와 그로 말미암은 세계화 그리고 미국의 제국적 권력의 행동 양태에 대한 대항적 정체성의 구성이라고 볼 수 있다.[6]

유럽 통합의 진행과 결부하여 적극적으로 모색되는 유럽의 정체성 형성 과정이 반드시 순탄한 것만은 아니다. 유럽 통합의 범위가 확대되고 그것의 질적인 규정력이 커지면서 유럽에 대한 경쟁적 개념들이 등장하고, 내부적으로 균열을 일으키는 정체성들이 등장하고 있다. 현재 경쟁적으로 출현하는 다양한 정체성의 구성 과정은 유럽의 진행 방향과 관련하여 의미 있는 역할들을 수행하고자 하는 것들이다. 현재 쟁점 중의 하나는 유럽

---

6) 2004년 뮌헨에서 있었던 안보정책에 대한 회의에서 미 국방장관 럼스펠드는 "늙은 유럽(Old Europe)"이라는 표현을 사용하면서 이라크 전쟁에서 유럽이 취하는 태도에 대해 불만을 표시했다. '늙은 유럽'은 미국이 취하는 방식, 즉 군사적 수단이 아닌 다양한 다른 방법을 모색하고자 했고, 그것은 또한 일방주의적 해결이 아니어야 함을 강조했다(Adamski et al, 2006: 9). 미국의 외교정책에 대해 딴죽을 거는 독일이나 프랑스의 태도 역시 미국의 하드 파워에 대항하는 유럽의 소프트 파워를 내세우는 것이며, 한편으로 유럽의 정체성을 구성하는 작업이다.

과 유럽인의 정체성 문제이며, 그것은 곧 어떤 유럽, 어떤 유럽인을 그리며 구성할 것인가의 문제이다. 유럽과 유럽인의 정체성을 둘러싼 논의 속에서 다양한 사회·정치세력들은 자신들의 담론을 형성, 표출하고 있다. 하지만 그와 동시에 유럽 통합의 흐름에 대항하는 대항적 정체성 형성의 흐름 역시 존재한다.

2) 문화적 인종주의

1980년대 이후 경제적 어려움과 유럽 통합의 가속화라는 조건 속에서 새로운 포섭과 배제의 논리로서 '문화적 인종주의'가 힘을 갖고 등장했다. 유럽 통합이 가속되면서 등장한 일련의 사건들 — 런던과 마드리드에서의 폭탄 테러, 프랑스의 이민자 소요사태, 그리고 유럽 각국에서 극우 정당들의 득세 등 — 은 '문화적 인종주의'가 심각한 사회적 문제임을 보여주고 있다.[7]

1980년대 이후 신자유주의적 세계화 그리고 유럽 통합의 가속이라는 상황에서 유럽의 외벽은 더욱 강화되는 경향을 띠고 있으며, 내부적 경계 역시 마찬가지다. 유럽과 아랍의 문화적 인종주의의 강화는 서로 상승작용을 하고 있다. 아랍 지역에서도 '범아랍 민족주의'보다는 '이슬람 정치운동 — 알카에다, 헤즈볼라, 하마스, 이집트의 무슬림 형제단 등 — 이 득세하고 있

---

7) 물론 이런 일련의 사건들이 오직 유럽 통합의 가속과 단독적이고 직접적인 인과 관계를 성립한다고 볼 수는 없다. 9·11 테러와도 직·간접적인 인과관계가 성립한다고 볼 수도 있다. 하지만 9·11 테러 발생 직후 유럽, 특히 프랑스는 이슬람 세력들과 사회적 통합을 성공적으로 이루어낸 예로 제시되기까지 했던 것을 비추어본다면, 불과 몇 년 뒤에 일어난 엄청난 소요사태는 프랑스의 공화주의적 통합 모델의 한계를 보여주는 것이었다.

다. 일종의 '적대적 공범관계'가 형성되는 듯하다. 일련의 사태 속에서 드러난 극우 세력들의 강조점 변화를 주목할 필요가 있다. 기존에 있던 일국적 형태의 극우 민족주의는 유럽 통합에 반대했지만, 그 진행을 거스를 수 없다는 점을 인식하면서 기존의 혈연적 민족에 대한 강조와 더불어 (유럽 또는 서구) 문화를 강조하고 있다. 프랑스에서도 1980년대 이후 등장한 '새로운 우파(Nouvelle Droite)'의 강조점은 인종적인 것보다는 문화적인 것에 주어진다(Taguieff, 1994). 일국적 차원에서 진행되었던 민족주의적 동원의 방식은 유럽적 차원에서 유럽 시민의 동원을 위한 새로운 메커니즘으로 대체될 필요성을 요구받고 있다.[8] 그 과정에서 유럽적 역사의 새로운 구성과 유럽적 차원의 정체성을 형성하고자 하는 다양한 시도가 진행되고 있다. 민족문화를 넘어선 유럽 문화의 확정이라는 과제가 제기되고 구체화되고 있다.[9] 유럽 문화의 확정이라는 문제는 두 가지 세력에 대한 대항의 의미가 있다. 유럽의 극우 정당들은 이민과 다문화주의가 "민족을 파괴

---

8) 유럽에 존재하는 극우 정당들을 보면, 프랑스의 국민 전선(Front National), 영국의 브리티시 민족당(British National Party), 덴마크의 인민당, 독일의 독일민중 연합, 포르투갈의 인민당, 노르웨이의 진보당, 이탈리아의 북부 동맹, 스위스의 스위스 인민당, 벨기에의 블램스 블록(Vlams Blok) 등이 있다. 이들은 지난 유럽의회 선거에서 626석 중 24석을 차지했다(Dominelli, 2005).

9) 1957년 유럽 공동체를 탄생시킨 로마 조약이 문화에 대한 언급이 없었던 것과 달리 1992년 마스트리흐트 조약[Treaty on European Union]은 "공동체는 공통의 문화적 유산을 강조함과 동시에 회원국들의 민족적·지역적 다양성을 존중하여 각국의 문화가 꽃필 수 있도록 노력한다"고 명시하고 있다(마스트리흐트 조약: 121조; 암스테르담 조약, 1997: 151조). 이에 따라 유럽연합은 1990년대 이래 다양한 문화적 프로그램을 마련하면서 유럽의 문화적 정체성 형성을 위한 작업을 진행하고 있다. 그 대표적인 예 중의 하나가 '문화 2000 프로그램'이다. 그에 대한 소개는 http://europa.eu.int/comm/culture/eac/culture2000/historique/historic_fr.html 참조.

하려고 고안된 더 큰 세계화 과정의 일부로서, 민족들의 잔해 위에 영어권이 지배하는 전체주의적 지구촌을 건설하려는 것"이라고 본다(베츠, 2004: 124). 이 과정은 새로운 전 지구적 제국을 건설하려는 미국인들과 이슬람 교도들에 의해 전파된다. 우선 이슬람은 극우파들에 의해 서구문명과 서구적 가치의 개념을 구성하게끔 대비시키는 '타자' 역할을 한다. 이런 타자의 존재는 새로운 포섭과 배제의 기제를 만들어내는 직접적인 동인이며, 그중 가장 중요한 대립 항으로서 설정되는 것이 비유럽 문화로서 '이슬람 문화'이다.[10)

9·11 테러 이후 지구적 차원에서 형성된 광범위한 반이슬람 분위기가 유럽 안에서도 작동하는 것이다. 영국의 파키스탄인, 독일의 터키인, 그리고 프랑스의 알제리인 등이 유럽 문화의 포섭/배제 과정에서 우선적인 배제 대상으로 지목되는 것이 현실이다. 물론 현재는 일국적 차원에서 극우 세력들에 의해 선언적으로 '문화적' 인종주의 담론이 재생산되기 시작하지만, 민족주의 담론의 변화 과정에서 나타나듯이 그것의 확대·재생산은 먼 미래의 일이 아닐 것이다.

3) 이슬람적 정체성

이러한 문화적 인종주의와 관련하여 그에 대립하는 현상으로 유럽 내에

---

10) 유럽적 차원에서 이민자들의 이익을 대표하는 NGO 단체도 존재한다. 대표적인 NGO로는 영국과 네덜란드의 250여 개 NGO를 연결하는 Starting Line Group과, EU의 지원을 받는 단체로서 독일과 프랑스에 거주하는 터키·모로코 이민자들의 집단인 Migrant's Forum이 있다. 이들은 이민자 권리 옹호를 위해 유럽연합 차원의 대응에 주력하고 있다(Geddes and Guiraudon, 2004; S. Waters, 2004).

존재하는 '이슬람적 정체성'의 형성을 관찰할 수 있다. '이슬람적 정체성'이 주요한 쟁점이 되는 것은 현재의 사회적 상황과 관련 있다. 우선 사실 여부를 떠나 프랑스 혹은 넓게 유럽 사회에 자리 잡은 이슬람교도들에 대한 잘못된 사회적 표상을 발견할 수 있다. 이슬람교도와 이민자들을 동일시하는 경향에 따라 이슬람교도들이 사회적 배제의 대상으로 과도하게 대표되는 것이다. 이는 일상적인 인종주의와 이슬람 혐오증이 동일시되는 경향과 맞물린다(Roy, 2007: 10~11). 이외에도 흔히 이야기되듯이 이슬람교도들과 테러리즘 집단의 동일시, 그 반작용으로 야기되는 서구문명과 이슬람 문명의 적대적 경향에 대한 강조 등이 유추된다. 앞에서 언급한 문화적 인종주의 경향 역시 이러한 이슬람에 대한 사회적 표상의 오류를 만들어내는 데 일조하고 있다.

이러한 상황 속에서 유럽 내에 존재하는 이슬람 혹은 아랍인들의 정체성 문제가 새롭게 제기된다. 이슬람 이민자들에 의해 만들어지는 이슬람의 정체성은 일종의 저항적 정체성 성격을 갖는다. 이민 2~3세대들은 국민권(nationalité)과 정체성(identité) 괴리현상에 따른 정체성 갈등을 분명하게 겪고 있다. 이민 2~3세대들의 경우 유럽 지역에서 해당국의 국민교육을 받으면서 유럽 국가의 시민으로 성장해왔지만, 진정한 의미에서 유럽에 존재하는 국민으로서 자신의 정체성을 갖지 못하고 있다.

예를 들어 프랑스에서 국적을 선택할 나이인 16세에 프랑스 국적을 선택하면서 행하는 '국민의지선언(manifestation de volonté)' 등이 사실상 아무런 효과를 발휘하지 못하는 것이다(Ribert, 2006: 238). 물론 그렇다고 그들이 부모의 국적을 통한 정체성을 확고하게 갖는 것도 아니다.

한편, 프랑스에서는 1990년대 이후 이슬람 여학생들이 학교에서 히잡을 착용하는 것이 몇 차례 사회적 쟁점이 된 적이 있다. 공화주의적 상징성을 갖는 학교에서 종교적 표현에 해당하는 '히잡'을 착용하는 것에 대해 프랑스 공화주의자들은 좌우를 막론하고 거부감을 드러냈다. 이슬람 여학생이 히잡을 착용하는 경우가 단순히 자신들의 공동체 문화를 표현하는 것에 머물지 않고, 나아가 프랑스라는 서구문화에 대한 거부를 표시한다고 여겨졌다. 또한 1980년대 후반 이후 프랑스의 이슬람 조직들이 일반적인 인권단체들의 반(反)인종주의적 정책에 동조하는 단계에서 이슬람의 재조직화와 부흥을 목표로 하는 정치적인 동원의 성격을 띠기 시작했다는 점도 프랑스인들의 이슬람에 대한 경계를 강화하는 데 한몫했다고 할 수 있다 (김남국, 2004). 서구문화와 전통에서 비롯된 유럽적 정체성에 대항하여 이슬람적 문화 정체성을 통해 자신의 생존을 모색하려 하는 것이 이슬람 이방인들의 생존방식이다.

4) 동유럽의 민족주의

유럽연합이 양적으로 팽창하면서 떠안은 문제 중 하나가 동유럽 민족주의 문제이다. 사실 1999년 코소보 사태 당시 나토(NATO)군의 공습이 보여주듯이 유럽 자체는 정치군사적 역량에 한계가 있다. 유럽연합이 그러한 한계를 무릅쓰고 동진하는 이유에는 경제적 이해관계가 크게 작용했다. 유럽 통합이 질적 심화의 방향보다는 양적 팽창의 방향으로 선회하는 듯하면서 유럽의 지리적 경계가 동유럽으로 확대되고 있는 것이다. 마스트리흐트 조약을 체결할 당시만 하더라도 서유럽 중심의 15개국에 한정되었던 유럽연합은, 동구사회주의의 몰락과 함께 급속하게 동유럽 — 불가리아, 에스토니아, 헝가리, 루마니아, 체코, 슬로바키아, 슬로베니아 — 을 흡수하면서 현재 27개국에 이르고 있다. 게다가 크로아티아, 마케도니아, 몬테네그로 등은 유럽연합에 가입을 희망하면서 작업을 진행 중이다. 하지만 다른 한편으로 동유럽 국가들에서 예전에 없던 강한 민족주의 경향이 드러나고 있다.

지난 2008년 2월 코소보가 세르비아로부터 독립선언을 하면서 발칸 지역의 분쟁 가능성이 다시 커졌다. 이미 동유럽은 냉전 종결 이후 민족주의 부활을 통해 분쟁 다발지역으로 존재하고 있다. 세계화가 급속하게 진행되면서 국경의 존재가 흐릿해지는 경향이 있는 반면에 강한 민족주의적 경향 역시 등장하고 있는데, 그 대표적인 지역이 동유럽인 것이다. 이 지역의 민족주의는 대개 종족적 혹은 종교적 정체성에서 근거한다.

유럽은 지난 냉전 기간 동안 양분되어 있었다. 동유럽은 소련의 영향하에 사회주의를 택했고, 서유럽은 자본주의적 발전의 길을 택했다. 이러한 체제의 차별성 이외에도 최근 사태와 맞물려 구별되는 특징은 국민국가의 발전 경로 차이이다. 서유럽은 19세기 말 국민국가가 일정한 완성을 이루면서 발전하기 시작했고, 전후 복지국가는 국민국가 발전의 안정적 형태였다. 1970년대 초반 오일쇼크와 브레튼우즈 체제 붕괴 이후 복지국가가 위기를 맞으면서, 1980년대에 유럽 통합의 논의가 급물살을 타기 시작했다. 그 과정에서 기존 국민국가의 기능이 유럽이라는 새로운 거대 공동체로 이전되면서 국민국가의 발전적 해체 가능성까지도 논의되고 있다. 반면에 동유럽은 국민국가의 불안정한 발전 속에서 냉전 이후에도 연방의 형태 속에서 통합되어 있다가, 1989년 이후 연방국가들의 해체에 따른 소규모 국민국가 건설 과제가 급격히 부각되고 있다.

동유럽에서는 3개의 연방 공화국이 15개 국가로 분리 독립되었다. 구소비에트 연방에서는 3개의 슬라브 국가 ― 러시아, 우크라이나, 벨로루시 ― 와 4개의 비슬라브 국가 ― 발틱 3국에 해당하는 에스토니아, 라트비아, 리투 아니아, 몰도바 ― 들이 독립했다. 또한 체코슬로바키아는 체코와 슬로바키아 공화국으로 분리되었고, 사회주의 유고슬라비아 연방은 슬로베니아, 크로아티아, 보스니아 · 헤르체고비나, 마케도니아, 세르비아, 몬테네그로의 6개국으로 분리되었다.

2차 세계대전 이후 냉전과 더불어 동유럽의 다양한 국가들은 민족주의적 동원이 아닌 사회주의에 의한 인위적인 통합으로 형성되었다. 소련과 동유럽 국가들을 지탱하던 사회주의 이데올로기가 1989년을 계기로 실효성을 상실하면서, 그 자리를 대신해 등장한 것이 민족주의라고 할 수 있다. 사실 사회주의 이데올로기의 기본적인 출발점 중 하나는 민족주의에 반하는 국제주의 원칙이다. 따라서 기존 사회주의 국가에서 민족주의는 어떠한 방식으로든 부정될 수밖에 없었다. 또한 동유럽 국가들에서는 2차 세계대전 이후 사회주의 국가로서 시민사회가 극히 미약하게 발달한 상황에서 민주주의적 사고와 양태가 채 성장하지 못했다. 이런 상황에서 사회주의의 붕괴 이후 그 자리를 민족주의가 대신한 것이다. 이는 과거 노멘클라투라 계층이 민족주의적 선동을 통해 인민들의 정서에 호소한 데서 비롯되었다. 그런데 그 민족주의 역시 서유럽의 그것과는 다른 방식으로 전개되고 있다. 서유럽 민족주의가 등장했던 초기에는 무엇보다도 국민에 의한 정치적 주권의 확립이라는 목적에 큰 의미가 두어졌고, 그것은 국제관계에서 국가의 독립된 주권 확립과도 연결되었다.

물론 최근 서유럽에서 민족주의가 극우 세력들에 의해 문화적 인종주의와 결합하는 양상을 띠면서 이민족, 타 종교를 가진 사람들에 대해 공격적인 태도를 견지하는 것도 사실이다. 동유럽의 민족주의는 서유럽의 극우 민족주의와 유사한 방식으로 전개된다. 즉 종교, 언어, 혈통, 관습 등 문화적 요소에 기초한 '구별짓기'를 시도하는 문화적 민족주의가 주요한 경향이다(정병권 외, 2005). 사회주의 유고슬라비아를 예로 들면, 종교적으로는 그리스정교, 가톨릭, 이슬람교 등이 존재하고, 언어적으로는 세르비아어, 크로아티아어, 슬로베니아어, 마케도니아어 등을 사용한다. 종족적으로도 세르비아인, 크로아티아인, 슬로베니아인, 마케도니아인, 몬테네그로인, 알바니아인 등으로 나뉜다. 이처럼 언어, 종교, 문화 관습의 구별을 통한 민족주의의 부활은 새로운 국민국가 건설을 통한 민주주의의 발전이라는 긍정적 모습보다는 끊임없이 타자에 대한 배제와 억압을 동반하는 배타적이고 패쇄적인 모습으로 비친다.

이상에서 우리는 유럽이라는 지리적 공간을 둘러싸고 정체성의 충돌과 갈등, 형성과 변화의 모습이 복잡하게 전개되고 있음을 알 수 있다. 기존 국민국가라는 시공간을 넘어 새로운 유럽이라는 시공간을 만들어내려는 움직임, 그리고 그 유럽의 정체성을 둘러싼 다양한 정치·사회 세력들의 갈등과 경쟁은 현시점의 정치 지형을 파악하는 데 가장 중요한 요소 중 하나다. 현재 유럽 통합은 1993년 마스트리흐트 조약과 이후 유로화의 출범 등으로 급격히 진행되는 듯했지만, 유럽헌법 비준을 둘러싸고 계속 난항을 겪고 있다. 신자유주의적 세계화 속에서 경제적 이해관계가 일정하게 일치하면서 경제적 통합을 중심으로 유럽이 급속히 통합되었지만, 이후 정치사회적 통합이 쉽지 않은 것이다. 이 과정에서 정체성을 둘러싼 갈등이 표출되었다.

4. 정체성의 정치학

현시점에 다양하게 등장하는 정체성을 둘러싼 갈등과 정체성의 정치 간 충돌을 어떻게 이해할 것인가? 포스트모던의 문제 제기처럼 가치의 상대주의라는 차원에서 혹은 문화적 상대주의라는 차원에서 모두를 인정해야 할 것인지, 아니면 경제적 이해관계라는 비록 단순하지만 모두가 인정할 수 있는 기준을 통해 재단할 것인지 등의 문제가 제기된다. 결국 근대의 끝 자락에 있는 우리에게 아직 민주주의는 극복되지 않은 근대인의 사고와 행동의 지평을 형성하고 있다. 따라서 '민주주의'라는 규범적 기준을 통해 정체성의 문제를 바라보는 것이 필요하다. 즉, 정체성의 문제를 사고하는 것은 공동체의 민주주의적 상(像)을 제시하는 방향에서 이루어져야 하며, 그것은 동시에 민주주의적 주체의 형성이라는 과제를 실현하면서 이루어져야 한다.

앞서 보았듯이 국민국가 시기 국가권력을 중심으로 이루어지는 국민적 정체성의 형성 과정은 이른바 '문화국가'라는 이름을 통해 이루어지는 정체성의 부여 혹은 형성 과정 - 동일화(identification)의 과정 - 이다. 국민국가 시기 국민적 정체성 형성의 주체는 국가이다. 국가는 다양한 국가 장치와 이데올로기 등을 통해 국민을 국민으로 호명한다. 즉, 주체로 확립시킨다. 하지만 정체성의 정치, 즉 정체성들의 갈등과 경쟁 속에서 제기되는 것은 이러한 국민국가적 주체에 대한 근본적인 문제 제기이다. 새로운 다중적 정체성을 통한 주체가 형성되고, 국민국가적 경계를 넘어서는 정체성을 통해 주체는 경합하기도 하고 중첩되기도 한다. 물론 이러한 과정에서 배제의 정치도 작동한다.

현재 정체성의 정치가 발생시키고 있는 것은, 과장한다면 곧 정체성의 혼재이며 위기이다. 혹자는 이러한 현상을 주체의 탈안정화라고 부른다(김은중, 2004). 하지만 세계화, 탈영토화라는 상황에서 주체의 문제, 정체성의 문제를 좀 더 적극적으로 제기할 필요가 있다. (국가)권력에 의한 정체성 형성 과정, 즉 동일화의 과정을 넘어서 적극적인 정체의 형성을 통한 주체화(subjectivation) 과정이 요구되는 것이다. 정체성 문제를 더욱 적극적으로 제시하면서 그것이 억압과 배제의 동학이 아닌 민주주의적 동학의 정치가 될 수 있게 하는 것이 요구된다. 이를 통해 세계화와 포스트모던이라는 변수가 제기한 정체성과 관련된 쟁점을 포착할 수 있다. 이 두 가지 변수가 근대 국민국가라는 틀을 통해 형성되어온 민주주의적 국민 정체성을 위협하고 있다. 유럽의 예가 보여주듯이 정체성 정치는 다양한 방식의 억압과 배제의 동학으로 작동하고 있으며, 나아가 민주주의 자체에 대한 위협으로 작동하고 있다.

억압과 배제가 작동하는 정체성의 정치가 아니라 포섭, 더 나아가 적극적으로 민주주의적 주체를 형성시킬 수 있는 정체성의 정치가 요구된다. 정체성의 정치는 결국 주체에 대한 새로운 모색과 연결된다. 즉, 포스트모던이 죽음을 선언한 근대의 거대 '주체(Subject)'를 대신하여 다양한 방식과 통로를 통해 형성되는 다양한 '주체들(subjects)'을 형성시키는 계기로서 정체성의 정치가 요구된다. 근대 국민국가라는 정치 공동체를 통해 형성된 권력과 권리의 주체로서 시민은 '인간'이 존재하는 방식이었지만, 그로부터 배제되는 많은 비(非)시민의 문제는 지속적으로 제기되었다. 그것은 국민국가라는 정치 공동체가 존재하기 위해 지속적으로 자기 확장을 해왔기 때문이다. 끊임없이 외부를 만들면서 동시에 비시민을 만들었던 것이다. 이것이 국민적 정체성에서 비롯된 배제의 정치가 작동하는 방식이었다.

민주주의적 주체 형성과 관련하여 두 가지 지점을 고찰하고자 한다. 하나는 주체 형성의 공간 문제이고, 다른 하나는 포섭을 통한 주체 형성의 방식 문제이다. 전자는 '문화적 공간의 정치학'이라고 칭할 수 있으며, 후자는 '권리의 정치학'이라 칭할 수 있다. '문화적 공간'은 단순히 심미적 차원에서 이해하는 공간이 아니라 개인의 내면성을 드러낼 수 있는 공간, 또한 새로운 세계를 생성해가는 공간으로서의 의미를 지닌다(홍태영, 2008a). 문화적 공간이 주목을 받는 것은 앞서 홉스의 논리적 전개에서 보았듯이 근대의 정치가 이성적이고 합리적인 주체를 전제로 하면서 재현 (representation)의 정치에 근거했다는 것 때문이다. 극단적 혹은 다소간의 차이는 있지만, 재현의 정치가 전제하는 것은 획일적인 대중이다. 따라서 그 전제에서 벗어나는 개인들의 경우 억압되고 배제되어 온 것은 근대정치의 메커니즘이었다. 그러한 의미에서 문화적 공간은 억압되고 배제된 개인들이 자신의 내면을 표현하는 공간으로서 작동하는 것이다. 문화적 공간을 통해 개인의 내면을 표현하는 표현의 정치는 근대의 '재현의 정치'에 대한 반정립이다. 그러한 의미에서 표현의 정치는 국민국가적 틀을 넘어설 수도 있다. 즉, 표현의 정치가 포스트모던의 문제 제기로부터 출발했듯이 국민국가적 틀을 넘어 다양한 방식으로 세계화라는 새로운 상황 속에서 정치적 공간을 형성할 수 있을 것이다.

문화적 공간을 통한 표현의 정치 추구를 통해 이어지는 것은 '권리'의 문제이다. 근대정치에서 '권리'가 전제하는 것은 당연히 자유주의적 원리이다. 앞서 언급했듯이 이성적·합리적 개인을 전제하는 권리이며, 이것은 동시에 국민국가라는 권리의 부여자로서 권력을 전제한다. 즉, 근대정치철학에서 전제하는 개인들의 자연권은 물론 1789년 프랑스 혁명 시기에 등장한 「인권선언」에서 제기한 '인간의 권리'는 그것을 보장해줄 절대적 권력을 전제한다. 그것이 근대 국민국가의 권력이다. 그러한 의미에서 '인간의 권리'는 '시민의 권리'로만 존재할 수 있다.

앞서 언급한 유럽의 정체성을 둘러싼 다양한 논의들의 이면에 존재하는 것은 결국 유럽 시민의 문제이며, 유럽 시민의 권리 문제이다. 시민권 문제가 두드러지는 것은 최근 가속되는 세계화 속에서 더욱 그러하다. 세계화가 진행되면서 자본의 이동은 물론 노동력의 이동이 급증하고 있으며, 세계 곳곳에서 인종 문제는 구체적 현실이 되고 있다. 이러한 상황을 월러스틴은 다음과 같이 표현하고 있다. "우리는 자유주의 국가의 대명사와 같은 전통의 장소에서 …… '노동자'가 형편없는 급료를 받고 정치적 · 사회적 권리에서 소외된 1848년 이전 같은 상황으로 돌아가 있을 것이다. 서양 노동자들은 또다시 '위험한 계급'이 되어 있을 것이다. 그러나 그들의 피부색은 바뀌어 있을 것이며, 계급투쟁은 인종 투쟁이 될 것이다. 21세기의 문제는 인종 차별의 문제가 될 것이다"(Wallerstein, 1995: 47).[11]

이러한 월러스틴의 지적은 지금 유럽에서는 현실로 존재하는 것이며, 한국 사회에서도 곧 현실이 되리라는 것은 충분히 짐작할 수 있다. 규범적 수준에서 권리의 문제에 대한 원칙을 이야기해야 한다면, 그것은 모든 인간의 시민 됨을 말해야 한다. 모든 인간은 그들이 어디에 존재하건, 즉 그들의 국적을 불문하고 시민의 권리를 획득할 수 있어야 함을 의미한다. 아렌트가 언급했던 "권리들에 대한 권리(droit aux droits)"에 대한 접근 가능성으로서 권리의 보편성의 실현이다(Arendt, 2006). 그러할 때 배타적 정체성에서 비롯한 권리가 아닌 '권리 없는 사람들의 권리'가 가능해진다(Rancière, 2007: 111). 그것은 자신의 '존재 양식'에 대한 공동체 내에서의 권리를 선언하는 것이다. 즉 공동체의 권력이 인정하고 승인하는 것이 아니라, 공동체에 들어오려는 개인의 존재 방식을 우선적으로 인정해야 함

---

11) 한국에서도 외국인 문제는 현실적인 사회적 문제가 되고 있다. 한국 사회에서 외국인들은 주요한 '타자'로서 구성되고 있다. 그들은 하층 노동자 혹은 불법 체류자로서, 또한 가난한 나라에서 온 최하층의 일꾼으로서, 혹은 사회 범죄의 근원으로서 우리 사회 속에서 표상되고 있다(한건수, 2004).

을 의미한다. 이 역시 자신의 존재 방식을 공동체로부터 승인받는다는 의미에서 '정체성의 정치'이다. 이것이 공동체가 배제를 행하는 경계를 무너뜨리는 것이며, 동시에 물리적인 경계를 허무는 방식이다. 그러한 의미에서 그것은 권력에 대한 권리의 선차성을 말하는 것이다.

5. 맺음말

근대 국민국가를 지탱해왔던 군사, 경제, 문화적 주권의 삼발이가 해체되고, 국가를 대신하여 세계 금융시장이 지구적 차원에서 명령을 부과하고 있다는 바우만의 지적은 과장이 아니다(Bauman, 2008). 하지만 그와 동시에 민주주의적 요구들은 지속적으로 제기되고 있으며, 그것은 금융 자본을 견제하고 있다. 근대 국민국가의 '표상(representation)'원리에 기반을 둔 정치에 반해 대중들은 자신의 정치적 공간을 만들어내고 새로운 정치의 가능성을 제기한다. 현재의 시점에서 이루어지는 지구화, '제국'의 가능성, 정보통신 혁명이 이루어낸 탈경계의 흐름들은 근대적 공간 개념을 넘어서는 것들이다. 대중이 만들어내는 정치적 공간과 그들의 정치 역시 국민국가적 틀을 넘어 진행된다. 국민국가적 경계의 해체 그리고 주권적 권력의 해체를 염두에 두면서 아감벤(Giorgio Agamben)은 새로운 공간적 질서를 제안한다. 그는 유럽의 예를 보면서 유럽이 단순히 "국민들의 유럽"으로서 동질적인 국민적 영토나 지형학적 총합이 아니라, 뫼비우스의 띠와 같이 내부와 외부가 비결정적인 지형학적 절합(articluating)이 되기를 기대한다. 새로운 공간으로서 유럽의 도시들이 상호관계 속에 있는 초영토적 관계를 통해 과거 도시의 역할을 회복하기를 기대한다(Agamben, 2000: 23~24).[12]

이러한 제안은 현재 우리 삶의 장인 국민국가라는 공동체가 영원할 수 없는 근대의 산물이라는 점을 생각한다면 그다지 비현실적인 것만은 아니다. 국민국가가 중세 봉건제의 모순을 극복하는 과정에서 등장했듯이 현재의 모순을 극복하는 새로운 공동체의 양식을 찾아보는 것 역시 의미 있는 작업이다. 물론 그것은 아직 민주주의라는 규범적 가치가 갖는 한계 설정을 스스로 극복하지 못한 우리의 지평이라는 단서조항을 가질 것이다. 하지만 동시에 근대의 민주주의가 국민국가라는 틀을 통해 실현되고 발전해왔다면, 지금의 민주주의는 근대를 넘어서는 동시에 세계화라는 상황 속에서 자신의 실현 공간과 방식을 찾아야 한다. 그러한 의미에서 '정체성의 정치'가 의미를 가질 수 있을 것이다.

■ 참고문헌

기어츠, C. 1998. 『문화의 해석』. 문옥표 옮김. 까치.
김남국. 2004. 「영국과 프랑스에서 정치와 종교: 루시디 사건과 헤드스카프 논쟁을 중심으로」. ≪국제정치논총≫, 44(4).
김은중. 2004. 「세계화, 정체성, 다문화주의」. ≪라틴아메리카 연구≫, 18집.
김진송. 1999. 『서울에 딴스홀을 許하라』. 현실문화연구.
나이, 조지프. 2004. 『소프트 파워』. 홍수원 옮김. 세종연구원.

12) 사센(S. Sassen)이 전 지구적 도시(global city)라는 개념을 통해 강조하듯이, 전 지구적 이동성은 물리적 영토성을 갖는 고정성을 수반하며, 전 지구적 네트크는 그러한 사업을 조직하고 지휘·통제하는 중심적 거점을 연결하는 방식으로 만들어진다. 그리고 전 지구적 도시는 자본의 탈국민화된 네트워크를 연결하는 매듭일 뿐만 아니라 국민국가 내부에서 전 지구화를 받아들이고 확산시키는 거점들이다(이진경, 2008: 60).

네그리 · 하트. 2001.『제국』. 윤수종 옮김. 이학사.

뒤르켕, E. 1992.『종교생활의 원초적 형태』. 노치준 옮김. 민영사.

랑시에르, 자크. 2007.『민주주의에 대한 증오』. 양창렬 옮김. 인간사랑.

루소, J. J.『사회계약론』.

바우만, Z. 2008.『지구화, 야누스의 두 얼굴』. 김동택 옮김. 한길사.

박노자. 2005.『우승 열패의 신화』. 한겨레출판.

베츠, 한스-게오르그. 2004.「서유럽에서의 외국인 혐오, 정체성 정치, 배제적 인민 주의」.『정체성 싸움. 서구의 인종주의』. 미세기.

벡, U. 1997.『지구화의 길』. 조만영 옮김. 거름.

슈미트, C. 1988.『정치신학』. 김효전 옮김. 법문사.

스토리, J. 엮음. 2000.『문화연구란 무엇인가』. 백선기 옮김. 커뮤니케이션 북스.

아감벤, 조르지오. 2008.『호모사케르』. 박진우 옮김. 새물결.

아렌트, 한나. 2006.『전체주의의 기원』, 1. 한길사.

아리기 · 실버. 2008.『체계론으로 보는 세계사』. 최홍주 옮김. 모티브북.

앤더슨, B. 1983.『민족주의의 기원과 전파』. 윤형숙 옮김. 나남.

엘리아스, N. 1996.『문명화 과정』. 박미애 옮김. 한길사.

이진경. 2008.「전지구적 자본주의와 과잉: 제국주의」.『전지구적 자본주의와 한국 사회』. 그린비.

정병권 외. 2005.『동유럽 · 발칸, 민주화와 문화갈등』. 한국외국어대학 출판부.

카스텔, M. 2003.『네트워크 사회의 도래』. 한울.

_____. 2008.『정체성권력』. 한울.

틸리, 찰스. 1994.『국민국가의 형성과 계보. 강압, 자본과 유럽국가의 발전』. 이향 순 옮김. 법문사.

하버마스, J. 2000.『이질성의 포용』. 황태연 옮김. 나남.

한건수. 2004.「타자만들기: 한국사회와 이주노동자의 재현」. 최협 외 엮음.『한국 의 소수자, 실태와 전망』. 한울.

홍태영. 2008a.「문화적 공간의 정치학」.《한국정치학회보》, 42(1).

_____. 2008b.『국민국가의 정치학』. 후마니타스.

Adamski, J., M. T. Johnson, and C. M. Schweiss. 2006. *Old Europe, New Security.* Hampshire: Ashgate.

Agamben, Giorgio. 2000. "Beyond human rights." in *Means without End.* Minneapolis and London: University of Minnesota Press.

Bell, D. A. 2001. *The Cult of the Nation in France.* Cambridge: Harvard University Press.

Camps, V. 1992, "L'identité européenne, une identité morale." in J. Lenoble et N. Dewandre. *L'Europe au soir du siècle.* Paris: Editions Esprit.

Colley, L. 1994. *Britons. Forging the Nation 1707~1837.* New Haven and London: Yale University Press.

Delanty, G. 1998. "Redefining Political in Europe Today: from Idelogy to the Politics of Identity and Beyond." in U. Hedetoft(ed.). *Political Symbols, Symbolic Politics. European identities in transformation.* Vermont: Ashgate.

Dominelli, L. 2005. "Reconsidérer ≪l'autre≫: l'exclusion et l'immigration dans l'Europe élargie." in M. Boucher(dir.). *Discriminations et ethnicisation. Combattre le racisme en Europe.* Paris: l'aube.

Ferry, J. -M. 1998. "L'Etat européen." in Kastoryano, R(dir). *Quelle identité pour l'Europe, Le multiculturalisme à l'épreuve.* Paris: Presses de Sciences Po.

Geddes, A. and V. Guiraudon. 2004. "Britain, France and EU Anti-Discrimination Policy: The Emergence of an EU Policy Paradigm." in *West European Politics*, Vol. 27, No. 2.

Hobbes, T. 1968. *Leivithan.* C. B. Macpherson(ed.). London: Penguin.

Ribert, E. 2006. *Liberté égalité carte d'indentité. Les jeunes issus de l'immigration et l'appartenance natioanle.* Paris: La découverte.

Roy, Olivier. 2007. "Préface." in J. Laurence and J. Vaisse. *Intégrer l'slam. La France et ses musulmans: enjeux et réussites.* Paris: Odile Jacob.

Taguieff, P. -A. 1994. *Sur la nouvelle droite.* Paris: Descatres & Cie.

Tilly, Ch. (ed.). 1975. *The formation of National States in Western Europe.* Princeton: Princeton UP.

Wallerstein, Immanuel. 1995. "Response: Declining States, Declining Rights?" in *International Labor and Working-Class History,* 47.

Waters, S. 2004. "Mobilising against Globalisation: Attac and the French Intellectuals." in *West European Politics*, Vol. 27, No. 5.

제3부 21세기 권력의 작동 메커니즘

제5장
정치권력의 사회학적 분해: 자원권력과 네트워크 권력

장덕진(서울대학교)

1. 머리말

바야흐로 소프트 파워의 시대이다. 미국의 소프트 파워를 크게 훼손했다는 비판에 시달려온 부시 행정부가 물러난 자리에 그 자신이 소프트 파워의 현신이라 할 만한 오바마 새 대통령이 들어섰다. 미국 하드 파워의 양대 축 중 하나인 군사력은 이라크에서의 승리를 담보해주지 못했고, 다른 하나인 경제력은 미국발 경제위기의 세계적 파급 때문에 심각하게 훼손되었다. 하드 파워의 한계가 뚜렷해진 지금, 소프트 파워에 대한 관심과 기대가 높아지는 것은 당연한 일이다. 하지만 논자는 나이의 소프트 파워 논의에서 핵심이 되어야 할 하나의 차원, 즉 네트워크 권력이라는 차원이 빠져 있으며, 이것은 소프트 파워의 이해는 물론 소프트 파워를 실제로 행사하는 데에도 심각한 결함을 가져올 것으로 본다. 군사력이나 경제력 같은 하드 파워를 행사하는 데에도 관계적 맥락은 중요한 역할을 한다. 더군

다나 상대에게 영향을 미쳐 그의 선호를 바꿈으로써 행사하는 연성권력인 소프트 파워는, 관계적 맥락을 고려하지 않고는 행사한다는 것이 거의 불가능하다. 네트워크 권력은 권력의 결과로서의 지배보다 그 원인으로서의 의존을, 권력의 행사보다 권력의 형성을, 지배자와 피지배자라는 이자관계가 아니라 복잡하게 얽힌 네트워크의 다자관계를, 권력 독점이 아니라 권력 분포를 중시하는 관점이다. 하드 파워인가 소프트 파워인가를 구분하는, 권력자원이라는 씨줄과 네트워크 권력이라는 날줄을 함께 이해할 때 권력이라는 총체적 현상을 비로소 더 잘 이해하고, 추구하고, 행사할 수 있게 될 것이다.

이 글의 2절에서는 소프트 파워를 포함하여 권력에 대한 다양한 정의에서 관계의 차원이 일관되게 실종되어 있다는 점과, 소프트 파워라는 브랜드의 등장 이전에 이미 권력과 영향력 연구에서 연성권력이 깊이 있게 연구되고 있었음을 보일 것이다. 3절에서는 네트워크 권력에 대한 기존 연구들을 상세하게 검토한다. 3절 1항에서 보듯이, 네트워크 권력의 첫 번째 축인 '중앙에 있는 자의 권력'은 일반인들의 직관보다 훨씬 더 다양한 동학(動學)을 가지고 있다. 그런가 하면 3절 2항에서는, 그 두 번째 축인 '사이에 있는 자의 권력'이 잡으려고 하는 순간 사라지는 미묘한 딜레마를 가지고 있음을 보여준다. 그러나 이렇게 복잡미묘한 네트워크 권력을 추구하는 것이 불가능하지는 않다. 3절 3항은 3백 년간 피렌체를 좌지우지한 코시모 메디치의 권력형성 과정에서 네트워크 권력이 어떻게 작동했는지를 설명할 것이다. 4절에서는 네트워크 권력 논의가 소프트 파워에 대해 가지는 함의를 논한다.

2. 권력 개념에서 나타나는 관계의 실종

정치학과 사회학을 포함하여 사회과학에서 일반적으로 사용되는 권력 개념들을 보면 한 가지 흥미로운 점을 찾을 수 있다. 권력은 기본적으로 관계적 개념이지만, 권력의 정의에서 관계는 실종된 채로 있다는 점이다. 권력이 성립하려면 권력을 가진 자와 갖지 못한 자, 지배하는 자와 지배당하는 자가 전제돼야 하고, 이러한 의미에서 권력은 관계와 떼어놓고 생각할 수 없는 현상이다. 그렇지만 대표적인 권력 개념들은 권력의지(will to power)의 측면과 더불어 어떤 종류의 '자원'에 기대어 권력을 행사하느냐는 자원기반권력(resource-based power)에만 거의 전적으로 관심을 기울이고 있다.

예를 들어, 가장 많이 인용되는 베버의 권력 정의는 "저항에도 불구하고 자신의 의지를 상대방에게 관철시킬 수 있는 가능성"을 말한다. 이 정의는 권력의지의 측면을 분명하게 밝혔지만, 이 권력이 무엇에 기초하고 있는지는 분명하게 말하지 않았다. 그러나 그가 구분하고 있는 권력의 유형들은 강제적 권력, 카리스마적 권력, 권위적-전통적 권력, 법적-합리적 권력으로서, 그 구체적인 내용이 물리력인지, 개인의 인성인지, 지속되어온 가치인지, 법적 규정인지의 차이가 있을 뿐 기본적으로 자원기반권력임을 알 수 있다.

이것은 권력에 대한 다른 정의들에서도 마찬가지이다. 룩스(Lukes, 2004)의 유용한 정리를 따라가보자. 러셀(Russell)은 권력을 "의도된 결과를 만들어내는 것"이라고 정의했고, 달(R. A. Dahl)은 "A가 B에 대해 내버려두면 하지 않을 일을 하도록 만들 수 있는 한도 안에서 A는 B에 대해 권력을 가진다"라고 말한다. 이 두 정의는 모두 개인 차원에서 누가 누구에 대해 권력을 행사하는가의 문제에 초점을 맞추고 있지만, 권력을 행사하는 자와 행사 당하는 자 및 그들을 둘러싼 사회적 관계에 대해서는 전혀 언급하지 않는다. 아렌트(H. Arendt)는 권력이 "누가 누구를 지배하는가"의 문제라는 점을 거부하고, 권력이란 "개인의 속성이 아니라", "함께 행동할 수 있는 인간의 능력(human ability to act in concert)"의 문제라고 말한다. 그런가 하면 파슨스(T. Parsons)에게 권력이란 체계의 자원(system resource)이다. 그것은 마치 화폐처럼 사회 속에 일반화되어 있는 자원으로서 사회 구성원들의 합의를 가능하게 함으로써 공통의 목적을 달성하게 하는 데 도움을 주는 것이다. 풀란차스(Nicos Poulantzas)에게 권력은 개인 차원의 것이 아니라 체계 차원의 것이며, 그것은 "한 계급이 구체적이고 객관적인 계급이익을 실현할 수 있는 능력"이다. 이 세 사람에게 권력은 미시적 개인 차원의 문제가 아니라 집합체 혹은 그 이상의 차원에서 일어나는 일이라는 점에서 베버, 러셀, 혹은 달의 정의와 차이를 보인다. 그러나 역시 이들의 정의에서도 관계는 전적으로 배제되어 있다.

네트워크의 관점에서 보면 이러한 관계의 실종은 대단히 흥미롭다고 할 수 있다. 네트워크 이론의 가장 기본적인 발상의 전환은 속성(attribute)이 아니라 관계성(relations) 속에 사회적 인과관계에 대한 진짜 답이 들어 있다는 생각이기 때문이다. 예를 들어 카리스마적 권력을 논한다고 할 때, 속성을 중시하는 관점에서는 지도자의 개인적 특성 ─ 그가 전달하는 메시지의 내용, 그의 외모, 학력과 같은 배경 변수 등등 ─ 에 초점을 맞추지만, 관계성을 중시하는 관점에서는 비슷한 속성을 가진 사람 중에서도 누구는 카리스마를 부여받고 누구는 그렇지 못한 데에 초점을 맞춘다. 이는 그 공동체 안에서 그들이 차지한 관계의 패턴에 따라 달라진다고 생각되기 때문이다. 이러한 관점에서 볼 때, 관계를 전제하지 않고는 성립할 수 없는 권력의 정의에서, 관계가 실종되어 있다는 것은 흥미로운 현상일 수밖에 없다.

1990년대 중반 이후 국제정치 분야를 필두로 대안적 권력 개념으로 떠오른 소프트 파워도 이 점에서는 별다른 예외가 아니다. 나이에 의하면 소프트 파워란 "강제나 보상보다는 사람의 마음을 끄는 힘으로 원하는 것을 얻는 능력"이다. 즉, 자원의 내용이 무력에 의한 강제나 경제력을 이용한 보상이라는 경성자원으로부터 매력이라는 연성자원으로 달라지기는 했지만, 여전히 관계에 대한 고려가 없는 자원기반권력에 머물러 있는 것이다. 소프트 파워에 대한 나이의 정의는 다른 인용문에서 좀 더 분명해진다.

> 권력의 기본 개념은 다른 사람에게 영향을 미쳐서 내가 원하는 일을 하도록 하는 것이다. 여기에는 세 가지 방식이 있다. 하나는 상대를 몽둥이로 위협하는 것이고, 다른 하나는 상대에게 당근을 주는 것이다. 세 번째는 그들을 나에게 끌리도록 하거나 끌어들임으로써(co-opt), 내가 원하는 것을 그들도 원하게 하는 것이다.

이 인용문과 다른 여러 글에서 나이의 소프트 파워 개념은 기본적으로 베버-달 식의 "누가 누구를 지배하는가"라는 문제에 천착하고 있고, 권력의 기반은 문화, 가치, 외교정책과 같은 연성자원이며, 권력이 만들어지고 행사되는 관계의 맥락에 대해서는 거의 언급하지 않고 있다는 점이 확인된다. 그러나 하드 파워 경쟁이 치열했던 냉전 시대에조차 미국과 구소련을 정점으로 한 양극적 국제정치 네트워크가 그들의 경제력이나 물리력 추구에 영향을 미치지 않았으리라는 것은 순진한 생각이다. 그럴진대 하물며 소프트 파워를 논하면서 관계의 맥락을 고려하지 않을 수 없는 일이다. 몽둥이나 당근과는 달리, 상대를 '끌어들임으로써' '내가 원하는 것을 그들도 원하게' 만드는 것은 일차적으로 상대의 선호(preference)에 영향력을 행사할 수 없다면 불가능한 일이다.

권력을 "상반된 이해관계 속에서 자신이 선호하는 보상을 얻을 수 있는 구조적으로 결정된 잠재력"이라고 한다면, 영향력이란 "처벌에 의존하지 않고도 신념, 태도, 기대의 변화를 사회적으로 끌어내는 것"이라고 할 수 있다(Willer, Lovaglia, and Markovsky, 1997). 이를 위해서 사회적 관계의 맥락이 중요하게 작용할 것임은 자명하다. '소프트 파워'라는 브랜드를 작명하고 띄운 것은 나이의 공로이지만, 그 이전에도 수많은 학자가 권력과 영향력의 개념을 사용하여 소프트 파워를 논했다. 소프트 파워라는 단어를 사용하지 않았을 뿐, 그들의 정의는 나이의 정의와 놀랄 정도로 닮았다. 몇 가지만 인용해보자. 파슨스에게 권력은 긍정적 혹은 부정적 보상(sanctions)으로부터 얻어지는 것이며, 권력을 행사하는 자는 이를 통해 타인의 의도를 바꾸려고 시도한다(Parsons, 1963a). 반면 영향력은 "타인의 태도와 의견에 변화를 주는 한 가지 방식"이라고 정의된다(Parsons, 1963b). 이런 의미에서 마르크스는 20세기에도 영향력을 가지고 있었지만, 권력을 갖지는 않았다. 반면 스탈린이 영향력을 가졌던 것은 일차적으로 그가 권력을 가졌기 때문이었다(Bierstedt, 1950). 나이의 용어로 말한다면 마르크스의 소프트 파워는 스탈린의 소프트 파워와 비교할 수 없을 정도로 컸다. 젤디치의 구분에 따르면 권력은 외부적 제재를 수반하는 것이고, 영향력은 어떤 행동을 하는 것이 그 사람의 이익에 부합한다고 설득하는 것이다(Zelditch, 1992). 모켄과 스톡만에 의하면 권력을 위해서는 "무력, 강제, 처벌이면 충분"하지만 영향력은 주로 "설득, 정보, 조언"에 의해 행사된다(Mokken and Stockman, 1976).

이렇게 본다면 소프트 파워라는 개념에서 중요한 하나의 축이 빠져 있다는 것이 분명해진다. 권력 개념에서 관계의 실종은 권력자원이 경제력이나 물리력과 같은 경성자원일 때에도 심각한 문제이지만, 매력과 같은 연성자원일 때에는 더욱 심각한 문제가 된다. 극단적인 경성권력은 관계에 무관하게 상대를 굴복시키는 것이 가능할 수도 있지만, 연성권력은 이것이 불가능하기 때문이다. 그렇다면 관계의 맥락에 대한 이해가 없이 소프트 파워를 추구하는 것은 무망한 일이 될 수 있다. 연성권력을 한때의 유행이 아니라 진지한 정치적·학문적 자산으로 남기려면 소프트 파워라는 브랜드에서 잠시 탈피하여 네트워크를 통한 권력의 형성이라는 오래된 논의의 맥락으로 들어가 볼 필요가 있다.

3. 네트워크 권력

네트워크 이론에 입각해(다른 말로 관계를 중시하는 관점에서) 권력 현상을 바라보면 기존 권력 연구와 구분되는 몇 가지 관점의 전환이 필요하다. 첫째는 권력의 결과로서 지배를 중시하는 것으로부터 권력의 원인으로서 의존을 중시하는 관점으로의 변화이다. 둘째는 앞의 것과 연결된 것으로서, 권력이라는 결과가 발생하기까지의 과정을 중시하게 된다는 점이다. 셋째는 지배하는 자와 지배받는 자라는 두 사람 사이의 관계(즉, 이자관계)로부터 복잡하게 얽힌 여러 사람 사이의 관계에서 누가 권력을 가지게 되느냐는 다자관계로의 전환이다. 넷째는 권력을 가진 자와 못 가진 자, 즉 권력 독점의 관점으로부터 권력을 많이 가진 자와 적게 가진 자라는 권력 분포 관점으로의 전환이다.

이 절에서는 네트워크 이론에 입각한 권력 연구들을 네트워크의 중앙에 있는 자의 권력과(1항) 다른 사람들 사이에 있는 자의 권력으로(2항) 나누어 검토한다. 막강한 권력자의 물리력이 아니라 여러 사람의 동시다발적 행동의 결과로 나타나는 네트워크 권력은 사소한 변화에도 예민하게 반응하는 것이어서 권력을 추구하는 자의 처지에서는 다루기가 여간 까다롭지 않다. 3항에서는 15세기 피렌체 메디치가(家)의 등장에 네트워크 권력이 어떻게 작동했는지를 예로 들어 불패의 전략을 소개한다.

1) 중앙에 있는 자의 권력

네트워크 관점에서의 권력 연구는 오랫동안 중앙성(centrality)의 개념과 관련돼왔다. 브라스와 버카르트의 말처럼 방사형 네트워크에서 가운데 있는 사람이 가장 많은 권력을 가질 것이라는 점은 네트워크 전문가가 아니더라도 직관적으로 이해 가능한 일이기 때문에, 이것은 일정 부분 자연스러운 현상이다. "사람들 대부분은 단순히 그림을 들여다보고 (가운데 있는 사람이) 가장 많은 권력을 가진다고 선언할 것"이다(Brass and Burkhardt, 1992: 191). 중앙성이라는 전문 용어를 쓰든 안 쓰든 간에, 사람들 사이의 관계를 점과 선(노드와 링크)으로 나타낼 때 권력자의 자리는 한가운데일 것이라는 게 사람들의 상식적인 생각이기도 하다. 예를 들어 C. W. 밀즈가 사회적 이슈에 대해 문제 제기를 하지 않는 '평화로운' 화이트칼라의 등장으로 인해 미국 사회는 군·산·정 삼각동맹으로 구성된 "파워 엘리트"에 의해 장악되었다고 주장했을 때(Mills, 1956), 사람들이 떠올리는 이미지는 사회의 가장 핵심부에서 그들끼리 똘똘 뭉쳐 있는 엘리트들의 권력이다. 밀즈의 주장에 즉각적인 반론을 제기했던 다원주의자들의 주장은 결국 하나의 핵심적 이너 서클이 있는 것이 아니라 권력을 분산해서 가지는 여러 개의 핵이 있다는 것이니, 이들도 역시 권력은 중앙에 있다는 명제에 동의하는 셈이다(Dahl, 1958). 그런가 하면 미국 각 정책 영역의 엘리트 네트워크 구조를 연구한 하인즈와 라우만 등은 각 영역에서 핵심적인 영향력을 행사하는 엘리트들이 존재하는 것은 사실이지만 그들 중 누구도 전체 네트워크의 중심에 위치하지 못하기 때문에 결국 권력의 중심은 비어 있다는 "비어 있는 중심(hollow core)" 명제를 주장했고(Heinz et al., 1997), 무어는 각 정책 영역에 고루 관여할 수밖에 없는 위치에 있는 정부의 고위 관료들이 이들을 모두 연결하여 "중심 서클(central circle)"을 형성한다고 주장했다(Moore, 1979). 중심이 비어 있건, 아니면 어떤 집단에 의해 점유되어 있건 간에, 이들은 모두 권력을 가진 자가 중심에 있다는 명제에 충실한 사고를 보여주고 있다.

중앙에 있는 자가 가장 많은 권력을 가진 자라는 것은 직관적으로 호소력이 있을 뿐 아니라 분석적으로도 일정 부분 사실이다. 이 분야에서 최초의 연구이자 아마도 가장 널리 알려진 연구는 1950년대 바벨라스와 리빗의 연구라고 할 수 있다(Bavelas, 1950; Leavitt, 1951). 커뮤니케이션 네트워크를 주로 연구한 이들은 특정한 실험적 상황[1]하에서 네트워크 구조와 중

---

1) 실험적 상황이란 다음을 말한다. 다섯 명의 실험 참여자들을 서로 볼 수도 들을 수도 없도록 칸막이가 설치된 자리에 앉힌다. 이들은 칸막이에 뚫린 구멍을 통해서 메모를 주고받을 수 있을 뿐이다. 이들에게 각기 다른 다섯 개의 기호가 적힌 종이를 한 장씩 나누어주는데, 이들이 받은 기호의 종류를 다 합치면 여섯 가지이고 다섯 명이 가진 기호 중 모두에게 공통으로 주어진 기호는 하나뿐이다. 칸막이를 통해 메모를 주고받으면서 이 하나의 공통된 기호가 무엇인지를 맞추는 것이 이들에게 주어진 과제이고, 다섯 명 모두가 정답을 맞히면 과제가 끝난다. 실험 참여자들은 알지 못하지만, 이들이 배치된 자리는 네 가지 종류의 네트워크 구조 중 하나인데, 이 네 가지 네

앙성이 집단문제 해결 및 리더십과 체계적으로 연결되어 있음을 발견했다. 흥미로운 것은 중앙성이 높은 사람들이 집단문제 해결 과정에서 리더십을 발휘했다고 지목받는 비율이 체계적으로 높을 뿐만 아니라 문제를 해결하는 과정 자체를 더 즐겼다는 사실이다. 또한 집단문제 해결의 효율성(얼마나 빨리 문제를 풀 수 있는지)은 그 집단의 네트워크 구조가 얼마나 집중화(centralization)되어 있는지와 체계적으로 관련된 것으로 나타났다. 권력과 리더십이 개념적으로나 경험적으로나 상당 부분 중첩되어 있음을 고려한다면, 이러한 실험 결과는 중앙에 있는 자가 더 많은 권력을 가지고 있다는 미시적 증거인 셈이다.[2]

중앙에 있는 자가 가장 많은 권력을 가진다는 주장을 함축하는 이론과 그에 대한 경험적 증거는 이러한 미시적 차원에 그치지 않다. 세계 체제 수준의 거시적 차원으로 올라가 보면, 갈퉁의 고전적 제국주의론부터 시작해서 종속 이론이나 세계체제론이 모두 이러한 주장을 담고 있다. 갈퉁의 제국주의론에서는 중심부 국가들이 주변부 국가와 수직적 관계를 맺으면서 주변부 국가 간의 상호작용을 허용하지 않는다고 말하는데, 이는 전

트워크 구조란 ⅰ) 사슬형(다섯 자리가 일직선상에 배치되어서 옆 사람하고만 메모를 주고받을 수 있는 구조), ⅱ) Y형(가운데 한 사람이 세 사람과 연결되어 있고, Y자의 제일 아래쪽으로 다섯 번째 사람이 매달려 있는 구조), ⅲ) 스타형(가운데 한 사람이 있고, 나머지 네 명은 모두 이 사람하고만 연결되어 있는 구조), ⅳ) 원형(다섯 사람이 모두 양쪽 옆 사람하고만 연결되어 있으면서 전체적으로 하나의 원을 이룬 구조)을 말한다. 과제가 모두 끝나고 나면 이들에게 다양한 질문에 응답하도록 했는데, 예를 들어 ⅰ) 과제를 해결하는 과정에서 리더 역할을 한 사람이 있었는지, ⅱ) 있었다면 누구인지, ⅲ) 과제를 얼마나 즐겼는지 등과 같은 질문들이었다.

2) 이러한 미시적 증거는 바벨라스나 리빗의 연구에 그치는 것이 아니라 일일이 인용할 수 없을 정도로 많다. 대표적인 것들의 목록을 위해서는 프리먼 외(Freeman, Roeder and, Mulholland, 1979; 1980)의 각주 1을 참고할 것.

형적인 스타형 네트워크에 해당하고 이 네트워크의 중앙에 있는 중심부 국가가 시스템에서 발생하는 편익을 모두 챙겨가는 제국이 되는 것이다(Galtung, 1971). 에반스의 종속적 발전론은 갈퉁이 묘사하는 것과 같은 고전적 종속의 상황에서 중심부 국가들이 더 많은 이윤을 위해 다른 중심부에 소속된 주변부 시장으로 진출을 모색함으로써 결과적으로 스타형 구조가 변형되고, 이로 인해 중심부 국가의 권력이 낮아지는 과정을 설명하고 있다고 해석할 수 있다(Evans, 1979). 그런가 하면 월러스틴의 세계체제론은 반주변부의 존재를 도입함으로써 세계적인 국가 간 네트워크를 좀 더 복잡하면서도 안정적으로 만들었는데(Wallerstein, 1974a; 1974b; 1979), 실제로 세계체제론에 네트워크 분석기법을 적용해 분석한 연구들을 보면 중앙성이 높은 국가들의 경제성장 속도가 체계적으로 더 빠르다는 점을 일관되게 발견할 수 있다(Snyder and Kick, 1979; Van Rossem, 1996)[3]. 효율이 높은 경제 주체가 더 빨리 성장한다는 신고전경제학적 이론과는 달리 세계체제론이나 네트워크 이론은 모두 가격-비용 마진(price-cost margin)을 누가 얼마나 가져갈 것인지는 기본적으로 권력의 문제이고, 이것이 누적되어 성장의 속도를 결정한다고 보기 때문에 중앙에 있는 국가들의 경제성장 속도가 빠르다는 것은 이들이 더 큰 권력을 가진다는 것과 같은 뜻이다.

이처럼 중앙에 있는 자가 더 많은 권력을 가진다는 것은 직관적인 호소력을 가지고 있을 뿐 아니라 경험적으로도 상당한 정도의 사실이다. 중앙성에도 여러 가지의 하위 범주가 있는데, 오늘날 가장 널리 받아들여진 유

---

3) 정확하게 말하자면, 밴 로셈은 중앙성(centrality)이 아니라 위세(prominence) 점수 (Knoke and Burt, 1983)를 사용했으나, 어차피 이것은 알고리즘상의 차이일 뿐 개념적으로는 넓게 보아 중앙성 범주에 포함된다.

형 구분은 프리먼에 의한 것이다(Freeman, 1979). 그는 중앙성을 크게 보아 빈도 중앙성(degree centrality), 사이 중앙성(betweenness centrality), 그리고 근접 중앙성(closeness centrality)으로 구분했는데, 커뮤니케이션 네트워크를 예로 든다면 빈도 중앙성이 높은 사람은 가장 많은 사람과 직접 커뮤니케이션하는 사람이고, 사이 중앙성이 높은 사람은 자신을 통하지 않으면 커뮤니케이션이 단절될 사람들을 연결하는 경우가 많은 사람, 그리고 근접 중앙성이 높은 사람은 최소의 단계를 거쳐서 가장 많은 사람과 커뮤니케이션할 수 있는 위치에 있는 사람을 말한다. 프리먼에 따르면 이 세 가지 중앙성은 단순한 알고리즘 차이가 아니라 "어떻게 해서 중앙성이 집단적 과정(group process)에 영향을 미치는지를 설명하는, 서로 경쟁하는 세 가지 '이론'들을 반영하는 것"이기도 하다. 미즈루치 등의 해석에 의하면 빈도 중앙성은 커뮤니케이션 행동의 수준(다른 사람들과 직접 커뮤니케이션할 수 있는 능력)을, 사이 중앙성은 커뮤니케이션에 대한 통제 능력(타인들 간의 커뮤니케이션을 제한할 수 있는 능력)을, 그리고 근접 중앙성은 독립성(최소한의 매개자에게만 의존하여 최대한의 타인들과 커뮤니케이션 할 수 있는 능력)을 나타낸다(Mizruchi, Blyden, and Potts, 1998: 355).

여기까지만 보면 네트워크에서 중앙에 있는 자가 가장 많은 권력을 가진 자라는 비교적 단순한 결론에 도달할 수 있을 것 같지만, 현실은 이보다 더 복잡하다. 우선 바벨라스와 리빗의 연구에서부터 제기된 문제 중의 하나는 중앙성이 집단문제 해결에 미치는 영향에서 위치 효과(positional effect)와 구조 효과(structural effect)를 구분하기가 어렵다는 점이었다. 만약 이것이 순전히 위치 효과에 의해 설명된다면 정중앙에 있는 사람의 권력이나 만족감은 네트워크의 형태에 무관하게 동일해야 할 것이다. 그러나 실제로는 네트워크 형태에 따라 체계적인 차이가 나타나기 때문에 위치 효과와 구조 효과는 혼재해 있다는 뜻이 된다. 중앙성을 세 가지로 구분한 프리먼과 그의 동료들은 이 효과를 구분하기 위한 반복 연구를 통해, 근접 중앙성의 경우 그 효과는 바벨라스와 리빗이 사용한 특정 네트워크 형태로 인해 만들어진 구조적 가공물(structural artifact)일 뿐이며, 다른 형태의 네트워크에서는 예측된 결과가 나타나지 않음을 보여주었다(Freeman, Roeder, and Mulholland, 1979; 1980). 그렇다면 네트워크 권력에 대한 연구는 중앙에 있는 자가 가장 많은 권력을 가진다는 단순한 명제보다 더 복잡해지기 시작한다. 중앙에 있는 자가 가장 많은 권력을 가질 가능성이 크지만, 그것은 전체적인 네트워크 구조에 따라 달라질 수 있다는 뜻이기 때문이다.

중앙성과 권력 사이의 관계는 네트워크를 통해 전달되는 내용(network substance)이 무엇인지를 고려하면 더욱 극적으로 복잡해진다. 커뮤니케이션 네트워크를 주로 연구했던 바벨라스나 리빗 등과 달리, 교환 네트워크(exchange network)를 주로 연구한 쿡과 에머슨 등은 많은 경우 전자의 결론과는 정반대의 결론이 도출된다는 사실을 보여주고 있기 때문이다(Cook et al., 1983). 커뮤니케이션 네트워크에서는 정보가 전달되지만, 교환 네트워크에서는 재화나 용역 등이 전달된다. 커뮤니케이션 네트워크는 영합적이지 않지만(non-zero sum), 교환 네트워크는 영합적(zero sum)이다. 바벨라스나 리빗 등과 달리, 이들은 네트워크에서의 중앙성이 높은 사람이 아니라 타인의 의존을 독점할 수 있는 사람이 더 많은 권력을 가진다고 주장한다. 이런 점에서 전자를 네트워크 이론이라고 부른다면 후자는 권력의 존론(power dependence theory)이라고 부를 수 있다. 쿡과 에머슨 등이 제시한 〈그림 6-1〉을 예로 들어보자.

다음 〈그림 6-1〉에서 가장 많은 권력을 가진 사람은 누구인가. 직관적인

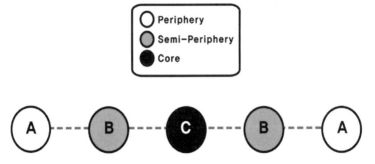

〈그림 6-1〉 5명으로 이루어진 사슬형 네트워크

○ Periphery
◐ Semi-Periphery
● Core

A ------- B ------- C ------- B ------- A

자료: Cook et al., 1983.

대답은 물론 한가운데 위치한 C이다. 바벨라스와 리빗, 혹은 프리먼의 네트워크 중앙성에 입각한 대답도 C이다. 하지만 권력의존론자들은 C가 아니라 B가 가장 많은 권력을 가진다고 대답한다. 왜냐하면 이 네트워크에서 A는 B에게만 전적으로 의존적이며, 이러한 점에서 B는 C가 누리지 못하는 이점을 누리고 있기 때문이다. 이들의 이론적 예측은 실제로 여러 차례에 걸친 시뮬레이션과 후속 연구들에 의해 지지되었다. 시간이 지남에 따라 B는 가장 많은 권력을 누리고, 중앙성이 가장 높은 C는 시간이 지나면 주변부 행위자인 A와 비슷한 정도의 권력밖에 가지지 못한다는 점이 확인된 것이다.

쿡과 에머슨은 여기서 더 나아가 네트워크상의 노드들을 연결하는 관계의 성격을 두 가지로 구분했다(Cook and Emerson, 1978). 이들에 의하면 부의 관계(negative connection)는 두 사람 사이에 관계가 존재함으로 인해 제삼자와 관계를 맺을 수 없게 되는 경우(예를 들어 한 사람과 만날 약속을 했기 때문에 같은 시간에 다른 사람과 만날 수 없는 경우)를 말하고, 정의 관계(positive connection)는 두 사람 사이의 관계로 말미암아 제삼자와의 관계가 더욱 촉진되는 경우(예를 들어 한 사람에게 얻은 정보를 이용해 다른 사람에게 더 좋은 조언을 해줄 수 있는 경우)를 말한다. 이들의 연구에 의하면 정의 관계로 맺어진 네트워크에서는 중앙성과 권력이 비례하고, 부의 관계로 맺어진 네트워크에서는 중앙성과 권력은 역 U자 형태의 관계(즉, 중심과 주변에 있는 사람들의 권력이 낮고, 반주변에 있는 사람의 권력이 높은 형태)를 가진다. 여기에서 보듯이, 이제는 네트워크의 구조뿐 아니라 네트워크의 내용(network substance: 무엇이 유통되는가)에 따라서도 권력의 소재는 달라지니, 네트워크 권력에 대한 논의는 한층 더 복잡해진 셈이다.

네트워크 중앙성과 권력의 관계를 복잡하게 만드는 또 한 가지 방법은 "누구와 연결되어 있는지"를 따지는 것이다. 지금까지는 논의를 단순하게 하려고 나와 연결된 사람이 누구인지, 즉 행위자의 아이덴티티에 대해서는 언급하지 않았다. 실제로는 몇 명과 연결되어 있느냐 못지않게 중요한 것이 누구와 연결되어 있는가이다. 여기서 행위자의 아이덴티티란 그 사람이 "누구인가"를 말하는 것이 아니라 그 사람이 "누구와 연결된 사람인가"를 말하는 것이다. 단순히 그 사람이 "누구인가", 즉 그 사람이 얼마나 많은 부나 권력을 가진 사람인가의 문제라면 그것은 자원권력의 영역에 속하기 때문에 네트워크 권력을 논하는 이 글의 내용과 들어맞지 않는다. 그 사람이 가진 자원과는 별도로 그 사람이 얼마나 많은 사람과 어떤 방식으로 연결되어 있는가가 가지는 독립적 효과를 이 글에서는 그 사람의 아이덴티티라고 칭하기로 한다. 이 효과는 예를 들면 이런 것이다. 초등학교 교실에서 흔히 이루어지는 조사처럼, 한 학급의 학생들에게 자기가 친하다고 생각하는(혹은 친해지고 싶은) 친구의 이름을 적어 내라고 했다고 가정하자. A와 B는 각각 세 표씩을 받았는데, A를 지목한 세 명은 모두 한 표도 받지 못한 학생들이고 B를 지목한 세 명은 모두 다섯 표씩을 받은 학생들이라면, 단순히 빈도 중앙성에 입각해서 A와 B는 같은 정도의 권력을 가진다고 할 수 있을 것인가? 사람들 대부분은 B가 더 많은 권력을 가진다고 답할 것이다. 왜냐하면 B는 똑같이 세 표를 받았지만 "(네트워크상에서) 더 중요한" 사람들로부터 세 표를 받았기 때문이다. 심지어 받은 표의 수가 훨씬 적더라도 네트워크상에서 더 중요한 사람으로부터 표를 받았다면 그의 권력이 많은 표를 받은 사람보다 더 클 수도 있다. 이러한 현상은 권력의 가장 첨예한 현장인 정치의 장에서 도드라지게 나타난다. 초선 의원 열 명으로부터 표를 받은 A와 당의 실질적 보스로부터 한 표를 받은 B 중에서 누가 더 실세인가. 사람들은 대부분 B의 손을 들어줄 것이다.

많은 네트워크 이론가들이 이러한 종류의 권력을 개념화하고 측정하는 방안들을 제시했지만, 그 중 가장 폭넓게 받아들여지는 것은 아마도 보나시치가 제시한 중앙성(Bonacich centrality)이다(Bonacich, 1987). 특히 보나시치 중앙성은 앞에서 설명한 "누구와 연결되어 있느냐"라는 네트워크의 간접적 효과뿐 아니라, 쿡과 에머슨 등이 구분한 정의 연결과 부의 연결을 모두 포괄할 수 있다는 점에서 장점을 가지고 있다. 보나시치 중앙성에서 특징적인 것은 β 파라미터인데, 이 값은 행위자가 연결된 다른 사람들에 의해 본인의 지위가 높아지거나 낮아지는 정도를 나타낸다. β 값이 0보다 클 때 네트워크상에서 높은 지위를 가진 사람들과의 연결은 본인의 중앙성을 높여주는 결과를 가져오지만, β 값이 0보다 작을 때 이들과의 연결은 오히려 본인의 중앙성을 낮추는 결과를 가져온다. β는 쿡과 에머슨이 말하는 정·부의 연결과 상응한다고 할 수 있는데, 실제로도 β 값이 0보다 작을 때는 네트워크상에서 반주변부에 있는 행위자의 보나시치 중앙성이 가장 높은 것으로 나타난다.

권력 현상은 국가 기구의 최정점인 대통령으로부터 초등학생들끼리의 친구관계에 이르기까지 모든 사회관계에 편재해서 나타나는 보편적 현상이다. 하지만 아무래도 권력의 문제가 가장 중요하게 다루어지는 맥락은 정치권력과 관련해서라고 할 수 있다.

그렇다면 정치 네트워크(political network)는 위에서 구분한 여러 종류의 네트워크 중 어디에 속하는 것일까. 그것은 커뮤니케이션 네트워크인가 교환 네트워크인가? 중요한 정보가 오간다는 점에서 전자이기도 하고, 기브 앤 테이크(give-and-take)의 원칙이 냉철하게 지켜진다는 점에서 후자이기도 하다. 그것은 영합적인가 비영합적인가? 혹은 부의 연결인가 정의 연결인가? 한 정치인과의 협력은 종종 다른 정치인(아마도 그의 정치적 라이벌)과의 협력을 사전적으로 차단한다는 점에서 영합적이고 부의 연결이다. 하지만 "정치는 생물"이라는 말처럼 가능할 것 같지 않던 합종연횡이 끝없이 일어난다는 점에서 정치 네트워크는 비영합적이고 정의 연결이기도 하다. 순전히 영합적인 부의 연결이 되기 위해서는 한 사람의 이득은 다른 사람의 손해가 되어야 하는데, 정치에서는 한 사람의 이득이 반드시 다른 사람의 손해로 연결되지 않는 경우가 종종 있기 때문에 이러한 일이 일어난다. 막강한 권력을 가진 소위 실세 정치인과의 연결은 내게 도움이 되는가 아니면 방해가 되는가. 실세 정치인의 측근이 되면 그의 권력을 일부나마 빌려 쓸 수 있다는 점에서 도움이 되지만(β는 0보다 크지만), 나의 정치적 선택은 그의 의중에 매여 있다는 점에서 방해가 되는 제약이기도 하다(β는 0보다 작아지기도 한다). 정치 네트워크의 성격이 이처럼 애매하다면 권력 논의의 핵심적 소재인 정치 네트워크에서 권력의 소재를 어떻게 찾아낼 것인가.

이 문제를 해결하는 방식 중의 하나는 미즈루치와 폿츠가 하듯이 "영향력 네트워크(influence network)"의 개념을 도입하는 것이다(Mizruchi and

Potts, 1998). 이들은 "(집단투표 상황에서) 최종 결과가 행위자의 원래 선호와 일치"하는 것을 권력이라고 조작적으로 정의한다(Mizruchi and Potts, 1998: 359). 하나의 법안에 대한 당론 결정에서부터 정당의 대선후보 선출에 이르기까지, 집단투표(group voting)는 권력의 장(場)인 정치에서 가장 흔하게 일어나는 일이다. 물론 이때 사람들은 처음에 가졌던 자신의 선호를 끝까지 그대로 가지고 가는 것이 아니다. 선호가 일관되게 이어진다면 그것은 네트워크 이론에 의해서만 다루어질 필요는 없으며 게임 이론이나 투표 이론도 다룰 수 있는 영역이다. 이들은 자신의 일관된 선호를 가지고 고립된 채로 투표하는 사람들이 아니라 영향력 네트워크 속에 배태되어 서로 영향력을 주고받으면서 경우에 따라 선호를 바꾸기도 하는 사람들이다. 소프트 파워와 관련해서 주목해야 할 것은 이들이 선호를 바꾸는 이유이다. 미즈루치와 폿츠에 따르면 영향력 네트워크 이론이 다루는 것은 "사회적 네트워크 관계의 효과로 인해 선호를 바꾸는 모델(models in which preferences could be altered by the effects of social network ties)"이기 때문이다(Mizruchi and Potts, 1998: 360). 집단적 의사결정 네트워크에서 사람들은 "다양한 선호를 가지고 있고 서로에게 영향을 미칠 능력을 갖춘 상태에서 특정 이슈에 대해 투표를 행사한다". 앞에서 정치 네트워크는 영합적이기도 하고 비영합적이기도 하다고 했는데, 그 이유는 무엇인가. 미즈루치와 폿츠에 따르면 "타인의 희망을 들어줌으로써 사회적 보상을 얻을 수 있다면, 자신의 입장을 바꿈으로써 '대세를 따라가는 것(go along)'이 이득"이 될 수도 있기 때문이다(Mizruchi and Potts, 1998: 359).

미즈루치와 폿츠의 영향력 네트워크 모델을 앞서 인용한 나이의 소프트 파워 정의와 비교해보면, 둘 사이의 유사성이 선명하게 드러난다. 다시 한 번 환기시키면, 나이는 몽둥이나 당근을 가지고 행사하는 권력을 '하드 파워'라 하고, "내가 원하는 것을 그들도 원하도록" 만듦으로써 행사할 수 있는 권력을 '소프트 파워'라 했다. 둘 다 선호는 바뀔 수 있음을 전제하고, 이 선호의 변화는 영향력에 의해서 일어난다고 본다. 또한 둘 모두 권력의 작동 방식으로서 "내가 원하는 것을 남들도 원하게 하는 것"에 주목한다. 그러나 중요한 차이점들도 있다. 소프트 파워는 이것이 문화, 가치관, 외교 정책의 정당성과 같은 연성의 "자원"에 근거하는 측면을 강조하는 반면, 영향력 네트워크 모델은 "네트워크의 구조와 그 속에서 행위자들이 차지하는 위치"에 주목하기 때문이다. 무력이나 금력을 사용하지 않는다는 점에서 보면 둘 다 소프트 파워라고 할 수도 있지만, 영향력 네트워크 모델은 자원의 성격에 근거한 나이의 소프트 파워 이론이 비워놓은 영역인 구조적 권력의 공백을 채워주는 셈이다. 중요한 차이점은 또 있다. "상대의 저항에 아랑곳하지 않고 자신의 의지를 관철"하는 베버의 권력 정의에서 나이의 소프트 파워에 이르는 권력에 대한 관점 중 공통된 하나의 명제는, 이자(二者)관계에서의 권력에 집중하고 있다는 점이다. 베버의 정의는 상대방의 저항을 명시했다는 점에서 구체적이지만 기본적으로 이자관계에서의 권력이고, 따라서 구조적 예측 불가능성이 없다. 영향력 네트워크 모델에서의 권력 정의는 상대방의 저항이 암묵적으로만 포함되지만, 반면 다자관계를 허용하고 따라서 구조적 예측 불가능성을 변수로 도입하고 있다. 구조적 예측 불가능성이 존재하는 상황에서는 설사 최고 권력자라 하더라도 최종 결과를 완벽하게 예측하지는 못한다. 다자간 네트워크 구조의 복잡성 때문이다. 반면 구조적 예측 불가능성이 없는 상황이라면 최고 권력자는 최종 결과를 완벽하게 예측할 수 있고, "반란"의 가능성은 원천 봉쇄된다. 이러한 점에서 볼 때, 권불십년(權不十年)의 정치사는 영향력 네트워크 모델의 손을 들어주고 있다.

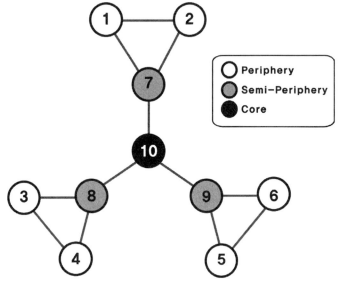

〈그림 6-2〉 10명의 행위자와 3개의 위치로 이루어진 영향력 네트워크

자료: Mizruchi and Potts, 1983.

미즈루치와 풋츠의 영향력 네트워크 모델은 복잡한 수식으로 표현할 수도 있지만, 다음과 같이 평이하게 말로 풀어 설명할 수도 있다. 모든 행위자는 특정 이슈에 대한 선호가 있고, 그 이슈가 본인에게 가지는 중요성에 차이가 있으며, 네트워크 속에서 다른 사람들과 영향력을 주고받는다. 이때 나와 같은 선호를 가진 사람들은 네트워크를 이용하여 나에게 지금의 선호를 유지하도록 영향력을 행사할 것이고, 나와 다른 선호를 가진 사람들은 네트워크를 이용하여 나의 선호를 바꾸도록 영향력을 행사할 것이다. 이때 나와 같은 선호를 가진 사람들이 네트워크를 이용해 내게 행사하는 영향력의 총합과 그 이슈가 나에게 가지는 중요성을 합친 값이 나와 다른 선호를 가진 사람들이 네트워크를 이용해 내게 행사하는 영향력의 총합보다 크면 나는 지금의 선호를 유지할 것이고, 작으면 나는 선호를 바꿀 것이다.

미즈루치와 폿츠는 이 모델을 이용하여 다양한 시뮬레이션을 시행했는데, 네트워크 권력과 관련하여 그 결과는 자못 흥미롭다(〈그림 6-2〉참조). 사람들이 네트워크를 이용하여 서로에게 영향력을 행사하는 영향력의 정도가 낮을 때에는 중앙성이 높은 사람(행위자 10)의 선호가 최종적인 집단투표 결과로 이어지는 경우가 많다. 하지만 영향력의 정도가 점점 높아짐에 따라 반주변에 있는 사람(행위자 7, 8, 9)의 승률이 중심부에 있는 사람의 승률에 근접해간다. 중심부 행위자의 승률이 높은 것은 부분적으로는 중심부야말로 영향력 있는 다른 행위자들에게 직접 영향을 미칠 수 있는 위치라는 점에 기인한다. 하지만 중심부 행위자가 반주변부 행위자를 압도하지 못하는 것은 후자가 주변부 행위자들(행위자 1~6)의 의존성을 독점함으로써 중심부를 포위할 수 있는 능력을 갖추고 있기 때문이다. 이것은 네트워크가 제공하는 영향력의 크기가 커질수록 점점 더 두드러지게 나타난다. 또한 주변부 행위자들 간의 직접적인 관계가 허용될 때 중심부 행위자의 승률은 더욱 낮아져서 반주변부 행위자의 승률에 미치지 못하는 경우가 많아진다. 그 이유는 주변부 행위자들이 연합하게 됨으로써 반주변부 행위자는 주변부 행위자에게 더 많은 영향을 받게 되고, 이것은 반주변부 행위자가 중심부 행위자의 영향으로부터 그만큼 더 많이 벗어나게 된다는 것을 의미하기 때문이다.

미즈루치와 폿츠의 연구에서 또 하나의 흥미로운 결과는 중심부 행위자의 승률이 하위집단의 수에 의해 커다란 영향을 받는다는 점이다. 〈그림 6-2〉에서와 같이 하위집단이 각각 3명씩으로 이루어져 있고 반주변부 행위자가 각 하위집단의 리더 역할을 하고 있다면, 중심부 행위자를 제외한 나머지 사람들의 선호가 정확히 반반으로 갈릴 기회는 전혀 없다. 그러나 만약 똑같은 형태를 갖춘 하위집단이 하나 더 있다면, 이야기는 달라진다.

이때는 중심부 행위자를 제외한 나머지 사람들의 선호가 정확히 반반으로 갈리는 경우가 자주 발생하며, 중심부 행위자는 이 경우에 캐스팅 보트〔tie-breaker〕역할을 함으로써 자신의 선호를 관철할 수 있기 때문이다. 실제로 미즈루치와 폿츠의 연구에서 짝수의 하위집단이 있을 때는 홀수의 하위집단이 있는 때에 비해 중심부 행위자의 승률이 압도적으로 높아지는 것을 관찰할 수 있다.

이 항에서 검토한 바와 같이 네트워크 권력 중에서 가장 직관적이고 이해가 쉬운 '중앙에 있는 자의 권력'조차도 사실은 대단히 복잡하다. 무조건 네트워크의 중심에 선다고 해서 권력이 보장되는 것도 아니고, 다른 이들을 얼마나 나에게 의존하도록 만들 수 있는가, 네트워크를 통해 유통되는 자원의 성격은 무엇인가, 내가 누구와 연결되어 있는가, 네트워크의 하위 파벌들을 어떻게 관리할 것인가 등 다양한 조건에 따라 민감하게 반응한다. 복잡해 보이지만 이러한 복잡성이야말로 권력이라는 미묘한 게임의 본질이라고 할 것이다. 다음 항에서는 '사이에 있는 자의 권력'에 대해 검토해보자.

2) 사이에 있는 자의 권력

네트워크상에서 권력을 가질 수 있는 또 하나의 위치는 바로 한 사람과 다른 사람의 "사이(in-between)"이다. 어떤 의미에서 다른 사람들의 사이에 위치하는 것은 앞서 프리먼이 구분했던 세 가지 종류의 중앙성 중에서 사이 중앙성과 일맥상통하기 때문에 어떤 의미에서는 이것도 중앙성의 한 하위 유형이라고 볼 수도 있겠으나, 일반적으로 "중심" 혹은 "중앙"이라고 할 때 사람들이 떠올리는 직관적 이미지와는 큰 차이가 있다. "사이"

라는 말이 전달하는 이미지는 중심이나 중앙보다는 "브로커(broker)"의 이미지에 훨씬 가깝다. 브로커라는 단어는 일상생활에서도 많이 사용되는데, 우리가 보통 브로커라고 할 때 무엇을 떠올리는지 생각해보자. 두 사람이 만나 정보를 교환하거나 거래를 하면 이득을 볼 수도 있을 사람들이 서로 존재를 알지 못하는 상황에서, 양쪽을 다 알면서 가운데 끼어들어 거래를 중재하고 그 대가로 커미션을 받는 사람이 우리가 보통 말하는 브로커이다. 네트워크 이론에서 말하는 브로커도 정확하게 그것과 같은 의미이다. "내가 아니면 연결되지 않을 사람들을 연결하는 사람"이 곧 브로커이다.

우리말의 일상적인 용례에서 브로커라는 단어는 보통 부정적 의미(땅투기 브로커나 장기밀매 브로커처럼)를 전달하는 경우가 많지만, 사실상 브로커라는 단어 그 자체는 부정적인 의미가 아니다. 버트에 의하면 "기업가(entrepreneur)"라는 단어의 어원이 "사이에 서다(stand between)"라는 뜻의 라틴어에서 비롯되었다고 한다(Burt, 1992). 생각해보면 새로운 시장을 개척하고 사업을 벌여나가야 하는 기업가야말로 누구보다 먼저 다른 사람들의 사이에 섬으로써 전에는 존재하지 않던 부가가치를 창출해 나가는 사람이어야 한다. 일상적인 용례에서 브로커는 '연결'의 대가로 이득을 얻는데, 네트워크 이론에서의 브로커도 마찬가지이다. 이때의 이득도 물론 "커미션"이라는 단어가 전달하는 부정적 의미가 아닌 중립적 의미의 이득을 말한다. 자본가와 노동자가 결합하여 기업을 만들고 부가가치를 창출하는 경우를 생각해보자. 자본가만 모여서는 일할 사람이 없으니 아무리 돈이 많아도 기업을 만들 수 없고, 노동자만 모여서는 투자할 자본이 없으니 아무리 일할 사람이 많아도 기업을 만들 수 없다. 두 경우에 모두 부가가치는 창출되지 않는다. 그런데 이 두 집단은 서로 존재를 모르고 있다고 가정하자. 이때 두 집단의 사이에 있는 어떤 브로커가 두 집단의 존재와 그들이 필요로 하는 것이 무엇인지를 알고 둘을 연결해준 대가로 이득을 챙겼다고 하자. 이때 자본과 노동이 결합해서 만들어낸 부가가치는 이전에 존재하지 않았던 것을 새로 만들어낸 것이고, 브로커가 얻는 이득은 아무리 많아도 이 부가가치의 총량을 초과할 수 없을 터이니 두 집단을 연결함으로써 모두에게 이득이 되는 일이 일어난 셈이다.

　네트워크상에서 브로커의 위치에 있는 사람이 얻을 수 있는 이득은 여러 종류이다. 첫째, 그는 누구보다 많고 다양한 정보를 가질 확률이 높다. 브로커가 된다는 것은 "내가 아니면 연결되지 않을" 사람들을 연결하는 것이므로, 브로커를 매개로 해서 양쪽에 있는 사람들은 서로 잘 모르는 이질적인 사람들이다. 따라서 그 사이에 있는 브로커는 양쪽에서 오는 이질적인 정보에 노출된다. 이것을 서로 다 아는 동질적인 집단에 속해 있는 사람과 비교해보자. 동질적인 집단은 학교에서 패를 지어 몰려다니는 또래 집단 등에서 흔히 발견된다. 이 집단에 어떤 새로운 뉴스가 전해지면 반나절도 지나지 않아 구문(舊聞)이 되어버린다. 동질적 집단에 속한 사람은 이미 접한 정보를 반복해서 여러 번 듣게 되는 것이다. 반면 브로커는 이질적 집단들로부터 정보를 입수하기 때문에 훨씬 더 많고 다양한 정보를 입수할 가능성이 크다. 둘째, 그 결과 브로커는 부가가치를 창출하거나 성과를 올릴 수 있는 새로운 아이디어를 가장 먼저 생각해내는 사람이 될 가능성이 크다. 최근 들어 학계에서 융합학문이라 하여 학문 간 통섭이 화두로 떠오르듯이, 혁신적인 아이디어는 한 분야의 경계선 내에서 나오기보다는 전혀 다른 분야들을 연결함으로써 나오게 될 가능성이 크다. 이질적 집단을 모두 잘 아는 브로커는 이러한 혁신적 아이디어를 생각해내기에 가장 좋은 위치에 있는 것이다. 셋째, 브로커는 편견으로부터 상대적으로 자유롭다. 아무리 정보가 많더라도 편견을 가진 사람은 일정한 방향의 정보를 체계적으로 걸러내고 다른 방향의 정보를 체계적으로 강화하기 때문에 올바른 판단을 내리기 어렵다. 그런데 앞서 말한 동질적 집단에 속한 사람들은 이러한 편견을 강화하기에 딱 좋은 네트워크를 가지고 있다. 한 방향의 정보를 반복적으로 듣게 되고, 웬만하면 서로 수긍하는 동질적 집단의 특성상 한 사람의 작은 편견이 여러 사람에게로 퍼지면서 큰 편견으로 강화될 가능성이 크기 때문이다. 반면 브로커는 이질적 집단의 정보에 골고루 노출되기 때문에 "균형 잡힌 견해"를 가지게 될 가능성이 크고, 실제로 심리학적 연구 결과들은 이러한 가설이 사실임을 뒷받침하고 있다.[4]

넷째, 브로커는 다른 사람들을 "통제(control)"하기에 유리한 위치에 있다. 브로커를 사이에 두고 양쪽에 있는 사람들은 서로 교환을 함으로써 이득을 얻을 수 있는데, 이러한 거래가 브로커를 통해서만 이루어질 수 있다면 그들은 그 거래가 자신에게 가져다줄 이익의 크기만큼 브로커에게 의존하게 된다. 그 두 사람이 도구적 합리성을 가진 사람들이라면 브로커는 그들이 얻을 이익의 총량에 미치기 직전까지 그들로부터 커미션을 요구할 수 있다. 또한 브로커가 그들의 힘이 커지기를 원하지 않으면 둘을 연결해주지 않음으로써 그들을 통제할 수 있고, 더 많은 커미션을 원할 때도 두 사람 사이의 연결을 단절하겠다고 위협함으로써 자신의 이득을 늘릴 수 있

---

4) 재미있는 것은 이질적 집단의 정보에 노출되어 "균형 잡힌 견해"를 가진 사람이란, 부정적으로 보면 "정신 분열(schizophrenia)"의 가능성도 큰 사람이라는 점이다. 균형 잡힌 견해를 가지려면 어느 쪽 의견에도 완전히 동조해서는 안 되고, 설사 정반대의 견해들이라 하더라도 부분적으로는 동조하면서 동시에 들어줄 수 있어야 하기 때문이다. 이것은 상당한 정도의 정신적 스트레스를 강요한다. 이러한 스트레스를 잘 견뎌내느냐 그렇지 못하느냐에 따라 상당한 성공을 거둘 수도 있고 정신 분열에 빠질 수도 있다. 이 글의 뒷부분에서 소개하는 코시모 메디치는 이러한 스트레스를 잘 견디면서 자신의 모순된 구조적 위치를 극단적으로 잘 이용하는 데 성공한 사람이라고 할 수 있다.

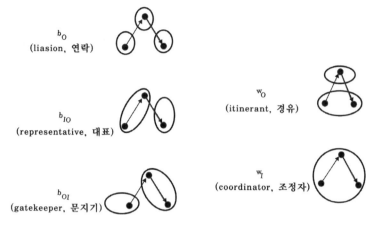

〈그림 6-3〉 브로커의 다섯 가지 유형

자료: Gould and Fernandez, 1989.

다. 그런가 하면 일부러 잘못된 정보를 전달함으로써 두 사람을 대립하게 하여(play them off against each other) 힘을 소진하게 하고 자신의 권력을 상대적으로 높일 수도 있다.

이상과 같은 것들이 사이에 있는 자가 가질 수 있는 권력의 구조적 원천이다. 그런데 앞에서 중앙에 있는 자의 권력에 대한 논의가 그리 간단하지 않았던 것처럼 사이에 있는 자가 가지는 권력에 대한 논의도 그리 단순하지는 않다. 이것은 사이에 있는 자가 힘을 발휘할 수 있는 집단 간 경계선의 문제와 밀접하게 관련되기 때문이다. 예를 들어 굴드와 페르난데스 (Gould and Fernandez, 1989; Fernandez and Gould, 1994)는 브로커의 종류를 〈그림 6-3〉에서와 같이 다섯 가지로 구분했다.

〈그림 6-3〉에서 연락 브로커(liasion broker)는 연결의 대상이 되는 두 사람과 브로커 본인이 모두 각기 다른 세 종류의 집단에 속한 경우를 말한다. 이것이 우리가 일상적 용례에서 말하는 의미의 브로커에 가장 가깝다고

할 수 있을 것이다. 대표 브로커(representative broker)란 자신과 같은 집단에 속한 다른 사람의 의견이나 정보를 받아서 다른 집단 소속원에게 전달하는 역할을 하는 사람이다. 이와 연결의 방향을 반대로 한 것이 문지기 브로커(gatekeeper broker)인데, 그는 외부로부터의 접촉을 제일 먼저 받아서 자신과 같은 집단 소속원에게 전달하는 사람이다. 그런가 하면 경유 브로커(itinerant broker)는 스스로는 외부집단에 속해 있지만 같은 집단에 속해 있으면서도 서로 잘 소통하지 못하는 두 사람 사이를 매개하고 중재하는 구실을 한다. 시어머니와 며느리가 한집에 살고, 시집가서 따로 사는 시누이가 있는 집을 생각하면 이해가 쉬울 것이다. 고부간이라는 특성상 시어머니와 며느리가 원활히 소통하지 못할 때, 비록 다른 집에 살고 있더라도 시누이는 며느리의 고충을 시어머니에게 전달해주는 구실을 할 수도 있을 것이다. 끝으로 조정자 브로커(coordinator broker)는 같은 집단 안에서 브로커의 구실을 하는 사람이다.

이렇게 나누어놓고 보면 똑같이 사이에 있는 자의 권력이라 하더라도 사람들 사이의 집단을 나누어놓는 경계선이 어디냐에 따라 그가 추구할 수 있는 권력의 종류와 강도는 상당히 다름을 짐작할 수 있다. 예를 들어 연락 브로커라면 세 사람이 공통으로 속해 있는 거대한 시스템 전체의 권력을 추구할 가능성이 크다. 반면 대표 브로커나 문지기 브로커는 자신이 속한 집단 내부에서의 권력을 추구할 가능성이 커 보인다. 왜냐하면 그는 자신이 속한 집단의 의견을 적절히 가공해서 외부에 내보내거나 혹은 외부로부터 들어오는 정보를 자신이 원하는 대로 각색해서 내부에 전달하고, 혹은 심지어 정보를 차단할 수도 있는 위치에 있기 때문이다. 경유 브로커는 중재자의 역할을 수행한 대가로 양측으로부터 감사의 표시를 받을 것이고 결과적으로 어느 정도의 권력을 가지겠지만, 최정상의 권력을 가질 수 있을 가능성은 그리 크지 않을 것이다. 브로커 자신이 속한 집단에서는 남의 집단 내부의 갈등을 해결한 것에 대해 그리 높이 평가해줄 이유가 없고, 상대방 집단에서 보기에는 감사의 대상이 될지언정 어디까지나 외부자이기 때문에 자기 집단의 최고권력자 후보라고는 생각하지 않기 때문이다. 성직자나 대학교수와 같이 자신이 직접 정치에 뛰어들 가능성은 작지만, 정치 문제에 대해 발언할 수 있는 사람들이 대개 높은 평판을 얻는 것은 그들이 경유 브로커이기 때문이다. 그러나 소위 폴리페서(polifessor, 정치교수) 논란에서 보듯이, 경유 브로커가 국외자이기를 포기하고 정치집단 내부로 뛰어드는 순간 브로커로서 그의 권력이나 권위는 순식간에 실종되고 오히려 비판의 대상이 되기도 한다. 조정자 브로커는 집단 내부의 갈등을 조율하는 사람으로서, 많은 경우 그는 막후 실세일 가능성이 크다.

앞에서 경유 브로커를 설명하면서 잠시 언급했지만, 사이에 있는 자가 권력을 가지는 것은 사람들을 나누어놓는 집단 간 경계선이 어디에 설정되어 있는가, 그리고 중재자인 브로커가 어느 집단에 소속되어 어떤 종류의 권력을 추구하는가와 밀접하게 연관되어 있다. 그런데 여기에는 〈그림 6-3〉에 제시된 브로커의 종류 문제뿐만 아니라 브로커 권력의 딜레마, 더 나아가 국가권력의 딜레마라고 하는 더 근본적이고 커다란 권력의 문제가 대단히 흥미로운 방식으로 연결되어 있다. 네트워크 이론가 중에서 이 문제를 가장 체계적으로 탐구한 사람으로는 아마도 로저 굴드(Roger Gould)와 존 패짓(John Padgett)을 들 수 있을 것이다. 패짓의 "견실한 행위(robust action)" 이론은 뒤에 다시 논의하기로 하고, 우선은 굴드가 제시한 일련의 연구들을 소개하기로 하자. 굴드는 라우만과 파피(Laumann and Pappi, 1976), 그리고 마스덴(Laumann, Marsden, and Galaskiewicz, 1977; Marsden, 1982)으로 이어지는 커뮤니티 엘리트의 권력연구 전통을 이어받아 수행한 연구(Gould, 1989)에서 브로커 권력의 딜레마라고 하는 문제를 최초로 본격적으로 제기했다.

그에 의하면 자원권력(resource power)과 위치권력(positional power) 사이에는 근본적인 긴장관계 혹은 딜레마가 존재한다. 앞서 베버의 권력 논의에서 나이의 소프트 파워에 이르기까지 대부분의 권력 논의들이 이자관계(dyad)에서의 권력 문제에만 집중한 나머지 세 명 이상의 관계에서 나타나는 권력의 네트워크적 기반을 무시하고 있다고 비판한 바 있으나, 굴드는 심지어 중앙성에 근거한 네트워크 이론마저도 이자관계의 한계를 완전히 넘어서지는 못하고 있다고 보는 듯하다. 그는 권력 혹은 정치를 일련의 양자관계들로 보는 것은 잘못된 결론으로 유도할 수 있다고 주장하는데, 이때 "일련의 양자관계"라는 것은 하나의 네트워크에서 여러 쌍을 번갈아 비교하면서 누가 더 중앙성이 높은지를 검토하는 방식을 말한다. 극단적인 경우 두 사람 사이에서도 계산될 수 있는 중앙성 개념과는 달리 브로커 개념은 본질적으로 세 사람 이상의 관계가 전제되지 않고는 성립할 수 없는 개념이고, 그런 측면에서 더욱 구조적인 사고방식이기도 하다.

굴드는 네트워크 중앙성과 커뮤니티 권력의 관계를 주로 연구한 라우만과 그의 동료가 사용했던 구(舊)서독과 미국 소도시 내부의 네트워크 데이터를 그대로 사용하여 반복 연구를 수행했는데, 여기에서 앞서 말한 바와 같은 브로커의 소속집단 및 권력 추구와 관련한 흥미로운 발견들을 하게 된다. 이 연구에 의하면 사이에 서 있는 자인 브로커는 항상 권력을 가질 수 있는 것은 아니며, 이슈들을 둘러싼 첨예한 대립이 있고 이 여러 대립이 서로 상당한 정도로 상관관계를 가지고 엮여 있을 때(즉, 안정적인 파벌이 존재할 때) 비로소 브로커의 권력이 중요해진다. 이것은 사실 상당히 예측 가능한 결과이다. 왜냐하면 정치적 맥락에서 이해관계의 갈등이 없으면

(혹은 경제적 맥락에서 창출될 부가가치가 없으면) 중재자의 역할은 별로 필요치 않기 때문이다. 정치적 갈등과 그 갈등을 갈라놓는 골이 분명하게 존재할 때 그 간극을 메울 수 있는 중재자의 역할은 빛나게 되고, 그는 커다란 영향력을 가지게 된다. 그런데 흥미로운 것은 커다란 영향력을 가지게 된 중재자가 그것을 자신의 실질적 권력으로 전유하려고 시도하는 순간, 그 영향력은 빠른 속도로 사라지고 따라서 권력 획득의 시도는 물거품으로 끝난다는 점이다. 네트워크에서 자신이 속한 위치, 즉 구조로부터 도출된 권력을 가진 사람이 그것을 자원권력으로 바꾸려는 시도는 많은 경우 실패한다는 이러한 발견은 권력의 문제와 관련하여 흥미로운 딜레마를 제시한다.

굴드는 이 연구 결과를 더욱 발전시켜서 페르난데스와 함께 앞서 〈그림 6-3〉에 제시한 것과 같은 브로커의 유형론을 제시하고(Gould and Fernandez, 1989), 더 나아가 이것을 정책 네트워크 연구에서 많이 연구된 미국의 의료정책 결정 과정에 적용했다(Fernandez and Gould, 1994). 굴드와 페르난데스가 이 문제를 정책 네트워크에 적용한 것은 상당히 전략적인 함의를 갖는데, 업무의 성격상 여러 이슈 영역 및 이해집단과 동시 다발적으로 연루될 수밖에 없는 국가 관료야말로 파워 엘리트 네트워크의 중심 서클을 형성한다는 그웬 무어(Gwen Moore)의 주장처럼 정책결정 과정에서 국가의 브로커 역할을 검증함으로써 브로커 권력의 딜레마에 대한 자신들의 주장을 국가권력의 딜레마에 대한 일반적 이론으로 확장할 수 있는 요충지이기 때문이다. 굴드와 페르난데스는 미국의 의료정책 결정에 관련된 행위자들의 네트워크와 권력에 대한 자료를 분석한 결과 다음과 같은 결론을 얻었다.

ⅰ) 브로커의 종류에 무관하게 자신이 아니면 연결되지 않을 행위자들을

연결하는 사람은 그렇지 않은 사람에 비해 평균적으로 더 많은 영향력을 가진다.

ii) 정부조직이면서 이슈에 대해 분명한 입장을 택하는 경우 연락 브로커나 경유 브로커의 영향력은 줄어든다.

iii) 정부조직이 이슈에 대해 분명한 입장을 취한다 하더라도 대표 브로커나 문지기 브로커의 영향력은 줄어들지 않는다.

iv) 비정부조직의 경우 다섯 가지 브로커 유형들과 영향력 사이의 관계는 이슈에 대한 태도 표명과 무관하게 영향받지 않는다.

v) 정부조직이든 비정부조직이든 이슈에 대해 분명한 태도를 표명하는 것은 조정자 브로커의 영향력을 확대시킨다.

이 중 첫 번째 발견은 브로커에 대한 일반적이고 상식적인 명제이다. 문제는 두 번째부터 다섯 번째 발견까지인데, 굴드와 페르난데스는 이것이 한편으로는 행위자의 입장 표명에, 그리고 다른 한편으로는 그 행위자에 대한 역할 기대에 관련되어 있다고 설명한다. 비정부조직, 즉 민간부문조직의 경우 당연히 사적 이익을 추구할 것으로 생각하기 때문에 사람들은 그들에 대해 공정한 중재자의 역할을 별로 기대하지 않는다. 이것이 네 번째 발견, 즉 비정부조직의 경우 다섯 가지 브로커 유형들과 영향력 사이의 관계는 이슈에 대한 태도 표명과 무관하게 영향받지 않는다는 발견이 나타나는 이유이다. 반면 공정한 중재자의 역할에 대한 기대를 가장 많이 받는 정부조직은 그들이 어떤 종류의 브로커인지에 따라 큰 영향을 받는다. 연락 브로커나 경유 브로커가 영향력을 가지는 것은 그들이 다른 집단 혹은 외부 영역에 속해 있고, 따라서 공정한 중재자가 될 수 있으리라는 기대 때문이다. 그러나 정부조직이 연락 브로커나 경유 브로커이면서 동시에

〈그림 6-4〉 연락 브로커와 이슈 참여, 그리고 영향력 사이의 관계

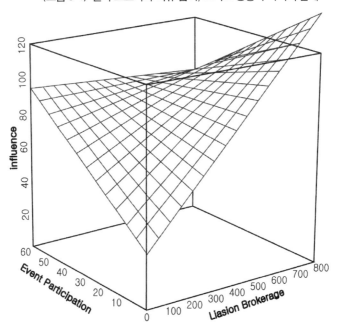

자료: Gould and Fernandez, 1994.

정책에 대한 분명한 입장을 표명하면 이러한 기대를 순식간에 잃게 되고, 이것은 영향력의 급격한 상실로 나타난다(두 번째 발견). 그러나 정부조직이라 하더라도 대표 브로커나 문지기 브로커일 경우 자신이 속한 집단을 대변하여 외부집단과의 교섭을 진행하는 것이므로, 이때는 자기집단의 이익을 보호하겠다는 분명한 입장을 취하는 것이 영향력 강화에 도움이 된다. 네트워크 관점에서 보면 이것이야말로 정부와 같은 공공 영역이 보호해야 할 "공적 이해(public interest)"를 대변하는 행위인 셈이다(세 번째 발견). 정책 관련 첨예한 이슈들은 정책 영역(policy domain) 전체로 보면 간극을 생산해내지만, 간극 너머의 적과 대치해야 하는 상황에서 내부집단

의 결속을 위한 조정자의 역할은 더욱 중요해진다(다섯 번째 발견).

연락 브로커 행위의 강도와 이슈 참여의 정도, 그리고 영향력 사이의 관계를 보여주는 〈그림 6-4〉는 브로커의 권력을 결정하는 흥미로운 다이내믹스를 잘 보여준다. 육면체 밑면의 네 꼭짓점을 중심으로 비교하면 다음과 같다. 〈그림 6-4〉에 나타나듯이 아무것도 하지 않는 자(연락 브로커 역할도 낮고 이슈 참여도 하지 않는 자)는 권력을 가질 기회가 없다. 따라서 그의 권력이 가장 낮다. 흥미로운 것은 두 번째로 낮은 권력을 가지는 사람은 고도의 연락 브로커이면서 이슈 참여를 많이 하는 사람이라는 점이다. 즉, 구조적으로 유리한 위치에 있더라도 그것을 자신의 자원권력으로 연결하려고 하는 순간 권력을 빼앗기는 딜레마를 보여주는 셈이다. 그보다는 차라리 브로커가 아니면서 노골적으로 이슈에 참여하는 행위자들이 더 많은 권력을 가진다. 이론적인 예측과 같이 가장 많은 권력을 가지는 사람은 고도의 연락 브로커이면서 자신은 전혀 이슈에 참여하지 않는 사람이다. 그러나 그의 권력은 자신을 위해 사용하는 것, 즉 자원권력으로는 연결될 수 없는 운명이다.

3) 불패의 전략은 가능한가

지금까지 소개한 네트워크 권력 이론을 읽으면서 어쩌면 독자들은 허무함을 느낄지도 모르겠다. 네트워크 권력을 가능하게 하는 조건들은 너무나 복잡하고도 섬세하기 때문에 과연 그것이 실현 가능할 것인가라는 의구심을 들게 하기 때문이다. 네트워크 중앙에 위치한다 하더라도 권력은 보장되지 않는다. 다른 사람들의 '사이'에 섬으로써 영향력을 높일 수는 있지만, 그 영향력을 나의 권력으로 만들려고 시도하는 순간 그것은 신기루처럼 사라져버린다. 그렇다면 네트워크 권력을 추구하는 전략은 가능한 것인가.

이 질문에 대한 답부터 말하면 '가능하다'이다. 그러나 많은 경우 이 고도로 복잡하고도 모호한 전략은 그것을 사용해 권력을 잡는 데 성공한 사람조차도 '스스로도 모르는 사이에' 사용했을 가능성이 크다. 역사상 이 전략을 가장 잘 구사했다고 알려진 사람은 아마도 코시모 메디치(Cosimo de Medici, 1389~1464)라고 할 수 있다. 잘 알려진 바와 같이 메디치 가문은 3백 년에 걸쳐 피렌체의 실질적 지배자였고, 유럽 전역에 걸친 은행 시스템을 만들어 국제무역과 금융을 손안에 두었으며, 인문과 예술의 후원자로서 메디치가 없이는 르네상스도 없었다고 할 정도의 영향력을 행사했다. 이 모든 것의 출발점인 코시모 메디치는 아주 짧은 기간을 제외하고는 공직에 나선 적도 없었지만, 사후 피렌체의 국부(國父)로 공식적으로 추앙되었다. 코시모 메디치와 메디치 가문에 대한 역사적 연구는 헤아릴 수 없이 많으나, 네트워크 권력과 관련하여 주목해야 할 것은 메디치의 등장을 '불패의 행위(robust action)'[5]라는 개념으로 파악한 패짓과 안셀의 연구이다

---

5) robust action의 적절한 번역을 찾는 것은 무척 어려운 일이다. 원래의 영어 단어를 직역하면 '강력한', '견실한' 정도의 번역을 생각할 수 있겠으나, '강력한 행위', '견실한 행위'와 같은 번역은 어색할 뿐 아니라 의미 전달에도 왜곡의 염려가 있다. 먼저 '강력한 행위'라는 번역을 생각해보면, 코시모 메디치의 행동방식은 '강력한'이라는 단어가 전달하는 의미와는 정반대였다. 본문에서 자세히 설명하듯이, 막강 권력을 가지고 있음에도 그는 자신이 원하는 것을 분명히 밝히는 일도 없었고, 그것을 강력히 밀어붙이는 일은 더욱 없었다. '견실한 행위'라는 번역은 통계학에서 사용되는 robustness의 의미에서는 코시모 메디치의 행동방식과 일맥상통하는 면이 있기는 하나 일반적으로 사용되는 단어가 아니다. 따라서 번역을 위해서는 직역이 아니라 의역이 필요하다고 판단했다. 하나의 수(move)로 여러 개의 게임을 동시에 플레이하면서 상대방은 코시모 메디치가 무엇을 추구하고 있는지 알 수 없게 만들고, 각 게

(Padgett and Ansell 1993). 네트워크 권력이라는 렌즈를 통해 그들이 들려주는 메디치의 이야기는 다음과 같다.[6]

코시모 메디치를 둘러싼 정치·군사적 네트워크가 얼마나 탄탄한 것이었으며 그의 권력이 얼마나 강력한 것이었는지는, 그가 피렌체의 명실상부한 지도자로 등극하는 데 결정적 역할을 한 1433년 9월 26일의 전투 아닌 전투가 단적으로 보여준다. 그날 코시모 메디치의 정적이자 과두파의 수장 격이었던 리날도 알비치(Rinaldo Albizzi)는 정부를 무력으로 장악하기 위해 자신을 따르는 귀족들에게 군대를 이끌고 광장에 모일 것을 명령했다. 그러나 생각보다 많은 귀족이 모이지 않았고 새로운 군대가 도착해서 합류할 즈음에는 이미 와 있던 귀족들이 변심하여 떠나버리는 일이 반복되어 그 위세는 좀처럼 불어나지 않았다. 반면 메디치를 따르는 세력들은 즉각적으로 대응했다. 그들은 즉시 군대를 이끌고 정부 청사가 있는 베키오 궁전(Palazzo Vecchio)에 모여들었고, 절대적인 세(勢)의 차이로 말미암아 실제 전투는 벌어지지도 않은 채 사태는 평정되었다. 그날 이후 코시모 메디치는 나라를 구한 영웅이 되었다. 놀라운 것은 이 당시에 코시모 메디치는 정적 알비치에 의해 숙청되어 베네치아에 있었다는 사실이다.

임의 상대는 자기가 이겼다고 생각할지 모르지만 사실 코시모 메디치는 그가 동시에 플레이하고 있는 다른 게임에서 훨씬 더 큰 승리를 거두었고, 상대방이 이겼다고 생각한 다음 순간 다른 게임에서 코시모 메디치가 거둔 승리들은 더 넓은 맥락에서 훨씬 더 큰 힘이 되어 드라마틱한 반전을 가져오는 그의 행동방식을 표현하기에는 '불패의 행위'라는 번역이 적절하다고 여겨진다. 자신이 원하는 바가 무엇인지, 누구와 몇 개의 게임을 플레이하고 있는지, 각각의 게임에서 이겼는지 졌는지조차 상대가 알 수 없게 한다면 코시모 메디치가 패배하는 것은 그 정의(定義)상 불가능하다. 따라서 이 글에서는 '불패의 행위'라는 번역을 사용하기로 한다.

6) 이 내용은 대부분 패짓과 안셀의 연구에 의존한 것임을 밝히며, 페이지 수 등을 따로 일일이 인용하지 않기로 한다.

그가 직접 취한 행동은 아무것도 없었음에도 그는 금의환향하여 피렌체의 지배자가 되었고, 공화정의 수호자로 떠받들어졌으며, 그날 이후 메디치가의 권력은 3백 년 동안 지속되었다.

이 이야기는 그가 국외에 있음에도 추종세력이 목숨을 걸고 충성을 다 바칠 정도로 코시모 메디치가 강력한 보스였을 것이라는 인상을 들게 한다. 하지만 흥미롭게도 코시모 메디치에 대한 기록들은 그가 "해석 불가능한 스핑크스 같은 사람"[7]이었을 뿐 아니라 "자신의 영향력을 감추고, 이면(裏面)에 남아 있기를 고집했으며, 꼭 필요할 때는 대리인을 통해 행동하는" 사람이었다고 증언한다. 막강 권력자인 그에게 수많은 사람이 크고 작은 청탁을 했지만 언제나 "알아보겠다"고 대답할 뿐, 단 한 번도 확정적인 대답을 한 적이 없다고도 한다. 마키아벨리가 그리는 군주의 자격과는 거리가 먼, '뜨뜻미지근'해 보이는 코시모 메디치는 어떻게 해서 절대권력을 잡을 수 있었을까?

패짓과 안셀은 비록 그 거시적 조건들은 14세기 말에 여러 차례 벌어졌던 실패한 반란들과 15세기 초 피렌체의 재정 파탄이 제공했다 할지라도, 이러한 거시적 충격들이 피렌체 엘리트 네트워크의 구조 변동을 통해 매개됨으로써 코시모 메디치의 권력 장악이 가능했다고 분석한다. 패짓과 안셀은 상세한 역사적 자료에 근거하여 그 시절 피렌체 유력 가문들 사이의 결혼 네트워크, 경제적 거래 네트워크, 그리고 정치적 협력 네트워크를 재구성해낸다. 이 분석에서 가장 현저하게 드러나는 것은 메디치 가문이

---

7) 스핑크스 같은 사람이란 해석 불가능하다는 뜻이다. 스핑크스는 사람의 머리와 사자의 몸, 그리고 때로는 독수리의 날개를 가진 존재여서 그 실체가 무엇인지 알 수 없다. 또한 지나는 사람에게 애매한 수수께끼를 내서 맞히지 못하면 잡아먹었다는 이야기도 스핑크스의 모호한 존재적 성격을 대변한다.

결혼은 귀족들과 했고, 경제적 거래는 신흥세력(new men)들과 했으며, 자기들끼리 모여 사는 다른 귀족들과 달리 신흥세력 지역인 산지오바니(San Giovanni)에 거주했고, 메디치의 정치적 협력자 그룹에는 귀족과 신흥세력이 섞여 있었다는 점이다. 더구나 메디치 네트워크에 속한 여러 가문은 메디치 가문을 통하지 않고는 서로 거의 연결되지 않았다. 이런 의미에서 메디치는 완벽하게 '사이에 있는 자'였던 셈이다. 그의 정적이 된 과두파 귀족들은 모든 종류의 네트워크에 걸쳐서 서로 탄탄히 연결되어 있었다. 하지만 앞서 소개한 베키오 궁전의 전투에서 보듯이 밀도 높게 엮인 과두파 네트워크는 '사이에 있는' 메디치에게 철저하게 패배했다.

앞의 소항(小項)에서 소개했듯이, 사이에 있는 자의 권력은 그것을 사적으로 전유하려고 하는 순간 연기처럼 날아가버린다. 그렇다면, 코시모 메디치는 어떻게 이것을 강력한 실제의 권력으로 연결할 수 있었을까. 이것을 가능하게 한 것이 바로 '불패의 행위'이다. 다른 귀족들은 신분의 차이를 내세워 상대조차 하지 않으려 했던 신흥세력의 거주지에 살면서 그들과 경제적 거래를 했던 코시모 메디치는 '신흥세력의 영웅'으로 불렸으나, 실제 결혼 네트워크에서 메디치 가문은 철저하게 귀족하고만 혼인했으며 사실은 다른 귀족들보다도 훨씬 더 속물적이었다. 심지어 '신흥세력의 영웅'이라는 호칭조차 원래는 그의 정적인 과두파 귀족들이 메디치를 비난하기 위해 붙인 이름이었으나, 코시모 메디치는 굳이 이를 부인하지 않고 슬그머니 받아들였고, 시간의 흐름과 함께 진짜로 신흥세력의 영웅이 되었다. 코시모 메디치는 권력을 가지려고 적극적인 권력 추구를 한 것이 아니라, 15세기 피렌체에 깊게 파인 계급 양극화의 골짜기를 넘나들 수 있는 유일한 사람이 되어 이쪽에서 보면 이렇게 보이고 저쪽에서 보면 저렇게 보이는 모호한 다중정체성 뒤로 은둔한 채, 자신이 만들어낸 것이 아니라 자신에게로 흘러오는 기회들을 묵묵히 받아들이기만 한 것이다.

패짓과 안셀은 메디치 권력의 미시 메커니즘을 다음 네 가지로 정리한다. 첫째, 결혼과 경제적 거래를 통해 코시모 메디치가 만들어낸 네트워크 구조는 철저하게 그 자신을 중심에 놓고 다른 모든 사람을 분리시켜놓는 것이었기 때문에 정파 내부의 민감한 사안은 메디치라는 채널을 거쳐 갈 수밖에 없었다. 둘째, (일반적인 경우라면 다른 사람들이 직접 연계를 형성함으로써 메디치의 독점적 지위를 약화시킬 수도 있겠으나) 코시모 메디치가 연결해놓은 귀족과 신흥계급이라는 이질적 집단들은 사회적 지위와 거주지에서 철저하게 분리되어 있었고 서로에 대한 신뢰가 없다시피 했기 때문에 그러한 직접적 연계는 만들어질 수 없었다. 셋째, 지리적으로 멀리 떨어진 귀족들과 결혼하다 보니 비공식적으로 사돈들과 만날 일이 거의 없어서 공식적인 관계가 유지되었고, 그 덕분에 사돈들이 친근함을 빌미로 메디치의 권위를 침식하는 일이 없었다. 반면 같은 지역에 사는 신흥계급들은 메디치를 매우 친근하게 받아들였으나 사회적 신분의 차이가 워낙 컸기 때문에 그에게 도전한다는 것은 엄두를 낼 수 없는 일이었다. 넷째, 메디치 정파의 구성원이 워낙 이질적이다 보니 피렌체 정치에서 그들의 표는 일종의 유동표(swing vote)가 되어 실제의 세력보다 훨씬 큰 영향력을 가질 수 있었다.

사이에 있는 자의 권력은 잡으려고 하는 순간 날아가버린다. 다른 말로 심판과 보스 사이의 딜레마이다. 심판은 공정하다는 평판과 권위, 존경을 한몸에 받을 수 있지만 결코 경기에서 승리할 수 없다. 아무리 존경받는 심판이라도 스스로 경기에 뛰어드는 순간 지금껏 쌓아올린 모든 것은 날아간다. 코시모 메디치는 사이에 있으면서 권력을 잡는 데에 성공했고, 심판에서 보스로의 변신에 성공했다. 그것을 가능케 한 '불패의 행위'의 핵심은 다중적 모호성(multivocality)에 있었다. 네트워크의 단절을 이용해 여러 개의 게임을 동시에 플레이한 그의 행동들은 네트워크의 전체 모습을 보지 못하는 다른 사람들에게는 결코 이해할 수 없는 것이었기에 그들은 자신들이 이해하는 세계의 경계선 안에서 그의 행동을 해석했고, 코시모 메디치는 그러한 해석들이 자신에게 불리하지 않은 한 그냥 내버려두었다. 공익을 지켜야 할 심판이 사익을 추구한다는 비판은 코시모 메디치의 선호(preference)와 자기이익(self-interest)이 무엇인지를 파악할 수 있을 때 가능한 것인데, 그것은 결코 파악될 수 없었고 심지어는 스스로 일관된 선호나 자기이익을 가지고 있었는지조차 분명치 않다. 그가 동시에 수행한 여러 가지 역할 각각은 사람들의 역할 기대를 통해 만들어진 이해관계가 있었겠지만, 그것들이 모여서 코시모 메디치라는 자연인의 통합적 정체성으로 구성될 수 있었는지는 아무도 모른다. 그의 정체성은 마치 반전도형 (Rorschach blot)[8]과도 같이 보는 관점에 따라 달라지는 것이었다. 패짓과 안셀은 코시모 메디치의 관점에서 볼 때 이러한 반전도형 정체성의 유일한 핵심적 포인트는 '유연한 기회주의'뿐이었다고 진단한다.

권력을 추구하는 사람들은 대체로 권력이라는 최종 목표를 정해놓고 그것에 도달하기 위해 한 걸음씩 자신이 설정한 중간단계의 목표를 달성해 나아간다고 생각한다. 하지만 스스로 권력의 주인공이 되고자 그의 권력 추구를 저지하려는 주변 사람들은 권력에 도달하는 그의 경로를 예측 가

---

8) 반전도형(反轉圖形)이란 심리 테스트에서 종종 사용되는 것으로서 보는 시각에 따라 다른 모양을 보여주는 그림을 말한다. 예를 들어 그림의 양쪽 옆으로부터 출발해서 보면 두 개의 얼굴이 마주 보는 그림처럼 보이지만 그림의 가운데를 중심으로 보면 술잔처럼 보인다든가, 보는 각도에 따라 오리처럼 보이기도 하고 토끼처럼 보이기도 한다든가, 젊은 여성의 얼굴처럼 보이다가 노파의 얼굴이 나타나기도 하는 그림들이다.

능한 길에 고착(lock-in)되도록 하는 생태적 통제(ecological control)를 시도한다. 상대가 귀퉁이의 집 싸움에서 이겼다고 생각한 다음 순간 저항할 수 없는 태풍과도 같이 대마(大馬)를 잡아버리는 바둑의 전략도 결국은 승리를 향한 상대의 길을 예측 가능한 경로에 고착시키기 때문에 가능한 것이다. 그렇다면 권력을 추구하는 사람들이 설정해놓은 단계와 전략이라는 것들이 과연 스스로 설정한 것인지 주변에 의해 설정당한 것인지 구분하는 일은 매우 어렵게 된다. 코시모 메디치는 다중적 모호성으로 점철된 반전도형 정체성을 가지고 있었기 때문에 그의 정적들은 물론 그의 동료조차도 그의 행동을 예측할 수도, 그의 동기를 이해할 수도 없었고, 결과적으로 그는 고착되지 않았다. 그의 사익 추구는 공익에의 헌신으로 보일 수 있었고, 3백 년 권력을 틀어쥐었으면서도 국부로 추앙될 수 있었다. 물론 잊지 말아야 할 것은 코시모 메디치가 구사한 불패의 전략은 아무 때나 쓸 수 있는 것이 아니라는 점이다. 그것은 그가 구축한(혹은 그에게 주어진) 특정한 종류의 네트워크라는 구조적 맥락 속에서만 가능한 일이다. 그가 이 모든 것을 사전에 예측하고 전략을 구사했는지, 아니면 대단한 행운의 주인공인지 아는 것은 불가능하다. 한 가지 분명해 보이는 것은, 그가 자신을 둘러싼 네트워크의 규칙들을 매우 잘 학습했다는 사실이다.

4. 맺음말

이 글에서는 하드 파워와 소프트 파워로 나뉘어 논의되는 기존의 권력 논의가 사실은 행위자들을 연결하는 네트워크 구조와 행위자들이 차지하는 위치, 즉 네트워크 권력에 의해 크게 영향받고 있음을 보여주려고 시도했다. 전자의 논의가 주로 국제정치학 맥락에서 그리고 후자의 논의가 주로 사회학 맥락에서 이루어져 왔음을 고려한다면, 이러한 시도는 정치권력의 사회학적 분해라고도 볼 수 있을 것이다.

하드 파워와 소프트 파워의 구분이 권력이라는 총체의 씨줄이라면 자원기반권력과 네트워크 권력의 구분은 그 날줄이라고 할 수 있다. 더군다나 권력과 영향력의 구분에서 압도적으로 영향력에 가까운 소프트 파워는 관계의 맥락에 특히 민감하게 반응할 수밖에 없기 때문에 네트워크라는 날줄을 이해하지 않고는 제대로 작동할 수 없다.

나이의 소프트 파워는 그것이 가지는 단순명료한 직관적 호소력과 레토릭, 그리고 부시 행정부 10년 동안 하드 파워 일변도의 강력한 외교정책에 대한 사람들의 거부감이 결합되면서 많은 조명을 받았지만, 엄밀한 사회과학적 개념으로서의 분석적 힘을 가지려면 아직도 많은 검증이 필요하다고 여겨진다.

하드 파워에서 소프트 파워로의 이행은 종종 물리력으로부터 외교력으로, 경제력이나 군사력으로부터 문화적 매력으로의 이행이라는 단순한 "권력자원 변화" 혹은 "권력자원 대체"라는 틀 안에서 이해되어왔다. 그러나 하드 파워든 소프트 파워든 결국 추구하는 목적지는 권력의 최정상이라고 할 때, 네트워크적 관점에서 보면 단순한 권력자원의 변화를 통해 권력의 최정상에 도달할 수 있을 것이라 자신하기에는 그 동학(動學)이 너무나 복잡함을 알 수 있다. 금융, 무역, 군사, 외교, 문화, 인적 교류 등을 통해 세계가 하나로 엮이는 이 네트워크의 시대에 각 영역에서 전체적인 네트워크 구조는 어떻게 짜여 있는지, 그 구조에서 각국이 차지하는 위치는 어디인지, 그 네트워크를 통해 전달되는 내용은 무엇인지, 각국은 매력만을 발신하는 것으로 만족하는지 아니면 그것을 통해 실질적인 패권을 추구할 것인지 등등 다양한 변수에 따라 권력 추구의 최종적인 결과는 달라질 것이라는 점을, 네트워크 연구 분야에서 축적되어온 수많은 연구 결과들이 보여주고 있기 때문이다. 하드 파워에서 소프트 파워로의 이행은 중요한 시대적 변화이고 그에 대한 날카로운 관찰이기도 하지만, 이제는 레토릭의 단계에서 벗어나 그 이행의 메커니즘과 그것을 둘러싼 네트워크의 구조에 대한 더욱 분석적인 접근이 필요한 시점이라고 할 수 있다.

■ 참 고 문 헌

Bavelas, A. 1950. "Communication Patterns in Task Oriented Groups." in *Journal of the Acoustical Society of America*, 22, pp. 271~282.

Bierstedt, Robert. 1950. "An Analysis of Social Power." in *American Sociological Review*, 15, pp. 161~184.

Bonacich, Phillip. 1987. "Centrality and Power: A Family of Measures." in *American Journal of Sociology*, 92, p. 1170, 1182.

Brass, Daniel J. and Marlene E. Burkhardt. 1992. "Centrality and Power in Organizations." in Nitin Nohria and Robert G. Eccles(eds.). *Networks and Organizations: Structure, Form, and Action*. Harvard Business School Press, pp. 191~215.

Cook, Karen S. and R. M. Emerson. 1978. "Power, Equity and Commitment in Exchange Networks." in *American Sociological Review*, 43, p. 721, 739.

Cook, Karen S., R. M. Emerson, M. R. Gillmore, and T. Yamagishi. 1983. "The Distribution of Power in Exchange Networks: Theory and Experimental Results." in *American Journal of Sociology*, 87, pp. 275~305.

Dahl, Robert. 1958. "A Critique of the Ruling Elite Model." in *American Political Science Review*, 52(2), pp. 463~469.

Evans Peter. 1979. *Dependent Development: The Alliance of Multinational, State, and Local Capital in Brazil*. NJ: Princeton University Press.

Freeman, Linton C. 1979. "Centrality in Social Networks: Conceptual Clarification." in *Social Networks*, 1, pp. 215~239.

Fernandez, Roberto M. and Roger V. Gould. 1994. "A Dilemma of State Power: Brokerage and Influence in the National Health Policy Domain." in *American Journal of Sociology*, 99(6), pp. 1455~1491.

Freeman, Linton C., Douglas Roeder, and Robert R. Muholland. 1980. "Centrality in Social Networks: II. Experimental Results." in *Social Networks*, 2, pp. 119~141.

Friedkin, N.E. and E. C. Johnsen. 1990. "Social Influence and Opinions." in *Journal of Mathematical Sociology*, 15, pp. 193~206.

Galtung, Johan. 1971. "A Structural Theory of Imperialism." in *Journal of Peace Research*, 8, pp. 81~117.

Gould, Roger V. 1989. "Power and Social Structure in Community Elites." in *Social Forces*, 68(2), pp. 531~552.

Gould, Roger V. and Roberto M. Fernandez. 1989. "Structures of Mediation: A Formal Approach to Brokerage in Transaction Networks." in *Sociological Methodology*, 19, pp. 89~126.

Heinz, John P., Edward O. Laumann, Robert L. Nelson, and Robert H. Salisbury. 1997. *The Hollow Core: Private Interests in National Policy Making*. Harvard University Press.

Laumann, Edward O. and Franz U. Pappi. 1976. *Networks of Collective Action: A Perspective on Community Influence Systems*. New York: Academic Press.

Laumann, Edward O., Peter V. Marsden, and Joseph Galaskiewicz. 1977. "Community -Elite Influence Structures: Extension of a Network Approach." in *American Journal of Sociology*, 83(3), pp. 594~631.

Leavitt, H. J. 1951. "Some Effects of Communication Patterns on Group Performance." in *Journal of Abnormal and Social Psychology*, 46, pp. 38~50.

Lukes, Steven. 2004. *Power: A Radical View*. Macmillan.

Marsden, Peter V. 1982. "Brokerage Behavior in Restricted Exchange Networks." in Peter V. Marsden and Nan Lin(eds.). *Social Structure and Network Analysis.* Sage, pp. 201~218.

Mills, Charles Wright. 1956. *Power Elite.* New York: Oxford University Press.

Mizruchi, Mark S. and Blyden B. Potts. 1998. "Centrality and Power Revisited: Actor Success in Group Decision Making." in *Social Networks,* 20, pp. 353~387.

Mokken, Robert J. and Frans N. Stokman. 1976. "Power and Influence and Political Phenomena." in Brian Barry and John Wiley(eds.). *Power and Political Theory: Some European Perspectives,* pp. 33~54.

Moore, Gwen. 1979. "The Structure of a National Elite Network." in *American Sociological Review,* 44(5), pp. 673~692.

Parsons, Talcott. 1963a. "On the Concept of Political Power." in *Proceedings of the American Philosophical Society,* 107, pp. 232~262.

_____. 1963b. "On the Concept of Influence." in *Public Opinion Quarterly,* 27, pp. 37~62.

Padgett, John F. and Christopher K. Ansell. 1993. "Robust Action and the Rise of the Medici, 1400~1434." in *American Journal of Sociology,* 98(6), pp 1259~1319.

Snyder, David and Edward L. Kick. 1979. "Structural Position in the World System and Economic Growth, 1955~1970: A Multiple Network Analysis of Transnational Interactions." in *American Journal of Sociology,* 84, pp. 1096~1126.

Van Rossem, Ronan. 1996. "The World System Paradigm as a General Theory of Development: A Cross-National Test." in *American Sociological Review,* 61, pp. 508~527.

Wallerstein, Immanuel. 1974a. *The Modern World-System.* Orlando, FL: Academic Press.

_____. 1974b. "The Rise and Future Demise of the Capitalist World System." in *Comparative Studies in Society and History,* 16, pp. 387~415.

_____. 1979. *The Capitalist World Economy*. Cambridge University Press.

Willer, David, Michael J. Lovaglia, and Barry Markovsky. 1997. "Power and Influence: A Theoretical Bridge." in *Social Forces*, 76(2), pp. 571~603.

Wrong, Dennis. 1974. *Power: Its Forms, Bases, and Uses*. Basil Blackwell.

Zelditch, Morris, Jr. 1992. "Interpersonal Power." in Edgar F. Borgatta and Marie L. Borgatta. *Encyclopedia of Sociology*. Macmillan, pp. 994~1001.

제6장

'종교의 부활'과 근대 국제질서의 변환

전재성(서울대학교)

1. 머리말

21세기 초 10년간의 국제정치는 테러를 둘러싼 논쟁과 반테러전의 시기로 역사에 기록될 것이다. 폭력은 근대국가가 합법적으로 독점하고, 폭력질서는 국가만이 특권을 가지고 만들어간다는 생각을 해왔던 20세기인들에게 엄청난 폭력을 행사한 테러 집단의 등장은 매우 충격적이었다. 미국은 반테러전에 수많은 인명과 재원을 소모했으며, 이슬람 근본주의에 기반을 둔 테러 세력은 여전히 세계 폭력질서에 많은 영향을 발휘하고 있다.

테러 집단이 가공할 만한 폭력을 소유하고 행사하게 된 데에는 많은 요인이 복합적으로 작용한 것이 사실이다. 테러를 행사하는 수많은 인원이 충원되어야 하고, 이들의 행위 동기를 만들어내는 이념이 존재해야 하며, 소수 인원으로 가공할 폭력을 생산할 수 있는 과학 기술의 습득이 가능해야 하고, 테러 집단의 성장과 이동을 보장할 수 있는 정치질서의 공백이 존재해야 하기 때문이다. 따라서 테러라는 현상이 발생하게 된 원인과 결과에 대한 분석은 매우 많은 요인에 대한 연구를 요구하는 것이 사실이다.

테러가 국제정치에 미치는 영향을 분석할 때, 새롭게 등장한 주제 중 하나는 소위 "종교의 부활"이다. 테러 집단들의 행위 동기 중 하나는 현존하는 미국 중심 혹은 서구 중심의 세계관에 대한 반발인데, 이에 대한 대항적 혹은 대안적 세계관의 근원을 제공하는 관념적 근원이 종교, 특히 이슬람 근본주의였기 때문이다. 2001년 9·11 테러를 감행했던 젊은이들의 가방 속에 코란이 들어 있었다는 것은 잘 알려진 사실이다. 죽음을 각오하고, 죽음 이후의 삶에 대한 믿음 속에서 삶을 포기한 것이다. 미국 주도 세계질서와의 싸움을 성전(聖戰)으로 생각한다면, 세속에서 수행하는 전투와 희생이 내세에서 보상받을 수 있을 것이라는 믿음이 당연할 것이다. 이슬람 근본주의자들은 현재 세계질서의 문제가 급속한 서구화와 그 폐해라고 주장하고 있으며, 대안적 세계관을 이슬람 종교의 축자적 해석에서 찾아야 한다고 주장하고 있다.

흥미로운 사실은 9·11 테러에 대한 대응을 주도했던 부시 행정부 역시 종교적 수사를 사용했고, 반테러전 수행에 종교적 열정을 정치적 영역에서 사용했다는 것이다. 소위 "악의 축"과 같은 종교 도덕적 개념화는 서구와 이슬람권의 충돌이라는 관념적 요소를 강조하는 개념들이었던 것이다. 21세기 초 미국은 이슬람권과 마찬가지로 종교적 근본주의라는 정치적 자원을 활용하고자 노력했고, 각종 선거 및 정책 수행에서 종교적 논리는 중요한 비중을 차지했다(이종록, 2005).

이러한 현상이 일시적인지, 혹은 근본적인지에 대한 판단은 매우 논쟁적인 주제이다. 헌팅턴(S. Huntington)과 같은 논자는 국가를 넘어선 문명 단위의 세계정치가 이미 출현했으며, 문명의 단층선을 구별하는 가장 중요한 요인은 종교라고 단언하고 있다. 그만큼 전 세계적으로 종교라는 관념적 요인이 국제정치에 중요한 요인으로 등장했다는 것이다.

그러나 기존의 근대 국제정치학은 종교라는 요인을 한 번도 중심적인 변수로 생각해본 적이 없다. 국제정치적 근대의 출발점이라고 여겨지는 1648년의 베스트팔렌 조약은 종교 전쟁을 마감하며 국제정치의 세속화를 선언한 조약이다. 속권에 의한 국제정치의 결정이 근대 국제정치의 핵심이 된 것이다. 교황 등 종교 지도자를 대체한 세속 군주는 영토권, 조약 체결권, 종교 선택권 등 공적 권력행사의 핵심축으로 등장했다.

따라서 근대 국제정치학에서 종교 변수는 공적 영역에서 활동하기 어려운, 매우 취약한 변수로 여겨졌던 것이 사실이다. 이런 상황에서 국제정치의 핵심 현상인 폭력 현상이 21세기에 들어와 종교에 의해 추동되었다는 사실은 국제정치를 보는 관점의 근본적 변화를 요구한 사건이었다. 더욱이 이러한 국제정치적 종교·폭력 현상의 뒤에는 이미 20세기부터 진행된 "세계적인 종교의 부활" 혹은 "탈세속화(desecularization)" 현상이 있었다. 사회학자들과 종교학자들은 20세기에 들어 과학 중심의 근대에 종교 현상이 다시 두드러진다는 연구를 발표해왔고, 이러한 맥락에서 공적 영역에서 종교가 차지하는 여러 가지 역할에 주목해왔다. 국제정치학 역시 근대가 심화되는 과정에서 소위 소프트 파워, 지식, 문화, 정보, 이념 등 탈물질주의적 요인이 매우 중요하게 등장하고 있다는 사실에 주목했지만, '종교'는 생소한 주제였다.

이런 현실에 착안하여, 이 글은 "국제정치에서 종교의 세계적 부활"이라는 최근의 논의를 비판적으로 살펴보고자 한다.[1]

---

1) 이에 대한 최근의 연구서들로는 Petio and Hatzopoulos(2003), Carlson and Owens(2003),

과연 21세기 국제정치에서 종교적 요소는 지구적으로 부활하고 있는가? 향후 이익과 권력에 기반을 두고 추구된 근대의 국제정치는 초월성과 영성 등을 강조하는 종교적 요소에 더 많은 영향을 받을 것인가? 그렇다면 각 지역의 다른 사람들과 국가들은 어떠한 영향을 받을 것인가?

2. 종교의 지구적 부활

헌팅턴은 『문명의 충돌』에서 냉전 종식 이후 세계는 다극화, 다문명화되고 있으며, 국민국가 간 관계라는 국제관계에서 문명 간 관계라는 새로운 지구정치 패러다임으로 변화하고 있다고 주장했다. 헌팅턴의 주장 중 문명 단위의 중심성, 문명 간 충돌의 불가피성, 국민국가의 지속적 중심성과 현실주의의 유용성 등 세부 논점에 대한 논쟁이 있는 것은 사실이나, 문명 간 관계로 지구정치를 논하는 것은 일정한 의미가 있다. 국민국가들의 이익과 권력, 이념 등에 의해 좌우되지 않는 문화와 문명의 변수가 작동하고 있는 것이 현실이기 때문이다.

문명을 나누는 가장 중요한 기준은 무엇인가? 언어, 관습, 제도, 인종, 가치관 등 다양한 요소들이 있지만, 핵심적인 것은 종교이다. 헌팅턴은 "종교는 문명을 규정하는 핵심적 특성"이며, "거대종교는 거대문명이 의지하는 토대"라고 본다. 또한 베버가 말한 5대 세계종교 중에서 넷, 즉 기독교・이슬람교・힌두교・유교는 거대문명과 연결되어 있다(Huntington, 1997: 56).[2] 특히 20세기 후반부터 종교는 다시 중요성을 띠는데, 이는 "세

Fox and Sandler(2006), Pettman(2004), Thomas(2005), Berger(1999) 등 참조.

계 전역에서 불고 있는 종교의 부흥 바람" 때문이고, 이는 "문화적 차이를 더욱 강조하고 있다"고 헌팅턴은 주장한다(Huntington, 1997: 28).

이제까지는 세계 각 지역에 따라 편차가 적지 않지만, 근대의 정치적 삶에서 종교는 공적인 역할을 담당하지 않아야 한다는 소위 세속주의(secularism)가 일반적 담론으로 자리 잡고 있었다. 이는 다양한 종교들, 혹은 한 종교 내 분파 간의 종교적 갈등이 세속적 정치 담론을 악화시키는 것을 막고자 한 의도에서 비롯되기도 했고, 다른 한편으로는 근대의 성공적 모델인 서구가 세속화를 중심으로 한 근대화를 수행했기 때문에, 근대화가 곧 서구적 세속화를 의미했기 때문이기도 했다.

그러나 다양한 이유로 20세기 중후반부터 종교의 공적 역할은 다시 증대되기 시작한 것으로 보인다. 버거에 따르면 가톨릭·개신교 등 기독교, 이슬람교, 그리스정교 등 다양한 종교들이 전 세계적으로 공적 영역에서 중요성을 회복하고 있고, 종교를 믿는 사람들의 비율과 의례 참가행위 빈도도 늘어나고 있다는 점을 강조한 바 있다(Berger, 1999).

카사노바(José Casanova)는 세계 각국의 정치 무대에서 종교가 중요한 역할을 하기 시작한 전환점이 1980년대였다고 주장한다. 그는 크게 네 가지 사건을 예로 드는데, 이란의 호메이니 혁명, 폴란드의 솔리다리티 운동, 니카라과 산디니스타 운동 및 라틴 아메리카에서 가톨릭교회의 역할, 미국에서 기독교 근본주의의 역할 등을 거론했다. 세계의 주요 지역인 북남미와 유럽, 이슬람권에서 종교의 중요성이 다시 나타나고 있다는 것이다.

---

2) 헌팅턴에 따르면, 예외인 종교는 불교이다. 스리랑카, 미얀마, 태국, 라오스, 캄보디아, 티베트, 몽골, 부탄 등 불교문명권이 존재하지만, 대체로 불교는 발생지인 인도에서 문명권을 형성하지 못했고, 중국 등 동북아시아에서는 타 종교와 혼합되어 독자적 문명권을 만들어내는 데 한계를 보였다고 평가할 수 있다.

이론적으로 카사노바는 근대 세계에서 사적 영역에 머물러 주변화되어 있던 종교가 공적인 담론과 활동 장에서 중요한 역할을 새롭게 담당하고 있음을 강조하며, 이를 종교의 탈사유화(deprivatization)라고 일컫고 있다. 그리고 종교가 공적 장에서 점차 많은 역할을 하는 시대가 도래함을 설명하며, 이제 종교들이 공적 종교(public religion)의 성격을 띠게 되었다고 보고, 그 역할을 분석하고 있다(Casanova, 1994).

현재 세계의 유일 지도국인 미국에서는 1980년대 말부터 현재에 이르기까지 종교의 부활, 공적 영역에서 종교적 역할 증가와 같은 현상이 뚜렷이 나타나고 있다. 1990년부터 2000년까지 모르몬교는 19.3%, 보수적이고 복음적인 '기독교 교회'와 '그리스도 교회'는 18.6%의 성장을 보였다. 가톨릭은 16.3%의 증가율을 보였으며, '남부 침례교연합'은 1973년부터 1985년에 이르기까지 17%가 증가했다. 반면 장로교의 신도 수는 11.6%가 감소했고 그리스도 연합교회는 14.8% 감소하는 등, 주류 개신교집단들은 감소세를 보이고 있다(Huntington, 2004: 418~419).

일반적인 의미에서 종교가 중요해진 원인에는 지역별로 공통점과 차이점이 있다. 공통적인 원인으로는 무엇보다 근대과학적 세계관의 한계에 대한 자각이다. 베버의 용어대로 근대가 합리화와 탈미몽화의 과정이었다면, 탈근대적 상황에서 세계는 다시 재미몽화(re-enchantment of the world)의 과정, 혹은 리오타르의 말대로 거대 담론(meta-narrative)의 해체 과정을 겪고 있다는 것이다(송재룡, 1997: 355; Lyotard, 1984).

한편 근대화 · 계몽주의 · 이성중심주의의 극단적 발전이 이성의 능력에 대한 자체 모순을 불러일으키면서, 초이성에 대한 관심이 증가했다. 20세기 자연과학이 물리학의 상대성원리, 양자물리학, 복잡계 이론, 초끈 이론 등 기존의 뉴턴적 고전역학 패러다임을 넘어서면서 이성의 한계에 대한 새로운 인식을 불러일으켰다. 생물학 분야의 진화생물학 이론 역시 인간 이성의 한계를 논하면서, 종교의 본질과 역할에 대한 새로운 문제 제기를 했다.

과학이 죽음, 실존적 질문, 의미 추구 등에 대한 만족스러운 답을 해주지 못했다는 점에서 이러한 질문은 중요성을 더한다. 또한 사회생물학 등 과학이 '신의 문제'를 문제화했다는 사실 자체가 종교성의 부활을 역설적으로 증명해 주는 것이기도 하다. 종교는 죽음의 사업(death business)이라고 일컬어진다. 과학적 관점에서 죽음은 존재의 소멸을 의미할 수 있지만, 죽음 이후의 삶을 상정하는 종교는 내세가 현세에 영향을 미칠 수밖에 없다고 본다. 결국 인간 이성의 한계에 대한 논의는 종교의 역할에 대한 논의로 이어지면서, 21세기 과학계는 신의 존재, 종교의 본질, 신앙의 성격에 대한 치열한 논쟁을 벌이고 있다.

서구에서 유독 두드러지게 종교적 요소가 나타나는 지역은 미국이다. 미국 내 기독교 근본주의가 국제정치를 보는 관점을 더욱 강하게 규정하는 현상은 부시 행정부의 소위 네오콘의 정책에서 뚜렷이 나타났다. 선과 악을 가르는 도덕주의적 국제정치관, 악의 세력에 대한 무력사용 의도, 정치적·외교적 타협보다 군사적 승리를 통해 전략적 목적을 달성하려고 하는 미국의 세계 전략은 종교 논리에 의해 정당화되기도 한다.

이러한 미국 내 종교의 부활은 도덕적 타락에 대한 반응으로 해석된다. 이전에 용납될 수 없었던 성적 행위들에 대한 용인, 십대 임신, 편부모 가족, 급등하는 이혼율, 높은 범죄율, 만연하는 마약 사용, 매체의 선정성과 폭력성, 복지 혜택의 남용 등이 도덕적 타락을 보여주는 주요한 사례들이다(Huntington, 2004: 421).

종교의 부활 현상은 제3세계, 특히 이슬람권에서 두드러진다. 여기에는 근대화의 과정에서 강조된 서구화의 영향에 대한 반발이 크다고 볼 수 있다. 냉전이 종식되면서, 강대국 간의 무력 충돌과 공산주의 대 자본주의라는 이데올로기 전쟁이 사라진 것도 상당한 영향을 끼쳤다. 그에 따라 유럽 근대 국제질서에 대한 총체적인 비판이 제기됐기 때문이다. 따라서 동유럽의 보스니아, 코소보 사태, 아프리카의 소말리아, 르완다 사태, 아시아의 동티모르 사태 등 새로운 갈등 요인들이 등장했다. 이 사건들은 내전, 인종 전쟁, 민족 갈등의 모습을 띠고 있지만, 이러한 요인들이 표면화한 데는 근대 국제질서보다 상대적으로 근대 이전의 갈등 요인들이 더 중요하게 작용했다는 것을 알 수 있다.

이처럼 근대 편입시기에 해결되지 못한 민족·인종 문제가 불거지는 가운데, 종교가 중요한 요소로 등장했다. 종교는 서구중심주의 및 근대화론에 반대하는 이념의 기초로 활용되고, 세계화에 대항하는 이념적 무기로 등장하고, 미국 주도 질서에 도전하는 동원의 논리로 나타났다. 냉전의 종식은 미국과 소련이라는 강대국 간 갈등의 소멸을 의미하기도 했지만, 냉전 논리가 사라진 이후, 근대 이전에 해결되지 못하고 왜곡되었던 정치적 현실이 재등장하는 "전근대성의 부상(rise of premodernity)"을 의미하기도 했다.

제3세계 국가들에게 종교의 부활은 근대화의 실패에 대한 반응 중 하나이다. 세속화, 탈종교화, 탈전통과 같은 의미로 여겨지던 근대화가, 경제발전, 정치 민주화, 사회 발전, 선진국과의 평등 달성 등의 목표 성취에 실패하면서, '근대화=세속화'를 근본적으로 의심하게 된 점이 지적되어야 한다. 서구의 근대화 이론은 무엇보다 근대와 전통이 명확히 구별될 것이라는 점, 전통에서 근대로의 발전은 연속적이며 단선적인 발전의 과정이라는 점, 그리고 근대화가 진행되면 세속화의 과정이 전개될 것이라는 점을 전제하고 있었다(Thomas, 2005: 51~52). 그리고 이러한 전제는 제3세계에 의해 철저히 비판받았다. 재미있는 것은 이러한 근대화 비판이 근대화 자체에 의해 가능해진 부분이 있다는 것이다. 즉, 근대화는 부분적 혹은 성공적 정치 민주화를 가져오고, 민주화를 통해 종교집단의 의사 표현이 더 자유롭게 확장되면서 근대화를 통해 종교 부활이 더욱 활성화되는 역설적 현상도 나타난 것이다.

문제는 급속한 근대화 과정에서 개인들이 겪는 정체성의 혼란이다. 개인들은 근대화, 도시화, 합리화의 과정에서 새로운 정체성을 획득하는 동시에 자신의 정체성에 대한 혼란을 일으킨다. 이 과정에서 종교는 강력한 답변을 제시하며, 종교집단은 도시화로 상실된 공동체를 대신하는 작은 사회적 울타리가 되어준다(Thomas, 2005: 125). 헌팅턴은 근대화 과정에서 나타난 이슬람 지역의 재이슬람화 역시 "의미를 잃은 무정형한 소외의 세계에서 정체성을 재건하려는 방식"으로 간주한다(Thomas, 2005: 126). 특히 원리주의 운동은 근대적 사회정치제도, 세속주의, 과학 지향적 문화의 급속한 유입 및 경제 발전과 함께 나타난 혼돈의 경험, 정체성·의미·안정된 사회구조의 상실에 대처하는 방식이다.

이렇게 볼 때, 이슬람 부활은 근대화의 산물이자, 나름의 방식으로 근대화를 달성하려는 노력으로 볼 수 있다. 이슬람의 부활은 서구의 충격에 대한 반응으로서, 서구화에 대한 반작용이지 근대화에 대한 반작용은 아니라는 점을 염두에 두어야 한다.

〈표 7-1〉을 보면 탈냉전기 전체 14개 분쟁사례 중 절반에 해당하는 7개 분쟁이 종교적 요소에 의해 영향받고 있음을 알 수 있다.3)

---

3) 그러나 제3세계에서 종교가 부활하는 현상을 근대화 실패와 이에 대한 반발로 보기

〈표 7-1〉 세계적 종교 분쟁과 그 유형

분쟁 명칭	당사자	분쟁 원인	분쟁 유형
동티모르	인도네시아 : 동티모르	분리, 이념, 종교, 식민유산	내분형
카슈미르 분쟁	인도 : 파키스탄 : 독립론자	영토, 종교, 민족, 분리, 개입, 패권, 식민유산	국제형
스리랑카 내전	정부 : 타밀족	영토, 종교, 민족, 분리, 식민유산	내분형
남쿠릴열도 영유권	일본 : 러시아	영토, 식민유산	국제형
센카쿠/조어도	일본 : 중국 : 대만	영토, 패권 추구, 식민유산, 석유가스	국제형
서사군도	중국 : 베트남 : 대만	영토, 패권 추구	국제형
남사군도	중국 : 베트남 : 대만 : 필리핀 : 말레이시아 : 브루나이	영토, 패권 추구, 식민유산, 석유가스	국제형
아프가니스탄 내전	아프간정부군 : 이슬람반정부군 → 탈레반 : 북부동맹 → 미국 : 탈레반	정쟁, 종교, 종족, 개입	혼합형→국제형
이란-UAE	이란 : UAE	영토, 패권, 식민유산	국제형
이란-이라크	이란 : 이라크	영토, 패권 추구, 민족, 종교, 식민유산, 정쟁	국제형
이라크-쿠웨이트	이라크 : 쿠웨이트	영토, 식민유산, 탈냉전, 패권	국제형
이스라엘-시리아	이스라엘 : 시리아	민족, 영토, 식민유산	국제형
팔레스타인	이스라엘 : PLO	민족, 영토, 종교, 분리, 식민유산	혼합형
터키 내 쿠르드인	터키 : 쿠르드족	민족, 영토, 종교, 분리, 식민유산	혼합형

자료: 이한방, 2002: 209.

제3세계를 출발점으로 발발하는 테러 또한 중요한 문제이다. 9·11 테러 이후, 테러는 새로운 양상을 띠게 되었다. 종교적 근본주의라는 사상적 근거, 네트워크적 결합, 근대국가의 경계를 넘는 탈영토화적 결합과 조직, 미국 주도의 세계질서와 세계화에 대한 반발, 반서구주의 등의 특징을 보인다. 이전의 테러가 특정 정부 혹은 세력에 대한 영토적·조직적으로 명확한 집단의 테러 형태를 띠고, 종교적 근본주의보다는 정치적 목적에 집중했던 것과 대비된다.

에는 제3세계가 너무 이질적으로 구성된 것이 사실이다. 즉, 근대화가 성공한 지역(아시아 등)에서의 탈세속화는 어떻게 설명할 것인가의 문제가 있다.

9 · 11 이후의 테러, 혹은 21세기의 뉴테러리즘이 네트워크적 성격을 띠는 것은 물론, 정보화라는 정치 커뮤니케이션 형태를 테러 집단들이 활용하기 때문이다. 그러나 조직의 형태론뿐 아니라 테러리즘의 이념도 중요하다. 종교는 인간 실존에 관한 문제와 직결되어, 특정 국가나 정부, 정치이념을 초월하여 광범위한 연결성을 가지는 근본적 사상이자 가치체계이다. 이러한 종교가 세계화, 세계질서, 빈곤, 민주주의 등 구체적인 정치 · 경제 · 사회적 이슈와 연결될 때, 특정 국가나 지역에 한정되지 않는 광범위한 네트워크적 성격을 가지게 되는 것이다. 그만큼 종교는 다른 정치 · 사회 이념과의 연결성이 높고, 확산 가능성이 크다. 정보화라는 수단이 확보된 가운데 종교가 이끄는 광범위한 세계관이 확립될 때, 그리고 근대화 과정에서 해결되지 못한 근본적 · 실존적 문제에 대한 개인적 · 문명적 좌절을 이러한 세계관이 충족시킬 때, 종교에 기반을 둔 테러 네트워크는 광범위한 확산성을 가진다고 볼 수 있다.

3. 국제정치학으로 본 '종교의 부활'

국제정치에서 종교의 중요성이 증가하고 있다는 논의는 탈냉전기 국제정치 현상을 보면 일견 수긍할 수 있는 면이 있다. 하지만 탈세속화와 종교 국제정치를 주장하는 학자들의 논의는 몇 가지 보완이 필요하다.

첫째, 종교에 대한 정확한 정의가 필요하다. 종교가 무엇인가 하는 문제는 매우 복잡한 문제이다. 국제정치 세계에 종교가 영향을 미친다고 할 때, 서로 다른 형태의 종교는 다른 방식으로 국제정치에 영향을 미친다고 봐야 한다. 내세를 상정하고 있는 초월적 종교가 있는가 하면, 내세를 상정하지 않는 현세종교도 있다. 초월종교는 국제정치 현실 전체를 부정하는 종교극단주의적 성향을 보일 수 있지만, 현세종교는 현세를 긍정하는 가운데 도덕을 강조하는 도덕주의적 성향을 보인다.

둘째, 국제정치에서 종교가 전 지구적으로 부활한다고 할 때, 종교부활 현상의 지리적·문화권적 범위를 확정하는 일이 필요하다. 제3세계가 국제정치적 근대 이행을 완결해야 하는 성황에 접하여 많은 문제에 봉착한 것은 이해할 수 있는 현상이다. 기존의 인종적·혈연적 민족 공동체를 보존하지 못하고, 정치 공동체 및 민족건설 과정에서 단일성을 상실한 경우도 있다. 한국과 중국처럼 전통적 민족이 분단되어 두 개의 정치적 민족으로 나뉘는 경우도 있다. 르완다 사태처럼, 적대적이거나 공동체를 이루지 못하고 있던 다수의 인종집단이 하나의 근대국가에 묶여 갈등을 빚는 일도 있다. 따라서 종교의 부활이라고 할 때, 제3세계의 전근대성과의 연관 관계도 여전히 복잡다단하다.

아시아의 경우, 종교의 부활은 이슬람 및 중동 지역처럼 명확하지 않다. 유교가 전통정치질서에서 종교 역할을 하고 있었던 아시아는 근본주의적 종교 부활을 겪는다고 보기 어렵다. 애초에 내세종교가 아닌 현세종교를 지향하던 유교는 현세 긍정적 측면을 가지고 있었고, 사대자소(事大字小)의 국제 혹은 지역질서를 지탱하는 이념으로 작용했다. 유럽에서 발생한 근대국제질서를 받아들이는 과정에서 초월과 내세의 문제가 개입되지 않았던 아시아에서, 종교의 부활은 그리 두드러진 현상이라고 보기 어렵다.

문제가 되는 것은 선진국의 상황이다. 미국의 경우, 유럽보다 종교적 정체성이 훨씬 강하다는 것을 미국적 예외주의에서 알 수 있다(Huntington, 2004). 건국과 이후의 국가건설 과정에서 종교적 정체성이 두드러졌던 미국은 패권유지 사업을 추진하는 과정에서도 종교적 정체성에 의존하는 모습을 보이고 있다. 반면 유럽은 버거의 논의처럼 종교 부활의 예외 지역으로 보인다. 90% 이상의 국민이 신의 존재를 믿는 미국과 달리 30% 이하의 유럽인들만이 유신론적 신념을 지니고 있다고 보고되었다. 물론 과학과 인간 합리성의 한계에 대한 논의가 이미 한 세기 이상 전개되었지만, 이성이 유한하고 인간의 실존적 문제를 해결하지 못한다고 해서 그 자리를 굳이 초이성적 종교로 대체해야 할 필연성은 없다고 보는 것이다.

마지막으로 부활의 의미를 명확히 할 필요가 있다. 인간의 행위 동기는 다양한 요소에서 비롯되지만, 신으로부터 주어졌다고 확신하는 종교적 요소 ─ 초월과 내세 ─ 가 행위 동기가 되는 것은 분명히 중요한 현상이다. 더욱이 이러한 행위가 기존의 권력관계에 변화를 야기하는 정치적 행위라고 할 때, 종교적 동기와 행위의 의미는 더욱 각별하다.

그러나 종교적 동기가 다른 정치 행위의 동기에 비해 상대적으로 얼마만큼 강해졌는지, 종교가 폭력을 사용하는 행위와 연결되는지, 종교적 동기가 기존 정치 체제 속에서 소화되는지 혹은 기존질서 자체에 도전하는 반발 이데올로기로 작용하는지 등, 부활의 방식에 관한 많은 질문이 제기되는 것이 사실이다.

또한 근대 세계의 기존 국제정치 상황 속에서도 종교적 담론이 공적 영역에서 활동해온 것을 부정할 수는 없다. 다만 종교적 담론은 도덕적 담론으로 변화되어 세속적 기준에 의해 검증받고 나서, 의미가 있을 때만 종교·도덕적 담론으로 힘을 발휘할 수 있을 뿐이었다(전재성, 2008). 원론적 의미에서는 서구의 세속화라는 현상 자체가 종교적인 현상이라고 볼 수도 있다. 테일러는 서구의 세속화가 기존의 종교에서 벗어나려고 했지만, 종교가 달성하려고 하는 인간의 의미추구 현상을 다른 방법에 의해 달성하려고 했다는 점에서 종교적 기능을 수행했다고 주장한다(Taylor, 2007).

논의의 기초를 위해 무엇보다 필요한 것은 종교에 대한 정의를 가능한 한 명확히 하는 일이다. 종교의 부활이라는 논의를 전개할 때, 종교의 의미는 다중적이다. 다만, 무엇보다 존재론적 초월성과 초월성을 인식하는 차별적 인식론을 인정하고, 초월성에서 파생되는 도덕론을 준수하는 것을 논의의 공통분모로 삼아야 할 것이다. 이런 의미론적 접근을 바탕으로 종교는 세계관을 제공하고, 개인의 정체성의 근원이 되며, 정치적 정당성의 근거가 되고, 마지막으로 공식적 제도의 기반이 되기도 한다(Fox and Sandler, 2006: 176~177).

종교의 부활에 대해서는 크게 세 가지를 논할 수 있다. 즉, 유신론적 의미에서 세속을 초월하는 신적 존재에 대한 믿음과 지향의 부활, 둘째, 초월적 존재로부터 파생된 세속에 대한 진리와 지식을 근본주의적으로 해석하고 정의하는 좁은 의미의 부활, 셋째, 범신론적 관점에서 유신론적·무신론적 구분을 넘어 초월성 자체를 중시하는 경향이 바로 그 세 가지이다. 첫째 의미로 보면, 세속의 정치에 대한 근본적 기초를 초월과 신적 존재에 둔다는 점에서 넓은 의미의 종교 부활이라고 할 수 있다. 이 경우, 세속의 정치를 해석하고 이끌어 나가는 기준을 초월계에 두게 되고, 신을 인식할 수 있는 소수집단 또는 교단에 의존하거나, 혹은 개인의 평등주의적 노력을 인정하면서 보편적인 초월을 주장할 수도 있다. 둘째, 근본주의의 부활로 종교의 부활을 정의할 경우, 이는 기존의 사적 영역에 물러나 있던 종교 자체의 부활이라기보다는 사적 영역의 종교를 정치적·공적 영역으로 끌어들여 모든 사안을 종교적 명령에 의해 해석하고 해결해 나가야 한다는 좀 더 근본적인 종교의 부활로 보아야 할 것이다. 셋째, 범신론적으로 종교의 부활을 해석할 경우, 이는 근대성과 합리성에 대한 철학적·종교적 해석과 상통하며, 기존 종교 교단에 의존하지 않고서도 근대의 문제점을 해결해 나가고자 하는 모든 노력을 지칭할 수 있을 것이다.

국제정치에서 종교 요인이 부활한다는 것 역시 다음의 두 가지로 해석할 수 있다. 첫째, 세속정치 혹은 권력정치, 현실주의적 정치의 영역에 종교가 수단적으로 사용되는 예와 강도가 증가했다는 견해이다. 즉, 종교에 대한 도구주의적 견해이다. 국내정치는 물론 국제정치에서 이익과 권력의 요소라는 패러다임은 변하지 않고, 이를 추진하는 수단으로 종교적 요소가 강화되었다는 것이다. 국내적으로 정치 지도자가 더 많은 권력 기반을 가지려고 종교적 요소를 이용하는 경우가 많다. 이란의 근본주의 이슬람 세력이나 테러 집단의 지도자들은 종교적 요소를 이용하여 자신의 권력 기반을 강화하고자 노력한다. 특히 제3세계 지도자들은 서구 근대화가 가져오는 많은 문제점, 그중에서도 가장 극단적 형태인 20세기 후반 세계화의 문제점을 지적하면서, 근대 이전의 전통적 요소를 강조하는 경향이 있다. 그러나 그 궁극적 목적은 세속적 권력기반 강화라고 할 때, 종교적 요인을 이용하지만 사실상 세속정치의 틀을 초월하지 못하는 것이다.

다음으로, 넓고 근본적인 의미의 부활을 생각해볼 수 있다. 이는 이성 중심주의 및 근대화의 근본적 한계가 사상사적·사회 현실적으로 지적되면서, 대안적 세계 해석의 필요성이 증가하고, 이에 따라 초월·영성에 기반을 둔 새로운 패러다임이 제시되기 시작한다는 견해이다. 여기에는 초월적·종교적 요인들이 사용되는 것은 물론이고, 지구 상의 권력구조를 결정하는 가장 중요한 요인으로 초월성과 영성 등 이성을 넘어선 원칙이 사용된다. 정치 패러다임 자체의 변화 추구를 강조하는 견해로 분류할 수 있다.

근대 후기에 접어들면서, 이성 중심의 정치 패러다임 문제들이 많이 지적된 것이 사실이다. 이성이 국가의 권력적·감시적 요소를 강화할 뿐, 개인 간 합리적 소통과 이상 추구에는 회의를 가져온다는 견해이다. 합리적 이성의 극대화에 처한 근대 후기가 새로운 희망으로 이어지지 못하고, 탈근대적 해체로 귀결될 때, 이에 대한 대안으로서 초월성과 영성이 제시되는 것이다. 계몽주의적 기획이 해체된 이후 모색된 다양한 대안들이 과연 기존 종교의 부활과 같은 의미인가는 논란의 여지가 많다. 그럼에도, 기존 종교에서 논한 합리성에 대한 비판과 대안 제시가 일차적인 희망으로 여겨지는 현상은 존재한다고 봐야 한다.

따라서 종교의 부활을 광의로 해석할 때, 일반적 의미에서 국제정치에 영향을 미치는 요소 중 종교가 이전보다, 그리고 다른 요소들에 비해 상대적으로 더 중요해지기 시작했다는 점에 주목해야 할 것이다. 특히 이슬람권의 테러 등장과 미국의 기독교 근본주의 강화가 이러한 판단의 한 근거가 되었다.

이상의 논의를 종합해볼 때, 종교 부활이 가지는 다양한 의미들을 다음과 같이 정리해볼 수 있다. 첫째, 기존 종교의 영향력이 강화되었다는 의미이다. 이는 기존 종교의 전도율과 신자의 수, 교리의 수용성이 강화되었다는 의미로 볼 수 있다. 둘째, 종교적 근본주의가 부활했다는 의미이다. 종교의 교리 내용을 축자적으로 인식하고, 교리를 무조건적으로 따르는 행위가 증가했다는 의미로 볼 수 있다. 셋째, 종교적 교리의 내용이 사적 영역을 벗어나 공적 영역에 진입하여, 정치사회적 · 정책적 내용에 영향을 미치는 정도가 증가했다는 의미이다. 특히 특정정책의 정당성과 실행 과정을 정당화하는 기제로 사용되는 일이 많아졌다는 의미로 볼 수 있다. 넷째, 근대적 메타담론 및 근대 과학에 대한 회의가 증가하여, 내재성을 벗어난 초월성을 추구하는 초월 추구적 사고 및 영성에 대한 관심과 행위가 증가했다는 의미이다. 이는 특히 과학적 지식의 한계에 대한 과학적 인식이 강화되는 경향에서 비롯된 것으로, 상대성 이론, 양자물리학, 초끈 이론, 복잡계 이론 등 합리성의 한계를 합리적으로 지적하는 자연과학 이론의 전개에 힘입은 바 크다. 다섯째, 벨라(Robert Bellah)가 종교진화론에서 논의한 바대로, 탈근대 사회의 변화에서 추동되는 종교성의 새로운 형태가 등장했다는 해석도 가능하다. 종교는 항상 존재했던 것이라는 뒤르켐의 '성스러움의 항존성'과도 연관된 해석으로 종교성의 새로운 형태를 강조하는 것이다.

4. 국제정치 이론과 '종교의 부활' 연구

1) 일반론

국제정치학은 종교의 요인을 경시해온 대표적인 사회과학 분야이다. 이는 첫째, 서구의 사회과학이 세속화의 정신 속에서 탄생했다는 점, 둘째, 국제정치학이야말로, 문제 해결적 관심으로 서구의 국제정치적 관심을 가장 잘 반영해온 사회과학의 분과라는 점, 셋째, 국제정치학이 행태주의 등 실증주의적 방법론에 상당 부분 경도되어왔다는 점, 넷째, 국제정치학의 주요 이론 패러다임, 특히 현실주의는 종교에 대한 종교주의적 관점을 견지하면서, 물질적 이익과 권력을 가장 중시해왔다는 점 등에서 비롯된다 (Fox and Sandler, 2006: 9~10).

따라서 국제정치를 이론화하는 과정에서 종교 부활을 논의하고자 할 때, 우선 종교에 대한 도구주의적 관점을 점검해볼 필요가 있다. 이에 따르면 종교의 부활은 종교성 이외의 정치성과 연결되어 있다. 즉, 현실적 이익과 결합한 정치가들의 동원이 종교성 부활과 결합하는 현상이 증가한다는 점을 지적하는 논의이다. 냉전기 이데올로기, 탈냉전기 민족주의와 마찬가지로 종교를 볼 수 있다.

만약 도구주의적 관점에서 종교의 부활을 논의할 수 있다면, 이는 그리 중요한 현상은 아니다. 그러나 다른 이데올로기와 종교는 분명한 차이점을 가진다. 첫째는 근본성이다. 즉, 종교는 다른 모든 이념과 사상의 기저를 이룰 정도로 근본적이고 포괄적이라는 점을 지적할 수 있다. 둘째, 초국가성이다. 종교의 부활이 국가단위 차원을 넘는 초국가적 성격을 가진다는 점에서 국제정치적 근대를 넘어서는 부분이 있다. 셋째, 과격성이다. 다른 이데올로기와 같이 죽음을 무릅쓰는, 혹은 살인도 마다하지 않는 과격성을 가진다는 점이 중요하게 작용한다.

근본적 관점에서 종교가 국제정치의 변화와 관계를 맺는다고 할 때, 세속화와 탈세속화의 과정을 국제정치 현상과 연관지어 생각해봐야 한다. 일반적인 의미의 세속화 논제가 국제정치와 관련되는 양상은 좀 더 복잡하다. 유럽 중세는 종교적 권위가 세속을 통치하는 전형을 보여주었다. 첫째, 종교는 신의 전반적 통치하에서 정치 자체를 포괄했고, 이 속에서 믿음과 이성, 종교와 정치는 경쟁관계가 아닌 협력관계를 이룰 수 있었다. 둘째, 이러한 상황에서 정치적 권위는 신으로부터 파생되었다. 정치적 지배자에 대한 복종과 신에 대한 충성스러운 기독교인의 의무는 같은 것을 의미했다. 셋째, 세속적 통치구조는 상호 중첩된 권위에 따라 이루어져 있어, 단일한 주권체의 모습을 보이지 않았다. 넷째, 문명의 경계와 종교 및 신앙의 경계가 정확하게 일치했다(Carlson and Owens, 2003: 13~14).

이러한 중세적 지배 체제와 주권 개념이 본격적으로 붕괴한 때는 17세기였지만, 이미 15세기경 유럽에서 태동한 근대국제질서는 세속화와 밀접한 연관을 맺었다.[4] 종교적 권위와 정치 정당성이 일치했던 중세를 탈피하면서 유럽인들은 세속 군주에게 종교 선택권과 세속에서의 정책 결정권을 위임한 것이다. 근대국제질서의 기점이라고 상정되어온 베스트팔렌 조약은 많은 상징적 의미를 내포하고 있는데, 특히 국제정치 세속화의 상징으로 여겨지기도 한다. 즉, 종교적 요인은 정치의 공적 영역, 그리고 국제정치의 공적 영역에서 후퇴하여 사적 영역으로 사라진 것이다.

30년 전쟁을 거치면서, 1648년 베스트팔렌 조약을 계기로 신앙 선택의 속지주의 혹은 속국주의의 시장이 전개되었다. 영토 군주가 교황의 명령에서 벗어나 자국 영토 내 신·구교 선택의 자유를 가지게 되면서, 국가의 권위가 종교를 압도하기 시작했다. 이후 종교는 사적생활 영역으로 후퇴했고, 정책 합리화 기제로서 역할을 상실했다. 국가이성(raison d'etat)이 전면으로 부각된 것이다. 이후 종교는 의식, 공적 의례에서 신앙이라는 믿음체계로 변화되어 점차 쇠퇴한다.

따라서 세속화와 국제정치적 근대는 단순히 개인과 정치집단의 철학과 세계관에서 신적 요소, 종교적 비중이 줄어들었다는 것만을 의미하는 것은 아니다. 정치 세계 혹은 권력관계라는 공적인 장에서 종교 요인에 의해 움직이는 다양한 요소가 줄어들었음을 의미하는 것이다.

이후 유럽 국제질서가 세계를 포괄하면서 세속화 경향은 지구질서에 구석구석 침투했다. 유럽 이외 지역을 이끌어나갔던, 이성 이외의 조직원리는 합리주의와 근대성에 자리를 양보했다. 근대국가 건설 과정에서 세속화된 정치권력이 등장하고 정치적 민족이 새롭게 구성되었다. 이는 자발적 과정에 의한 근대화이기도 했고, 제국주의 식민지 시대를 거치면서 발생한 외압에 의한 근대화이기도 했다.

---

4) 세속화의 주된 요소로서는 종교의 쇠퇴, 현세와의 동조, 종교로부터의 사회 이탈, 종교적 신앙과 제도의 변형, 세계의 비성화, 거룩한 사회에서 세속적 사회로의 이행 등을 들 수 있다(이원규, 1998: 222).

21세기 국제정치에서 종교적 요소가 중요하게 부각된다는 것은 국내·국제정치라는 공적인 장에서 종교의 요소가 증가했다는 것을 의미한다. 그리고 실제로 20세기 혹은 냉전 종식 이후 종교성의 부활을 논의할 때, 근본주의 부활, 종교성의 증가, 종교의 공적 활동 증가 등과 연결된 현상 등이 나타난 것이 사실이다. 단순히 신자 수의 증가, 종교적 의례의 공식화, 세계관과 철학에서 초합리성의 증가와 같은 현상이 아니라, 공적 영역에서 정치권력, 정책의 정당화 과정, 그리고 정책수립 의도의 측면에서 종교적 요소가 증가하는 상황은 국제정치에서 종교 부활이라는 논제를 뒷받침할 만한 현상이 나타나고 있음을 보여주고 있다.

따라서 국제정치학의 입장에서 종교의 부활 논제를 다루려면 공적 영역에서 확장되고 있는 종교 요인에 관한 연구방법론이 필요하다. 기존의 다양한 분야들 ─ 종교사회학, 종교인류학, 종교심리학, 종교학, 종교현상학 등 다양한 연구 방향 ─ 에서, 특히 종교사회학으로부터 도움을 얻어 종교국제정치학(International Relations of Religion or International Political Religion)을 연구할 가능성이 있다.[5]

이를 실현하려면 초월적 관점에 기반을 둔 역사 해석과 이와 연관된 국제정치의 변화를 설명할 수 있어야 할 것이다. 즉, 국제정치 혹은 지구정치의 전개 과정에서 종교는 어떠한 구실을 하는가? 국제정치 변화와 종교 진화의 상호 인과관계는 어떠한가? 종교는 국가 간 관계, 특히 전쟁과 평화에 어떠한 영향을 미치는가? 종교는 문명 단위의 지구정치를 강화하는가? 21세기 국제정치는 탈세속화 경향에 영향을 받아 근본적인 변화, 예를

---

5) 쿠발코바(Kubalkova)는 "국제정치신학(International Political Theology)"이라는 용어를 사용하고 있다.

들어 탈근대적 변화를 겪게 될 것인가? 등이다.

여기서 주목할 만한 논의는 종교사회학, 특히 베버의 종교사회학이다. 베버에게 종교사회학의 주제 중 하나는 현세 속에서 종교의 영향을 받아 일어나는 인간 행위, 즉 종교적 행위를 분석하는 것이었다. 종교적 행위란 신자 자신이 받아들이는 종교적 지식의 관점에서 이 세상과 자신의 삶에 내적으로 부여하는 의미를 내포하며, 또한 그에 따라 자신의 행위를 통제하는 것이다(양영진, 1995: 397). 신앙이란 계시된 진리나 교리를 받아들이는 것으로, 구원종교들에서 보이는 바와 같이 매우 특수한 형태의 전승된 지식이다.

베버는 이러한 종교적 행위가 일상생활의 직업윤리와 어떠한 관계를 맺는지 연구했고, 이를 『프로테스탄티즘의 윤리와 자본주의의 정신』으로 집대성했다. 여기서 베버는 특정한 종교 신앙의 형태와 일상생활의 직업윤리 사이에 어떠한 "선택적 친화성"이 있는지, 있다면 어떤 점에서 찾아볼 수 있는지 연구했다.

따라서 종교국제정치학(International Relations of Religion)이란 인간의 종교적 행위가 국가 간, 혹은 지구적 차원의 정치 공간에서 어떠한 효과를 발휘하는지 분석하는 것이 될 것이다. 개인, 시민사회의 집단들, 그리고 국가의 종교적 속성과 종교적 행위가 개인적·집단적 차원에서 국제정치 혹은 지구정치에서 어떠한 변화를 일으키는지가 종교국제정치학의 연구목적이라 할 수 있다.

종교는 근대에 들어오면서 세계와 우주에 대한 합리주의에 밀려, 인간 행동의 동기와 우주를 설명하는 이론으로서의 효용성이 퇴조하여 공적 담론의 영역에서 사적 신앙의 영역으로 밀려났다. 그러나 현대에 들어 근대성의 한계가 분명해지면서, 종교적 동기에서 비롯된 정치적 행위가 사회·국가를 넘어 국제정치 전반에 영향을 미치고 있다. 세계화 같은 현상과 맞물려 나타나는 종교정치 행위는 테러와 같은 과격한 폭력 행위로 표출되었고, 이를 바탕으로 종교가 국제정치학에서 반드시 고려해야 할 요소 중의 하나로 등장한 것이다.

베버는 종교 교리가 신자들이 현실을 바라보는 시각을 어떻게 바꾸는지에 관심이 있었으며, 특히 서로 다른 사회집단들이 같은 혹은 다른 종교 신앙을 받아들이고 이에 따라 행동을 하는 방식에 관심이 있었다. 종교국제정치학은 종교 교리가 신자들이 국제정치 현실을 보는 시각을 어떻게 바꾸는지, 그리고 국가별 혹은 제1, 2, 3세계에 속한 국가의 신자들이 국제정치를 보는 시각을 종교에 따라 어떻게 바꾸는지에 관심을 둬야 할 것이다. 종교는 개인생활뿐 아니라 국제정치, 그리고 역사의 전개 과정에 대한 독특한 지식과 해석 틀을 제공함으로써 국제정치에 영향을 미치기 때문이다.

베버는 삶과 죽음의 유의미성과 고통과 불의로 가득 찬 불완전한 세상의 무의미성 간 갈등에서 비롯되는 모순을 조화시킬 수 있는 의미 구성의 중요성을 되풀이하여 강조하고 있다(양영진, 1995: 404). 이러한 의미가 있는 세계질서 추구가 바로 순수한 종교적 합리성의 핵심이라고 본 것이다 (Weber, 1948: 281).

개인 혹은 국가는 대외정책에서 세계를 바라보는 의미를 전체적·논리적으로 재구성하려고 하며, 이러한 과정이 종교적 합리성에 힘입어 이루어지기도 한다. 한 국가가 대외정책을 종교적 의미에 기대어 동기화·재구성·합리화하는 행위가 강화될수록, 국제정치에서 종교의 역할이 커짐을 알 수 있다.

베버가 지배의 형태를 전통적 지배, 카리스마적 지배, 합법적·합리적 지배로 나눈 것은 잘 알려진 일이다. 베버의 지배 개념은 정당성의 필요를 강조한다는 특징이 있다. 지배와 복종의 관계는 단순한 강제력을 매개로 이루어지는 것이 아니고, 지배의 정당성이라는 이데올로기 혹은 문화적 기반에서 성립된다는 것이다. 이러한 점에서 베버의 지배론은 권력에 대한 문화적 정의에서 비롯되었다고 볼 수 있다. 베버의 지배론은 이념적 차원에서의 강제성, 즉 이념에 근거한 복종 의무와 상호 지향성을 강조한다. 복종은 단순한 이익 혹은 두려움에서가 아니라, 지배의 정당성 주장과 피지배자 측의 지배질서 정당성에 대한 믿음에 기초할 때 구조화되고 지속될 수 있기 때문이다. 베버의 지배론에서 흥미로운 점은 세계상의 개념이다. 세계상은 문화의 이념적 구조 원칙을 담은 것으로서, 권력이 이 세계상 혹은 문화적 의미와 상징체계에 포섭되었을 때 지배로 전환될 수 있다고 본다. 따라서 권력은 강제력의 형태로 행사될 때가 아니라, 세계상을 매개로 정당성을 확보할 때 지배 유형으로 행사된다는 것이다. 권력은 추상적, 형이상학적 요구인 의미 욕구와 연결되어 있다는 것이다(전성우, 1995).

따라서 베버의 정당성론은 이데올로기를 지배 양식의 필수적인 구성 요소로 보고, 이념적 영역의 상대적으로 독립적인 역동성을 강조한다. 그리고 정당성 근거의 이념적 자원은 지배자와 피지배자층이 공유하는 세계상에서 찾을 수밖에 없고, 이는 모든 행위의 포괄적 준거 틀을 제공하면서 자기 역동성을 가진다고 본다. 지배관계는 일방적 관계가 아니라, 정당성의 주장과 정당성에 대한 믿음으로 표현되는 최소한의 이념적 상호 지향성과 강제적 복종 의무에 근거한 사회적 관계인 것이다(전성우, 1995: 248).

국제정치적 권력관계가 지배관계로 진화하려면 국제정치적 정당성이 필요하다는 점에서 이러한 논의는 시사점이 있다. 패권국가, 21세기 제국, 혹은 지역질서의 주도국이 베버적 의미에서 지배를 공고히 하려면 이데올로기적 정당화, 그리고 세계상에 기반을 둔 이념권력을 소유해야 한다. 복종국가는 세계상을 매개로 지배국가의 정당성을 인정할 수 있어야 하고, 그 가운데 국가의 관념 이해를 충족시킬 수 있어야 한다. 역사적으로 국제정치적 지배에서 정당성의 필요성이 인정되었는가? 정당성의 유형은 어떠한가? 정당성을 위한 이념적 자산, 그리고 이를 실현하기 위한 지배의 실행구조, 행정 체제는 있었는가? 정당성의 유형은 국제 체제의 시간적, 공간적 편차, 진화 과정에 따라 어떻게 바뀌어 왔는가? 이와 같은 질문이 중요하다고 할 것이다. 그리고 21세기 지구정치에서 종교적 요소가 강화된다고 할 때, 종교적 차원의 정당성, 문명 간 교류 차원의 정당성이 더욱 중요해질 가능성을 생각해볼 수 있다.

2) 구체적 연구 주제들

국제정치에서 종교가 중요해지는 현상은 지구적이기도 하지만, 지역별 편차를 보이는 것도 사실이다. 이슬람 근본주의자들의 테러, 이스라엘-팔레스타인, 이스라엘-중동의 종교 갈등으로부터 부시 대통령의 기독교 근본주의와 정책 합리화 과정, 가톨릭 인구의 세계적 증가에 이르기까지 지역별로 다른 형태를 보이고 있다.

제3세계에서 종교의 부활이 냉전 종식과 더불어 나타난 근대화·서구화 비판 및 전근대성 부활과 연관된 것이라면, 이는 서구 선진국의 종교 부활과는 무관한 현상이라고 해야 할 것이다. 반면, 서구의 탈세속화와 합리주의 패러다임에 대한 반발이라면, 이는 전체적 혹은 부분적으로 제3세계에서도 나타날 수 있는 현상이다. 여기서 생기는 문제는 이성이 극단적으로 발전하지 않은 제3세계 사회, 제3세계의 탈세속화까지 설명할 수 있는가

하는 의문이다. 만약 탈세속화가 이성 자체를 넘어서려는 초이성적 수요의 증가라면 지구적·보편적 현상일 수도 있을 것이다.

따라서 제3세계와 서구의 탈세속화, 종교의 부활을 같이 설명하려면, 또는 근대화와 종교 부활을 연관지으려면, 전근대화/근대화/근대화 이후, 혹은 전산업화/산업화/후기 산업화 지역에서 나타나는 각각의 종교부활 패턴을 연구해야 할 것이다.

종교라는 관념적 층위의 전개 역사와 국제정치라는 물질성을 포함하는 층위의 역사가 서로 얽히는 과정에서 준거 지역으로 설정되는 지역은 유럽이다. 유럽이 세속화와 국제정치를 연결하여 지구적으로 확산시킨 지역이자, 탈세속화 시기에 새로운 변화를 보이고 있기 때문이다.

유럽의 경우, 종교적 요소는 과학의 발전과 밀접한 관계를 맺고 전개된다. 자연과학의 합리주의 패러다임 발전 이전, 중세 기독교 사회는 종교적 직관과 교회의 권위에 의존했다. 즉, 예수의 종교적 직관 → 아우구스티누스의 현세적 해석 → 교권의 절대적 지배 → 아리스토텔레스 그리스 철학의 수용 → 토마스 아퀴나스의 합리적 교부 철학이라는 패러다임의 변화를 거치면서도, 종교가 우주에 대한 과학적 해석의 중요한 이론으로 기능을 한 것에는 변화가 없었다. 또한 유럽과 비유럽 세력, 서로마와 동로마, 유럽 내 계급 간·정치 세력 간 갈등을 조정하는 중요한 정치적 역할을 동시적으로 수행했다.

탈중세 이행에서 새로운 지적 패러다임인 르네상스, 인문주의·인본주의, 종교 개혁, 계몽주의 순으로 19세기 유럽의 세속화가 진행되었다. 이 기간은 중세의 패러다임과 근대적 패러다임이 공존하는 시기였다. 15세기 이탈리아 르네상스에서 출발한 인문주의 이후, 권력정치적 국제정치관, 종교 개혁을 거치지만 여전히 종교적인 국제정치관, 세속화 과정에서 발생한 그로티우스 등의 자연법사상에 기반을 둔 국제정치관이 공존하고 있었던 것이다. 이러한 세속화 과정은 현재의 탈세속화 과정에 주는 함의가 크다. 지금도 합리주의 패러다임과 이를 초월하려는 탈세속화의 패러다임이 공존하는 상황이기 때문이다.

그러나 1648년 이후, 세속화된 권력에 의해 국제정치의 중요한 문제들이 해결되고 국가 주권이 확립되기 시작한다. 영토 군주의 종교 선택권이 확립되면서 종교가 사적 영역으로 후퇴한 것이다. 이후 과학 혁명 등의 영향을 받아, 신의 섭리는 신의 말씀이 아닌 신의 작품을 통해 인간이 깨달을 수 있다고 주장하는 계몽주의적 지식관이 대두한다. 그리고 자연의 섭리를 인간이 알 수 있다는 인식론적 낙관론이 인간에 대한 지식, 더 나아가 사회와 역사에 대한 인간의 인식론적 낙관론으로 이어진다.[6]

이러한 논리는 칸트의 영구평화론에서 정점에 달했다. 자연의 계시, 계획에 의해 인간사회가 공화정으로 이루어진 영구 평화체제로 귀결될 것이

---

6) 허드는 세속주의란 세속적 영역과 종교적 영역을 나누는 담론으로서, 그 담론이 사실상 세속과 초월을 규정하는 사회적 구성의 역할을 한다는 점을 강조한다. 서구의 세속주의는 17세기 베스트팔렌 조약에서 전환점을 이룬다. 교회가 소유하고 있던 실제적 토지 소유권, 조약 체결권 등의 권한을 국가에게 넘겨줄 뿐 아니라, 종교가 공적 영역에서 차지한 모든 역할을 총체적으로 포기하게 되기 때문이다. 그러나 이러한 서구 세속주의는 세속화 형태의 하나일 뿐이다. 유대-기독교 세속주의는 얼핏 보기에는 종교성을 모든 공적 담론으로부터 배제한 것처럼 보이나, 사실상 모든 서구정치사상의 배경에는 유대-기독교적인 관념이 깔려 있기 때문이다. 허드는 유대-기독교 세속주의 담론의 대표적 예로 헌팅턴의 문명충돌론을 들고 있다. 헌팅턴은 미국문명의 근거로서 유대-기독교를 들고, 미국의 서구성이 미국 정체성 규정에서 가장 중요하다고 주장한 바 있다. 세속화가 근대화의 가장 중요한 근거이지만, 서구의 세속화는 그 자체로서 하나의 길일 뿐이며, 비서구적 세속화의 길도 존재하고, 이러한 길이 민주주의 발전에 공헌할 수 있는 독특한 방법일 수 있음에도, 헌팅턴은 서구적 세속주의만을 강조하고 있다는 것이다(Hurd, 2004; 2008).

라는 계몽적 인식이 지배적이 된 것이다. 그러나 이후 흄의 회의주의, 19세기 세속화와 더불어 진행된 역사주의적 경향(부르크하르트, 슈펭글러), 독일 낭만주의 등 계몽적 기획에 대한 회의가 진행되다가, 19세기 말~20세기 초 이후 근대 합리주의에 대한 비판이 진행되기 시작한다. 이러한 대립을 종교 영역에서 가장 명확히 드러낸 것은 아마도 1920년대 기독교 근본주의 대 자유주의 신학의 대립일 것이다. 성경을 축자적으로 해석하려는 근본주의와 이성의 해석과 조화시키려 한 자유주의 신학의 대립은 20세기 세속화 대 탈세속화 논쟁의 장을 열었다고 할 수 있다.

5. 맺음말

이상의 논의를 정리하자면 다음과 같은 점들을 알 수 있다. 첫째, 20세기 후반부터 탈세속화의 일반적 경향은 전 지구적으로 광범위하게 나타나는 현상이다. 그러나 제3세계 국가들과 선진국에서 각각 발생하고 있는 탈세속화는 그 정도나 이유에서 상당한 차이점을 보이고 있다. 또한 제3세계와 선진국의 내부적 차이도 무시하기 어렵다. 제3세계 내부에서는 상대적으로 근대화에 비판적인 중동 지역과 근대화에 성공한 아시아 국가 간 편차가 크고, 선진국의 경우 유럽과 미국의 편차가 크다.

둘째, 탈세속화와 국제정치의 주제를 연결하려면 탈세속화의 현상과 동인이 국제정치의 공적 공간에서 기존의 이익 및 권력의 정치와 어떤 관계를 맺고 있는지 파악하는 일이 핵심이다. 단순히 세계관과 철학의 변화가 아닌 국제정치질서를 종교 요인이 어떻게 변화시키고 있는지 탐구해야 할 것이다.

셋째, 21세기 국제정치에서 테러, 정치 정당성, 정당한 전쟁 논의 등에서 종교가 큰 영향을 미칠 것임에는 이론의 여지가 없다. 그러나 국제정치학 이론은 기존의 합리주의, 서구중심주의, 물질주의 등의 경향 때문에 종교와 같은 관념 요소들을 상대적으로 경시해왔다. 앞으로 이러한 문제점은 21세기 종교의 중요성을 파악하는 데 장애가 될 것이다.

넷째, 종교와 국제정치의 관계를 연구하려면 역사적으로 종교와 국제정치가 어떠한 관계를 맺어왔는가, 종교와 국제정치의 관계가 지역적으로 어떠한 편차를 보이고 있는가, 그리고 앞으로 종교와 국제정치의 관계가 어떻게 변화해갈 것인가의 세부 주제를 논의할 필요가 있다.

■ 참고문헌

국민호. 1995. 「종교 및 역사사회학 : 유교와 동아시아 자본주의 발전」. 한국사회학회 1995년 전기 사회학대회.

김교빈. 2006. 「죽음에 대한 유교의 이해: 죽음을 두려워 않는 낙천적 세계관」. ≪철학연구≫, Vol. 75.

김성건. 2005. 「유럽중심주의와 한국의 종교사회학: 세속화 이론을 중심으로」. 한국사회역사학회. ≪담론 201≫, Vol. 8, No. 1.

김종서. 1998. 「해방 후 50년의 한국 종교사회학 연구사」. ≪종교연구≫, Vol. 15.

_____. 2005. 『종교사회학』. 서울대학교 출판부.

박인성. 1994. 「기독교적 역사철학의 세속화에 대한 연구」. ≪범한철학≫, Vol. 9.

버거, 피터 엮음. 2002. 『세속화냐 탈세속화냐』. 김덕영·송재룡 옮김. 대한기독교서회.

베버, 막스. 1996. 『프로테스탄티즘의 윤리와 자본주의의 정신』. 박성수 옮김. 문예출판사.

송재룡. 2005. 「"사회이론에서의 문화로의 전환"과 우리 학문; 포스트모던 성찰성과 "문화적 전환": 종교 이해의 새로운 전망을 위한 시론」. ≪사회이론≫, Vol. 27.

_____. 1997. 「종교사회학: 포스트모더니티와 종교 — 포스트모던적 조건에서의 사회학적 종교 이해를 위한 일고찰」. 한국사회학회 1997년 전기 사회학회 발표 논문.

양영진. 1995. 「막스 베버의 종교사회학에 대한 일고찰」. 배동인 외. 『막스 베버 사회학의 쟁점들』. 민음사.

유흔우. 2005. 「유교 종교성 논쟁의 기초 문제: 죽음관(死亡觀)과 신비체험(神秘體驗)」. ≪동서 비교문학저널≫, Vol. 12.

이영림. 2000. 「근대 초 유럽 사회의 세속화와 신앙의 내면화」. ≪경기사학≫, Vol. 4.

이원규. 1998. 「한국종교의 세속화에 대한 경험적 연구」. ≪신학과 세계≫, Vol. 37.

이종록. 2005. 「탈(脫)세속화시대와 기독교 보수주의: 미국의 보수적 기독교에 대한 비판」. ≪종교연구≫, Vol. 39.

이한방. 2002. 「국제 분쟁지역의 유형 및 형성 요인에 관한 연구」. ≪한국지역지리학회지≫, Vol. 8, No. 2.

이형균. 2000. 「유교 사회의 사회합리화와 유교 윤리의 역할: 베버의 사회합리화 분석도구로 동아시아의 사회발전 재조명」. ≪한국사회학≫, Vol. 34.

전성우. 2003. 「막스 베버의 유교론: 비판적 재구성」. ≪남명학연구≫, Vol. 16.

전재성. 2008. 「기독교와 핵」. 윤영관·신성호 엮음. 『북핵 문제와 한반도 평화정착』. 한울.

진영석. 1997. 「종교사회학: Max Weber의 종교사회학에서의 합리화 과정」. 한국사회학회 1997년 전기 사회학대회.

채드윅, 오언. 1999. 『19세기 유럽 정신의 세속화』. 이정석 옮김. 현대지성.

케펠, 질. 1993. 『신의 보복』. 유정희 옮김. 문학사상사.

헌팅턴, 새뮤얼. 1997. 『문명의 충돌』. 이희재 옮김. 김영사.

_____. 2004. 『새뮤얼 헌팅턴의 미국』. 형선호 옮김. 김영사.

Bartelson, Jens. 1995. *A Genealogy of Sovereignty*. Cambridge Univ.

Carlson, John D. and Erik C. Owens(eds.). 2003. *The Sacred and the Sovereign: Religion and International Relations*. Georgetown Univ.

Casanova, José. 1994. *Public Religions in the Modern World.* Chicago: University of Chicago Press.

Deuchler, Martina. 1992. *The Confucian Transformation of Korea: A Study of Society and Ideology.* Harvard-Yenching Institute Monograph Series.

Fox, Jonathan and Shmuel Sandler. 2006. *Bringing Religion into International Relations.* Palgrave.

Hurd, Elizabeth Shakman. 2004. "The Political Authority of Secularism in International Relations." in *European Journal of International Relations*, Vol. 10-2, pp. 235~262.

_____. 2008. *The politics of secularism in international relations.* Princeton: Princeton University Press.

Lyotard, Jean-Francois. 1984. *The Postmodern Condition.* Minnesota: University of Minnesota Press.

Max, Weber. 1948. *Max Weber: Essays in Sociology.* Gerth & Mills(eds.). London: Routledge & Kegan Paul.

Nardin, Terry and David Maple. 1992. *Traditions of International Ethics.* Cambridge.

Nardin, Terry. 1996. *The ethics of war and peace : religious and secular perspectives.* Princeton, N.J.: Princeton University Press.

Petio, Fabio and Pavlos Hatzopoulos(eds.). 2003. *Religion in International Relations.* Palgrave.

Pettman, Ralph Reason. 2004. *Culture, Religion: The Metaphysics of World Politics.* Palgrave.

Philpott, Daniel. 2001. *Revolutions in Sovereignty: How Ideas Shaped Modern International Relations.* Princeton Univ.

Taylor, Mark C. 2007. *After God.* Chicago: The University of Chicago Press.

Thomas, Scott M. 2005. *The Global Resurgence of Religion and the Transformation of International Relations.* Palgrave.

Westerlund, David(ed.). 1995. *Questioning the Secular State.* C Hurst & Co Publishers Ltd.

제7장
중화질서와 덕치:
『한궁추』에 담긴 권력론[*]

김영민(서울대학교)

1. 머리말

왕조 중심의 역사관을 만든 중국에 대한 대중적 견해 중 하나는, "중국[1]"이라는 연속성을 가진 어떤 실체가 시종일관 동아시아에서 압도적 강대국으로 군림했을 것이라는 생각이다. 그러한 압도적 강대국으로서 중국을 전제로 하는 전근대 동아시아 국제정치질서를 지칭하는 관념이 소위 "중화질서"이다. 이론적으로 중화질서는 무력을 매개로 유지되는 질서가 아니라, 소위 "한족[2]"의 문명이 가진 선진성에 기초하고, 예교를 매개로

---

[*] ≪아세아연구≫, 제51권, 2호에 실렸던 「중화질서의 이면」이라는 논문의 재수록.

1) "중국" 관념의 복합성에 대해서는 이성규(2005)의 논문 참조.

2) 물론 한족이라는 것의 실체도 복잡한 논의를 요한다. "물론 춘추시대의 諸夏集團도 이미 단일한 종족 구성이 아니었지만, 이것을 중심으로 발전, 형성된 漢族이란 실제 역사상 동아시아 주변에서 활동한 거의 모든 種族의 부단한 흡수와 융합에 의해서

유지되는 질서이다. 그러나 동아시아의 실제 역사를 살펴보면, 그러한 중화질서는 현실의 일부밖에 반영하지 못하는 일종의 신화에 가깝다. 중화질서를 논하면서 이성규는 다음과 같이 말한 바 있다.

사실상 沙陀부족이 건국한 것이나 다름없는 後唐(923~936), 後晉 (936~947), 後漢(947~950)은 차치하더라도 250년 이상 화북 지방을 북방 이민족이 정복 지배한 남북조시대, 遼, 金, 蒙古가 화북 또는 중국 전체를 지배한 남송에서 원에 이르는 약 240년간, 청조 지배 약 270년을 모두 합하면 秦의 통일(BC 221) 이후 신해혁명(1911)에 이르는 약 2,100년 중 華夷의 위치가 전도된 기간은 대체로 1/3에 해당된다.

특히 한족의 왕조인 당나라(618~907)의 쇠락 이후 다시 한족이 집권한 명나라(1368~1644)가 온전히 성립하기까지 약 500년 동안은, 한족이 이민족의 압도적 영향하에 놓임에 따라 중화질서 관념은 재고될 수밖에 없는 처지에 놓여 있었던 것으로 보인다. 중화질서 관념에 부응하지 못하는 국제정치적 상황이 장기간 지속되었을 때, 기존의 중화질서 관념은 어떠한 변용을 겪는가? 중국 역사의 상당 부분이 위에서 언급한 것과 같은 "동등자 속의 중국(China among equals)"의 역사라는 것은 학자들에 의해 인지되었으나, 그러한 역사적 조건 속에서 기존의 중화질서 관념은 어떤 변용을 겪는가 하는 질문은 명료히 제기되거나 충분히 대답된 것 같지 않다.

이루어졌다고 해도 과언이 아니며, 오늘날 중국 소수민족의 조상 중 상당 부분은 漢族의 형성에 합류한 것도 사실이다"(이성규, 1992: 54). "華와 夷의 人的 실체는 각각 '中國人'과 非'中國人'이며, 전자는 夏(華)를 중핵으로 확대 발전한 漢族이며, 후자는 역대 蠻夷戎狄으로 불리운 주변의 諸 非漢族 集團이다"(이성규, 1992: 32).

물론 그 질문에 대한 대답은 하나일 수는 없고, 각 시기와 대응 주체에 따라서 다른 대답이 산출되었을 것이다.[3] 따라서 이 글에서는 그 질문에 대한 총체적인 단일 해답을 시도하기보다는, 관련된 정치적 이슈를 전면에 내세웠다고 판단되는 마치원(馬致遠)의 『한궁추(漢宮秋)』[4]라는 텍스트 분석을 통해 일정한 미시적인 해답을 구하고자 한다. 이와 같은 연구를 통해 중화질서 관념과 그 사상적 기초가 갖는 복합적인 측면과 다양한 함의가 좀 더 명료화되기를 기대한다.

2. 중화질서와 덕(德)에 의한 정치

중화질서는 무력을 매개로 유지되는 질서가 아니라 한족의 문명이 가진 선진성에 기초하고 예교를 매개로 유지되는 질서라고 했을 때, 그 중화질서를 지지하는 사상적 기초의 핵심은 덕치(德治)이다. 동아시아 지적 전통에서 "덕치" 관념의 복잡성과 역사에 대한 논의는 이 글의 범위를 뛰어넘는 것이다. 본 논문에서는 덕치 관념의 여러 측면 중 『한궁추』의 토론에

---

3) 시기에 따라 달라지는 중화질서 관념의 복잡성은 이성규의 연구가 잘 보여준다. 그러나 그의 연구는 주체별로 다른 관념을 가졌으리라고 전제하고 있지는 않다. 이 글에서는 시기별로 어떤 전형적 중화질서관이 있었으리라고 전제하지 않는다. 그 대신 주체별로 나름의 중화질서관을 가졌으리라고 보고, 개별 주체를 분석 단위로 하여 논의를 진행한다.

4) 원제는 파유몽고안한궁추(破幽夢孤雁漢宮秋)이다. "작품의 끝머리에서 한나라 원제가 가을밤 궁전에서 흉노의 강압에 못 이겨 흉노 왕에게 시집보낸 아름다운 왕소군을 그리며 꿈을 꾸다가 날아가는 외기러기 울음소리에 잠을 깬다는 데에서 따온 제명이다"(김학주, 2001: 123).

유용한 부분을 고전적 전거에 기초하여 집중적으로 논하고자 한다.

덕에 의한 (국제)정치를 간명하고도 함축적으로 표현한 고전적 언명은 『논어(論語)』, 2:1이다. "정치를 덕으로 하는 것은, 북극성은 자기 자리에 있되, 뭇 별들이 그것을 둘러싸고 도는 것에 비유할 수 있다."[5] 이 언명에 나오는 북극성은 국내정치의 차원에서는 덕을 갖춘 정치가의 비유가 되고, 국제정치의 차원에서는 덕을 갖춘 국가의 비유가 될 수 있다.[6] 개인으로서 정치가이든 국제관계 속의 한 국가이든, 위의 언명은 정치 영역의 중심에 있는 존재가 충분한 덕을 갖추면, 그 존재는 주변에 일정한 구심력을 발휘하여 자신이 속한 정치 공동체가 와해되지 않고 일정한 자장 안에서 질서를 이루어 존재하게끔 한다는 주장으로 해석된다. 그리고 그 정치질서의 유지에 무력의 사용은 필연적으로 전제되지 않고, 더 나아가 무력에 의존하지 않기 때문에 더 나은 질서가 가능한 것으로 이해된다. 요컨대 "중국"이라는 나라가 주변국들에 각별히 무력을 사용하지 않더라도, 우월한 문명의 힘과 통치자의 역량에 의해 자발적인 질서의 형성을 이루어낸다는 중화질서 관념의 뼈대를 여기서 발견할 수 있다.

무력을 반드시 전제하지 않는 질서라고 해서 그것이 곧 구성원 간의 평등한 관계를 의미하는 것은 아니다. 북극성과 뭇 별의 관계에서 암시되듯이, 이 언명에서 암시되는 덕에 의한 정치는 각 주체 간의 위계를 전제로 하고 있다.[7] 다시 말해, 개개인의 관계에서는 덕을 가진 정치인과 일반 사람들 간에, 국제관계에서는 덕을 가진 국가와 여타 국가 간에 일정한 불평

---

5) 爲政以德, 譬如北辰居其所而衆星共之.

6) 실로 덕이라는 개념은 개인과 나라에 공히 적용되어온 용례를 가지고 있다. 예컨대 『논어』, 8:20.

7) 이 점은 『논어』, 12:19에서도 재확인된다.

등관계가 존재함을 암시한다. 이것은 중화사상이 제민족의 평등한 관계를 배제한 원리라는 사실과 조응한다.

그리고 그러한 위계는 어떤 관료적 위계나 형식상의 서열을 의미하는 데 그치는 것이 아니다. 앞의 언명이 중시된 동아시아 정치사상 전통에서는, 대체로 정치가 단순히 가치의 문제를 배제한 공존의 유지만을 의미하는 것이 아니라, 일정한 가치의 실현을 전제로 하는 규범적인 차원을 가지고 있다고 할 때,[8] 중화질서 관념은 덕을 체현하는 중심적 존재에 의한 여타의 개인 혹은 국가의 일정한 가치 지향으로의 변화 가능성, 즉 교화를 전제로 하고 있다.

단순한 공존을 넘어, 특정한 가치를 향한 변화를 도모한다는 점에서 그것은 매우 개입적인 (국제)정치관을 의미하는 것처럼 보이지만, 동시에 덕의 정치는 소위 무위(無爲)의 정치와 결합한다는 것을 앞의 인용문은 말하고 있다.[9] 가치를 향한 변화, 즉 교화는 적극적 간섭에 의해서가 아니라, 가치 자체가 가진 힘과 피통치자의 자발적 공명에 의해 가능하다는 견해를 북극성의 비유는 함축하고 있다. 북극성은 지구 자전축과 같은 위치에 있어 지구에서 보면 늘 가만히 있는 것처럼 보이기 때문에, 북극성은 소위 "무위(無爲)"의 비유가 된다.[10]

이처럼 정리해본 덕 관념이 하나의 도덕적 관념을 넘어 국제정치에 적용되는 관념이라는 사실을 강조하기 위해, 조지프 나이가 정식화한 "소프

---

8) 인용된 문장에 대한 주자의 해석에 따르면 정치는 단순한 공존이 아니라 규범적인 차원을 가진 것으로 정의되고 있다: "政之爲言正也, 所以正人之不正也."

9) 물론 무위(無爲)라는 관념은 동아시아 사상사에서 복잡한 역사를 가지고 있다. 그러나 그에 대한 상세한 논의는 본 논문의 범위를 초월한다.

10) 이와 관련된 언명으로는 『논어』, 15:5를 참조.

트 파워"를 상기해보는 것이 도움이 될 수 있다(Nye, 2004; 나이, 2004). 조지프 나이가 소프트 파워를 강제나 보상보다는 상대의 매력 혹은 문화적 역량에 대한 "자발적" 수긍이나 동의를 경유하는 파워라고 설명했을 때, 강제력을 배제한 일종의 도덕적 카리스마를 지칭하는 개념인 "덕"과 일정한 친연성을 가진다고 할 수 있다. 역사적으로도 진(秦)나라의 무력과 강제력에 대한 반성을 통해 성립한 한(漢)나라의 덕치 강조사례는 조지프 나이가 소프트 파워를 무력이라는 하드 파워에 대비해 정의하는 태도와 공명한다.11) 특히 "덕"이라는 개념이 소프트 파워 관념과 더욱 안정된 비교의 맥락을 가질 수 있는 것은, 덕이 개인의 도덕적 카리스마를 지칭하는 데 그치지 않고, 소프트 파워의 관념이 그러한 것처럼 국제정치의 맥락에 적용되었다는 사실에서 기인한다(『논어』, 8:20).

그러나 현대 국제정치 맥락에서 제기된 조지프 나이의 소프트 파워 관념과 덕의 직접적 비교는 일정한 한계를 가질 수밖에 없다. 실로 조지프 나이의 소프트 파워 관념과 덕에는 중요한 차이가 있다. 『한궁추』의 토론과 관련하여 특히 강조하고자 하는 것은, 적어도 명시적인 이론적 천명의 수준에서 볼 때 덕의 정치에서는 전략적 사고를 경계하고 진정성을 강조했다는 사실이다.12) 이 점은 파워 개념에 전략적 차원으로 접근한 조지프 나이의 입장과 대조된다. 덕과 관련한 진정성이 갖는 힘을 신뢰하는 입장에서는, 전략적 사고를 전면에 내세웠을 때 과연 소프트 파워가 안정된 관

---

11) 賈誼, 『過秦論』을 참조.

12) 예컨대 『논어』, 17:17. 혹자는 동아시아의 덕치 개념의 진정성 문제를 비의적(esoteric) 차원에서 독해할 수도 있을 것이다. 즉 진정성을 가장한 전략이라고 해석할 수도 있다. 그렇다면 조지프 나이의 경우는 비의적인 것을 명시적인 전략으로 내놓았다고 할 수 있을 것이다.

계 수립에 공헌할 것인가에 대해, 궁극적으로는 소프트 파워의 매력을 유지할 수 있을 것인지에 대해 의문을 제기할 수 있다. 다시 말해, 소프트 파워를 "의식적으로" 추구하면 오히려 역효과를 불러올 수 있고, 그렇게 하여 이루어지는 힘의 행사는 자발적 동의보다는 계산된 조종(manipulation)에 대한 거부감만을 불러일으킬 수 있다고 보는 것이다.

동아시아 덕의 정치 전통에서는 그러한 정치의 내면적 진정성을 확보하고자 여러 가지 노력을 기울여왔는데, 가장 대표적인 사례를『맹자(孟子)』의「불인인지심장(不忍人之心章)」에서 찾을 수 있다.

맹자가 말했다: 사람은 모두 남에 대해 차마 어쩌지 못하는 마음을 가지고 있다. 선왕은 남에 대해 차마 어쩌지 못하는 마음을 가졌기에, 남에게 차마 어쩌지 못하는 정치를 베풀었다. 남에 대해 차마 어쩌지 못하는 마음을 가지고서 남에게 차마 어쩌지 못하는 정치를 베풀면, 천하의 다스림을 손바닥 위에서 운용할 수 있다. 사람은 모두 남에 대해 차마 어쩌지 못하는 마음을 가지고 있다고 한 까닭은 다음과 같다. 이제 어린아이가 우물에 빠지려는 것을 어떤 사람이 언뜻 볼라치면, 모두 놀라 동요하고 측은히 여기는 마음을 가진다. 이것은 그 어린아이의 부모와 교제를 맺으려고 그러는 것도 아니고, 마을 친구들로부터 좋은 평판을 얻으려고 그러는 것도 아니고, (구하지 않았다는 비판) 소리를 듣기 싫어서도 아니다. 이로부터 보건대, 측은해하는 마음이 없으면 사람이 아니고, (나쁜 일을) 부끄러워하고 미워하는 마음이 없으면 사람이 아니고, 사양하는 마음이 없으면 사람이 아니고, 옳고 그름을 가리는 마음이 없으면 사람이 아니다. 측은해하는 마음은 인(仁)의 단서이고, (나쁜 일을) 부끄러워하고 미워하는 마음은 의(義)의 단서이고, 사양하는 마음은 예(禮)의 단서이고, 옳고 그름을 가리는

마음은 지(智)의 단서이다. 사람이 이 네 가지 단서를 가지고 있는 것은 사람이 사지를 가지고 있는 것과 같다. 이 네 가지 단서를 가지고 있으면서 (인의예지를) 행할 수 없다고 스스로 말하는 이는 스스로를 해치는 사람이다. 자신의 군주는 (인의예지를) 행할 수 없다고 말하는 이는 자신의 군주를 해치는 사람이다. 자기에게 사단을 가지고 있는 이가 그것을 확충할 줄 알면, 그것은 마치 불이 막 타오르고, 샘이 막 솟는 것과 같을 것이다. 만약 (확)충할 수 있으면 사해를 다 보전하기 충분할 것이고, 만약 (확)충할 수 없으면 부모도 섬길 수 없을 것이다.[13)]

　여기서 맹자는 이 세계에 질서를 확보하는 최고의 방법으로서 인간이 본구적(本具的)으로 가진 도덕성을 제시하고 있다. 맹자는 이웃의 아이가 우물에 빠지는 것을 보면 모든 이가 측은한 마음을 갖게 되며, 그것이야말로 인간이 생래적으로 도덕적이라는 사실의 증거라고 보았다. 그리고 그러한 측은지심(惻隱之心)은 단지 그 자체로서 독립적으로 존재하는 것이 아니라 시비지심(是非之心)과 같은 사리판단 능력까지 포함하는 네 가지 단서(四端) 전체와 유기적으로 연결된 것으로 파악했다.

---

13) 『孟子』, 「公孫丑 上」, 孟子曰: 人皆有不忍人之心. 先王有不忍人之心, 斯有不忍人之政矣. 以不忍人之心, 行不忍人之政, 治天下可運之掌上. 所以謂人皆有不忍人之心者, 今人乍見孺子將入於井, 皆有怵惕惻隱之心. 非所以內交於孺子之父母也, 非所以要譽於鄉黨朋友也, 非惡其聲而然也. 由是觀之, 無惻隱之心, 非人也; 無羞惡之心, 非人也; 無辭讓之心, 非人也; 無是非之心, 非人也. 惻隱之心, 仁之端也; 羞惡之心, 義之端也; 辭讓之心, 禮之端也; 是非之心, 智之端也. 人之有是四端也, 猶其有四體也. 有是四端而自謂不能者, 自賊者也; 謂其君不能者, 賊其君者也. 凡有四端於我者, 知皆擴而充之矣, 若火之始然, 泉之始達. 苟能充之, 足以保四海; 苟不充之, 不足以事父母.

그리고 맹자는 그 도덕성의 뿌리라는 것이 근본적으로 어떤 교육이나 훈련의 결과라기보다는 사람됨 그 자체에서 유래하는, 즉 인간인 한 그 자체로 생성되는(self-generating) 어떤 것으로 파악한다. 소위 네 가지 단서(四端)를 사지에 비유한 것은 그러한 점을 고려한 것으로 보인다. 도덕이 인간성 자체에서 유래하므로, 각각의 개별자 이외에 어떤 도덕적 입법자가 따로 존재할 필요가 없다.

그리고 그 도덕성의 표출이라는 것이 어떤 이성적 반성에 의해 일어나는 것이 아니라, 상황에 대한 즉각적 반응으로 나타나고 있다는 점을 지적할 필요가 있다. "이것은 그 어린아이의 부모와 교제를 맺으려고 그러는 것도 아니고, 마을 친구들로부터 좋은 평판을 얻으려고 그러는 것도 아니고, (구하지 않았다는 비판) 소리를 듣기 싫어서도 아니다"라고 했을 때, 맹자는 인간의 도덕성이란 어떤 외재적 효용(utility)과는 독립적으로 존재한다는 주장을 하는 동시에, 그러한 효용을 염두에 두거나 계산하는 전략적 사고의 과정 자체를 인정하지 않고 있다. 진정한 도덕성의 표출이란 너무도 즉각적인 나머지 스스로 조율할 수 없는 어떤 내면적 진정성처럼 묘사되고 있다.

그런데 이러한 인간의 보편적 특질에 대한 통찰이 곧바로 인간의 평등성에 대한 주장으로 연결될 수 있는 것은 아니다. 무엇보다 위에서 논하고 있는 "측은지심"이라는 정서가 기실 사람 간 평등한 상황을 전제로 하고 있지 않기 때문이다. 측은지심은 어떤 대상에 대해 그러한 감정을 느끼는 이가 해당 대상보다 더 나은 혹은 덜 비참한 위치에 있다는 일정한 위계를 전제로서 성립하는 것이다. 필자가 판단하기에, "네 가지 단서" 중에서 특히 측은지심을 대표로 논했다는 점은 맹자가 설정한 대상이 "군주"이며 그 군주는 백성에 대해 위계적으로 상위에 있다는 사실과 무관하지 않다.

군주 개인의 도덕성을 계발할수록 ("四海"라는 표현에서 보이듯, 국내뿐 아니라 국제적인) 정치적 안녕이 확보된다는 주장은, 사실 쉽지 않은 이론적 과제를 포함한다. 왜 수많은 것 중에서 ─ 이를테면 법적 제도랄지 ─ 개인의 도덕이 세계질서를 확보하는 데 핵심적 지위를 차지해야 하는지에 대한 논란을 차치하더라도 ─ 즉, 도덕이 가장 중요하다는 전제를 받아들이더라도 ─ 어떻게 '하나의 부분에 불과한 개인이 거대한 전체인 세계〔四海〕의 정치적 안녕을 담보할 수 있는가'라는 이론적 과제에 직면하게 되기 때문이다.

맹자에게, 개인 도덕과 세계의 정치적 질서 간 관계를 가능케 하는 중요한 전제는 정치의 위계에서 최정점을 차지하는 군주의 강력한 지위, 그리고 그 지위가 가능케 하는 피치자에 대한 통치자의 덕이 미치는 영향에 대한 깨달음이었던 것으로 보인다. 따라서 군주의 개인 도덕은 전 세계의 정치적 안녕에 관건이 된다고 여겨졌다(김영민, 2007).

이처럼 인간 내면에 뿌리를 두는, 진정성에 호소하는 덕정치 이론은 조지프 나이의 소프트 파워 관념으로 환원되거나 통섭되지 않는 의미의 지평을 가졌다고 할 수 있다.[14]

[14) 따라서 이하에서 덕을 소프트 파워의 일종이라고 지칭한다고 해도, 그 소프트 파워라는 말의 쓰임은 조지프 나이의 용례로 환원되지 않는다. 그때의 소프트 파워란 조지프 나이의 용례보다 포괄적인 외연을 갖는다.

3. 『한궁추』의 분석

1) 마치원의 정체성

　본 논문에서는 앞에서 논한 바와 같은 덕 관념에 기초한 중화질서가, 동아시아 국제정치 현실과 심각한 괴리를 빚었을 때, 노정(露呈)하는 이면을 고려한다. 앞서 언급했듯이, 중국사에 있어서 중화질서가 현실적으로 구현된 시간은 절반에 지나지 않으며, 특히 당나라(618~907)의 쇠락 이후 명나라(1368~1644)가 온전히 성립하기까지 약 500년간 그러한 중화질서는 환상에 불과했다. 우선, 당나라가 쇠망하고 나서 송나라가 성립하기까지 약 반세기에 걸쳐, 소위 오대십국(五代十國)이라 불리는 분열기가 존재했다. 분열기를 종식하고 성립한 송나라 이후의 동아시아 국제정치질서는 그 이전과 매우 다르다. 북방 지역을 장악하고 있던 거란에게 송은 매년 재물을 제공했고, 남송은 여진에게 신하의 예를 취했다. 이렇게 볼 때 원나라가 성립하기 전까지 동아시아에는 다극 체제가 존재했거나 혹은 매우 유동적인 힘의 균형이 있었다고 보아야 한다. 그리고 원왕조 시기에는 이민족에 의한 지배가 이루어지면서, 중화사상이 기초하고 있던 문화적 탁월성과 지배력의 결합이라는 사고는 재고될 수밖에 없는 처지였다.

　『한궁추』는 바로 그러한 원나라, 즉 몽골 지배하에서 산출된 텍스트인데, 그렇다고『한궁추』가 곧 원대의 중화질서관을 대표한다는 것은 아니다. 앞서 논한 바와 같이 중화질서라는 관념 자체는 역사적 맥락에 따라 다양한 변용 가능성을 가지고 있다. 그리고 중화질서라는 것이 관념인 한, 각 개인의 의식마다 다른 중화질서 관념이 존재할 가능성을 배제할 수 없다. 그러한 맥락에서, 1250년 전후에 출생하여 1320년 전후에 죽은 것으로 알려진『한궁추』의 저자 마치원의 정체성에 대해 우선 살펴볼 필요가 있다.

마치원의 태도에서 흥미로운 것은, 당대 지식인의 정치적 선택지 중에서 원나라 정권에 적극 협력할 것인가, 아니면 은둔자로서 지낼 것인가 하는 양극을 모두 택하지 않은 중간자 위치를 유지한 것으로 보인다는 점이다.[15] 학자들은 대체로 그가 저장성(浙江省)에서 비교적 지위가 낮은 벼슬을 지냈으며, 40세를 전후한 시기에 벼슬을 그만두고 창작에 전념했다는 점에 합의를 보고 있다. 이러한 일생은 마치원이 시종일관 이민족 정권에 봉사한 입세지향형 인간도 아니고, 애당초 이민족 정권에 영합하기를 거부한 철저한 은둔자도 아니라는 사실을 나타내는 듯이 보인다. 또한 그가 한족이었다는 점에서 특정한 민족적 문제에 대해 비판적인 의식을, 고급관료가 아니었다는 사실에서 특정한 계급 혹은 신분 문제에 대해 비판적인 감수성을 가졌을 가능성을 생각해볼 수 있다. 마치원은 말년에 은둔지로 남방을 택하기는 하지만, 이민족과의 교류 경험이 상대적으로 더 축적된 북방(베이징)지역 출신이었다는 사실을 고려하면, 이민족 지배라는 것이 미증유의 체험도 아니었을 것이다. 요컨대 마치원은 현실을 완전히 잊을 수 있는 사람도 아니고 현실에 완전히 영합할 수 있는 사람도 아니었다.

이러한 마치원의 정체성은 유사한 상황에 부닥쳐 있던 다른 지식인과 비교를 통해 더욱 분명히 알 수 있다. 먼저 원의 황제에게 몽골족이 마주한 새로운 사회적·정치적 조건을 인식시키고, 효율적인 지배를 위해 기존의 착취 방식 대신 중국식 세제, 관료제, 왕위 계승, 과거제를 도입시키

---

15) 周貽白(1980: 408~414)과 鄭元祉(1984)는 마치원을 속세를 떠나 은일사상을 추구하는 이로 간주한다. 그러나 이런 해석은 지나치게 단순한 것이다. 마치원의 일생에 대해서는 이홍자(2000: 101~106) 참조.

는 데 결정적인 역할을 한 야율초재의 경우를 생각해보자. 한족이 아니라 거란족이라는 야율초재의 정체성은 몽골이 중국에서 지배력을 강화하는 과정에서 야율초재가 중용될 수 있게끔 하는 데 중요한 요인이 되었다. 결과적으로 야율초재는 적극적인 정치인이자 행정가로 활동하며 몽골과 중국, 문과 무 간의 협상(negotiation)을 이루어냈다. 그 과정에서 야율초재는 중국의 문화 전통 중 도덕적 가치를 지닌 것보다는 행정상 필요한 것을 중시했기 때문에, 더욱 효과적인 "착취"를 원했던 몽골의 이해관계와 조응할 수 있었다(Rachewiltz, 1962).

13세기 후반에서 14세기 초반에 살았던 것으로 알려진 조창운(趙蒼雲)의 경우는 어떠한가? 그는 야율초재와는 정반대로, 결혼하지도 않고 어떤 공직에도 종사하지 않고 남방의 산속에서 은자의 일생을 마친 것으로 알려진 인물이다. 그에 대해 상세한 기록은 남아 있지 않지만, 그가 송나라 왕족이었다는 사실을 고려하면 이해할만한 선택이라고 할 수 있다. 그는 "유원입천태(劉阮入天台)"의 전설을 다룬 그림16)을 남겼는데, 이 전설은 후한 시절 유신(劉晨)과 원조(阮肇)라는 이가 천태산(天台山)에 약초를 캐러 갔다가 길을 잃고 헤매는 도중 선녀들과 만나 연회를 벌이며 반년 정도의 시간을 보내고 집으로 돌아와 보니 일곱 세대가 지나가 버린 뒤였다는 내용을 담고 있다. 마치원의 『한궁추』와 마찬가지로 이 그림 역시 한나라를 배경으로 하고 있으나, 그 이야기에 담긴 집의 상실, 이상향에 대한 동경 등은 몽골에 망한 송 왕조의 통치 엘리트가 느꼈을 수 있는, 현실정치 세계로부터 완전한 단절의 정서를 반영한 것이라고 할 수 있다.

---

16) Handscroll: ink on paper; 8 1/2 in. ×18 ft. 6 1/4 in. (22×5.64 m) Ex coll.: C. C. Wang Family, Partial and Promised Gift of the Oscar L. Tang Family.

그러한 조창운에 비교했을 때, 마치원은 이민족 왕조에서 자신의 자리를 전혀 발견할 수 없었던 왕족 출신은 아니었다. 다른 한편으로 야율초재와 비교하자면, 이민족 정권의 완전한 신뢰를 얻기는 어려운 한족 출신이었다. 조창운과 같은 송 왕조 최고위층 지배 엘리트도 아니며, 동시에 이민족 정권 고위층에 오를 수 있는 처지에 있지도 않았던 마치원의 처지는 당대 정치에 대한 그의 태도에 묘한 뉘앙스를 부여할 수 있다고 볼 수 있지 않을까?[17] 과연 마치원은 이민족 지배라는 정치적 환경 속에서 기존의 중화질서 관념을 어떻게 변용시켰을까?

2) 왕소군 전통 속의 『한궁추』

『한궁추』의 소재는, 중국에 관심 있는 이들에게 널리 알려진 왕소군(王昭君) 이야기이다. 왕소군은 중국 역사상의 대표적 미인으로 알려졌으며, 황제와의 로맨스로 인구에 회자되었지만, 실제 역사서가 기록하는 바는 매우 소략하다. 왕소군은 전한(前漢) 원제(元帝, 재위 BC 49~BC 33)의 후궁으로서 이름은 장(牆), 자는 소군(昭君)이다. 그러한 그녀가 동아시아 국제정치적 함의를 가지는 것은, 그녀에 대한 최초의 기록인 『한서(漢書)』의 「원제본기(元帝本紀)」와 「흉노열전(匈奴列傳)」에서 공히 정부가 화친정책의 하나로 왕소군을 흉노에 출가시켜 중국과 변방 이민족 간 평화를 유지하는 것으로 적고 있기 때문이다. 그녀를 둘러싸고 형성된 비련의 여인 이미지는 최초의 기록에서는 찾아볼 수 없다. 그 이후의 여러 가지 기록을

---

17) 장연근은 "마치원의 정서는 원대의 실의에 빠진 일부 나약한 지식인의 처지와 사상 감정을 반영"한다고 주장했으나, 그것은 지나치게 단순화된 정리이다(이홍자, 1987: 107에서 재인용).

통해 전해온 왕소군 이야기는[18] 판본의 장르, 시기, 지역에 따라 상당히 다른 의미의 변용이 이루어졌기 때문에, 어떠한 것이 진짜 왕소군 이야기 인가 하는 질문은 큰 의미가 없다(Eoyang, 1982: 18). 그 창작과 해석의 역사 중에서 가장 유명한 것 중 하나가 마치원의『한궁추』이다. 그것이 기존 사료와 해석사를 바탕으로 한 일종의 창작물인 한, 당시 상황을 직접적으로 반영하는 역사적 사료로 간주할 수는 없다. 필자가『한궁추』에서 주목 하는 점은 마치원이라는 이가 이민족 정권인 원나라의 정치 상황 속에서, 국제정치적 함의를 가진 이야기를 가지고 어떤 방식으로 기존 중화질서 관념을 변용해냈느냐이다.

마치원의『한궁추』가 이전 작품들과 뚜렷이 대비되는 점들은 다음과 같다. 첫째,『한서』의 열전에 기록된 일종의 근친상간적 모티브는『한궁추』에서는 사라지고 없다.[19] 둘째, 왕소군에 대한 최초의 언급인『한서』나『금조(琴操)』[20]에는 왕소군의 가족이나 왕소군과 황제의 관계, 그리고 화공 모연수에 대한 언급이 없다. 화공의 등장이 명시되는 것은『서경잡기(西京雜記)』[21]의 기록에 의해서이다. 마치원은『한궁추』에서 화공 모연 수를 악인 관료로 변화시켰다(Eoyang, 1982: 7, 9). 셋째,『한서』에 따르면 왕소군은 가난에 찌든 집안이 아니라 좋은 집안 출신(良家子)으로 되어 있 다(Eoyang, 1982: 6). 이 점은 마치원이 하층민으로 왕소군을 설정한 것과

---

18) 예컨대, 「소군사(昭君辭)」, 「명군탄(明君歎)」이라는 한나라의 악부(樂府), 진나라의 석계륜(石季倫)이 지은『왕명군사병서(王明君辭幷序)』, 둔황(敦煌)에서 발굴된 「명비변문(明妃變文)」 등.

19) "그 밖에 특기할 사항은 열전에 소군이 呼韓邪와의 사이에서 一男을, 呼韓邪 전처 소생에게 재가하여 二女를 각각 낳았다고 적고 있는 것이다"(鄭元祉 , 1984: 5).

20) 동한(東漢) 채옹(蔡邕)의 작품.

21) 진인(晋人) 갈홍(葛洪)의 작품.

대비를 이룬다. 넷째, 자신의 운명을 결정하는 데 관한 왕소군 자신의 주도권과 동기의 문제에서 큰 차이가 있다. 『후한서』에서는 『한서』와 달리, 여러 해 임금을 만나지 못해 슬픔과 원망에 찬 나머지 자신이 오랑캐 땅으로 가기를 청한다. 둔황에서 발견된 변문본 왕소군 이야기에 따르면, 흉노족에 시집온 이후 왕소군은 자신의 처지를 비관해 죽는 인물로 나온다. 두 경우 모두 왕소군의 죽음은 충절과 관계가 없다(Eoyang, 1982: 14).[22]

3) 『한궁추』에 담긴 정치사상

이와 같은 『한궁추』의 특성을 염두에 두면서, 그 안에 담겨 있는 정치사상을 분석해보자. 첫째, 황제에 초점을 맞추어 텍스트를 분석할 경우, 황제의 사적인 연애와 공적인 정치 간 갈등으로 『한궁추』의 주제를 파악할 수 있다. 그러나 그 경우는, 사적인 연애의 실패담과 이야기의 대미에서 보이는 해피엔딩이 부조화를 이룬다. 둘째, 『한궁추』의 주제를 "나라를 외족에게 빼앗긴 울분을 토하면서, 원제를 빌어 중국 통치자들의 무능을 꾸짖고

---

22) 이와 같은 사항 이외에, 유진 오양(Eugene Eoyang)은 『한궁추』가 그 이전의 왕소군 이야기들과 다른 점을 다음과 같이 정리하고 있다. ⅰ) 오랑캐에게 가기 전 원제와 왕소군이 만나는 것으로 설정하여 로맨스 강조. ⅱ) 모연수는 처형을 피해 오랑캐 쪽으로 투항하여 음모를 꾸미는 것으로 설정됨. ⅲ) 오랑캐의 요구에 맞서 자신의 사적인 희생에 공적인 의미가 있음을 깨달은 왕소군은 고귀하고 당당하게 자신의 운명을 받아들임. ⅳ) 모연수 처형에서 보이듯이 마지막에 가서 정의가 회복된다는 점 (Eoyang, 1982: 16).
또한 유진 오양은 왕소군의 캐릭터를 다음과 같이 분석하고 있다. ⅰ) 신데렐라적 인물: 가난한 인물에서 높은 사람의 총애를 얻는. ⅱ) 자긍심 강하고 오만한 인물: 화가에게 뇌물 주기를 거부. ⅲ) 정치적 인질: 트로이의 헬렌과 같은. ⅳ) 애국 여성: 조국을 위해 자신을 희생하는. ⅴ) 손상된 미녀(Eoyang, 1982: 5).

있"다고 해석할 경우(김학주, 2001: 124), 실제로 주인공 역할을 하고 있는 왕소군을 이야기의 핵심으로 다루지 않는 맹점이 있다. 그리고『한궁추』가 단순히 지배층에 대한 비판으로 일관한다고 본다면, 이민족의 침략을 막아내고 평화를 되찾는 결말을 충분히 설명할 수 없다. 셋째, 왕소군을 해석의 중심에 놓되 그녀의 나라에 대한 충성심과 원제에 대한 지조를 강조하는 데 그칠 경우(이홍자, 2000: 118), 이 텍스트의 국제정치적 함의는 실종된다.

그렇다면 어떤 점에 주목했을 때『한궁추』는 국제정치적 함의를 지닌 텍스트로 현현하는가? 실로 마치원이『한궁추』를 쓰기 이전에는 왕소군의 운명 자체는 국제정치와 직결되어 있지 않았다고 할 수 있다.『한서』의 왕소군 관련 기록은 비록 변방국과의 평화를 유지하기 위해 왕소군이 타국으로 보내지는 이야기이기는 하지만, 그녀의 행보가 국제정치 상황을 좌지우지하는 것으로 그려지지는 않았다.『금조』에서 처음으로 왕소군이 음독자살하는 것으로 나오지만, 그 자살 이유는 국제정치상 갈등 때문이 아니라, 흉노의 우두머리 호한야선우(呼韓邪單于)의 사망 뒤 그의 아들에게 출가하게 되는 자신의 처지를 비관해서이다. 또『서경잡기』에서는 화공에게 뇌물을 주지 않아 왕을 모시지 못하는 것으로 설정된다는 점에서 왕소군에게 전에 없던 도덕성이 부여되긴 하지만, 이 경우도 국제관계 이슈와는 관련성이 없다.

이에 비해 마치원의『한궁추』는 왕소군이 국제관계의 핵심이 되게끔 이야기를 재구성한다. 왕소군이 조국을 떠나야 하는 것도 흉노와의 외교 관계 때문이며, 그 외교 문제를 해결하는 것은 다름 아닌 왕소군의 죽음이다. 특히 주목할 것은『한궁추』에서는 한나라의 국력이 쇠약하여 왕소군이 불가피하게 떠나는 것으로 설정되어 있다는 점이다. 이러한 한나라와 흉노와의 역학관계는, 한나라의 국력이 흉노보다 강했던 한나라의 실제 역사, 그리고 『한서』의 기록과 다르다. 왕소군 이야기를 다룬 문건 중에서 흉노가 한나라보다 강성한 것으로 기록된 사례는 석숭(石崇)의 「왕소군사(王昭君辭)」인데, 그것은 "석숭이 생존했던 사마씨 시대에 북방의 五胡가 강성한 상황"을 반영한 것이라고 한다. 이렇게 본다면, 석숭의 경우와 마찬가지로, 마치원이 흉노를 한나라보다 강하게 설정한 것은, 당시 중국이 이민족에 의해 침탈된 상황을 반영한 것이라고 할 수 있다(이홍자, 2000: 118에서 재인용). 즉, 마치원의 『한궁추』는 비록 한나라를 배경으로 하고 있지만 한나라의 역사적 상황 자체에 대한 것이 아니라 당대의 비유로 읽힌다.

이처럼 『한궁추』가 당대 국제관계에 관한 생각을 담은 텍스트가 되었을 때, 가장 주목할 만한 부분은 중화질서 관념의 지속, 그리고 그것의 기묘한 변형이다. 사욕과 침략에 골몰하던 흉노가 극의 대미에 이르러 도덕적 존재로 변화하는 모습은, 중화질서가 전제하는 덕에 의한 자발적 교화의 전형적인 예이다. 그러나 흥미로운 것은 그러한 "오랑캐"의 자발적 도덕성을 끌어내는 주체가 북극성으로서의 군주 혹은 통치 엘리트가 아니라, 왕소군이라는 미천한 신분 출신의 여성이라는 점이다.

실로 마치원이 왕소군 해석사에서 이루어낸 중대한 변화는, 다름 아닌 왕소군을 미천한 신분 출신인 동시에 도덕적 영웅으로 만들었다는 사실이다. 『한서』, 『후한서』의 기록에 따르면 왕소군은 흉노에 시집가서 문제없이 잘 산 것처럼 되어 있다. 특히 『후한서』, 「남흉노열전」에서는 왕을 모실 기회가 주어지지 않으므로 스스로 자청하여 흉노로 떠나는 것으로 되어 있을 정도이다. 왕의 총애를 얻지 못한 자신의 안위를 도모하여 타국으로 떠나는 모습에서 특별한 도덕성은 발견되지 않는다. 그에 비해 『한궁추』에서 왕소군이 "이미 폐하의 두터운 은혜 입었사오니 마땅히 한목숨 바쳐 폐하께 보답해야 할 줄 아옵니다. 천첩, 기꺼이 번국과 화친하는 데에 나서겠나이다!"[23]라고 말했을 때, 왕소군의 행위는 누군가의 명령에 따라 이루어지는 타율적 행위가 아니라, 자발적이고 자기 의식적인 도덕 행위이다. 이것은 흉노족 속에서 안위를 도모한 과거의 왕소군 이미지를 전복시킨 것이라고 할 수 있다.

게다가 그 왕소군이 양갓집 처녀에서 천민으로 재조정되어 있다는 것을 상기한다면[24], 『한궁추』가 극으로 공연되었을 때의 잠재 관객층인 일반 피지배층은 왕소군과 자신을 동일시하며, 자신이 국제적 위기를 타파해내는 주인공이 되는 느낌을 공유할 수 있었으리라 상상해볼 수 있다. 특히 잡극이라는 형태는 읽기 위해서이기도 하지만 실제 공연을 위한 대본이기도 했다는 점에서, 마치원이 자신의 청중을 지배층뿐 아니라 피지배층 일반까지 고려했음을 할 수 있다.[25] 마치원은, 우리가 도덕적이 되면 이민족도 도덕적이 될 것이라는 중화질서의 관념은 유지하되, 그 질서의 주체만 기존 지배층에서 피지배층으로 바꾼 것이다. 이것은 지배적 위치를 차지하고 있던 기존 국제정치 사상을 절묘하게 재전유한 사례라고 할 수 있다.

그렇다면 기존 한족 지배층은 어떻게 되는가? 중화질서의 주체가 한족

---

23) "妾旣蒙陛下厚恩, 當效一死, 以報陛下. 妾情愿和番"(王學奇, 1994: 185; 박성훈 · 문성재, 2005: 60). 이때 왕과 왕소군의 관계는 단순한 애인이라기보다는 충성의 맥락이 존재한다. 순정과 순국이 결합되어 있다는 주장은 焦文彬(1990: 286) 참조.

24) 왕소군은 자신의 계급을 분명히 밝힌다. "陛下, 妾父母在成都, 見隶民籍"(王學奇, 1994: 177). "천첩의 부모가 성도에 있사오나, 천민의 호적에 올라 있는 처지이옵니다"(박성훈 · 문성재, 1995: 50).

25) 이 점은 자신의 생각을 왕의 조언자로서 표현한 야율초재의 경우와 특히 대별된다.

지배층에서 천민인 피지배층으로 전치됨에 따라서, 『한궁추』는 기존 한족 엘리트에 대한 비판 기능을 수행하게 된다. 그 점을 가장 명시적으로 보강하는 점은 『서경잡기』에서 화공으로 등장한 바 있는 모연수를 『한궁추』에서는 의전을 맡은 대신인 중대부(中大夫)로 설정했다는 사실이다. 이렇게 흉노족 속에서 안위를 도모하는 모연수를 관료로 설정함으로써, 비도덕적 지배층 대 도덕적 피지배층의 대조를 강조했다. 그리고 이민족은 지배층이 아니라, 도덕적 피지배층에 의해 교화를 일으킨다.

이와 같은 중화질서 관념의 재조정은 『한궁추』의 서두에서 제기한 질문에 대한 답이라고 할 수 있다. 극의 서두에서 호한야선우는 말한다. "문왕도 일찍이 우리를 피하여 동쪽으로 몸을 옮겼고."[26] 여기서 문왕은 주나라 문왕이 아니라 주나라 선조인 고공단보(古公亶父)를 가리킨다. 고공단보는 오랑캐의 위세를 피해서 치산[岐山] 아래로 거처를 옮긴 인물이자, 여색을 좋아했지만 백성을 위한 국정에 소홀히 하지 않았던 인물로 알려져 있다.[27] 이렇게 볼 때, 위의 언명은, 이민족이 득세한 현실에서 고공단보처럼 덕을 발휘할 정치적 리더가 중국에 있느냐는 질문으로 해석될 수 있다.

이 질문에 대한 관습적인 대답은 ─ 물론 기존 중화질서 관념에 기초하여 ─ 극 중간에 주어진다. 원제는 이렇게 말한다. "짐이 제위를 이은 이래로 사해가 태평하고 팔방이 평안한 것도 짐이 덕이 있어서가 아니라 뭇 문무 대신들이 도운 덕택이노라."[28] 그러나 이처럼 겸손의 외피를 씌운 기존

---

26) "文王曾避俺東徙"(王學奇, 1994: 168; 박성훈 · 문성재, 1995: 42).

27) 『맹자』, 「梁惠王章句下」 참조.

28) "自朕嗣位以來, 四海晏然, 八方寧靜, 非朕躬有德, 皆賴衆文武扶持"(王學奇, 1994: 169; 박성훈 · 문성재, 1995: 44).

중화질서 관념은 흉노의 호한야선우가 "국서를 한나라 천자에게 전하되 왕소군을 주면 평화적으로 화친하겠다고 해야겠다. 만약 주지 않겠다고 버티다가는 당장 남쪽으로 쳐들어가 그 강산조차 보전키 어렵게 될걸?"[29] 이라고 말했을 때 와해되고 만다. 그리하여 원제는 "내가 무슨 놈의 대한 제국 황제란 말인가!"[30]라며 중화질서의 붕괴를 자인한다. 이러한 상황에서 상서가 하는 다음과 같은 말은 덕치에서 비롯된 중화질서의 한계와 무력의 한계, 즉 소프트 파워의 한계와 하드 파워의 한계를 동시에 노정하고 있다. "폐하, 우리 쪽은 병력이나 무장이 튼튼하지 못한 데다가 그와 대적할 만한 용맹한 장수도 없으니 혹 잘못된다면 어찌하겠나이까? 원컨대 폐하께서는 사사로운 은혜를 그녀에게서 거두시고 이 한나라 억조창생의 목숨을 구하소서."[31]

이러한 상황에서 원제가 자신의 힘으로 평천하를 다시 이루었다면, 그것은 기존 중화질서 관념으로의 복귀일 것이며, 만약 흉노족이 무력으로 한나라를 유린하고 말았다면 중화질서 관념의 와해를 의미했을 것이다. 그러나 왕소군의 도덕적으로 영웅적인 행동에 의해 한나라와 흉노 간 국제관계가 다시 정상화됨으로써, 중화질서 관념이 유지되는 동시에 기존의 구성은 심오한 변용을 일으킨다. 즉 중화질서의 북극성 자리를 황제나 지배층이 아닌 천한 집안 소생의 여성인 왕소군이 차지하게 되는 것이다. 그와 같은 전복은 원제가 "여러 문무백관은 의논을 하고 대책을 내어 번병을

---

29) "寫書與漢天子, 求索王昭君與俺和親. 若不肯與, 不日南侵, 江山難保"(王學奇, 1994: 182; 박성훈 · 문성재, 1995: 53).

30) "我那里是大漢皇帝"(王學奇, 1994: 196; 박성훈 · 문성재, 1995: 65).

31) "陛下, 自這里兵甲不利, 又無猛將與他相持, 徜或疏失, 如之奈何? 望陛下割恩與他, 以救一國生靈之命"(王學奇, 1994: 184; 박성훈 · 문성재, 1995: 57).

물리쳐서 소군을 보내 번국과 화친하는 일이 없도록 하시오! 보아하니 소군이 연약하고 선량하다고 업신여기나 본데 …… 만약 이런 식이라면 앞으로는 문무백관도 필요 없이 차라리 미인의 힘을 빌려 천하를 평정하는 게 더 낫겠소!"[32]라고 외쳤을 때 이미 암시된 것이다.

한족의 기존 통치 엘리트가 비난받고 왕소군이라는 천민 출신 여자가 그 자리를 대신하는 구도는, 원나라 조정으로서도 충분히 용인할 만한 것이다. 따라서 마치원은 자신의 생각을 담는 매체로 희곡을 택하면서, 원나라 치세하에서 일정한 벼슬을 했던 자신의 정치적 경력에 걸맞게, 피지배층과 이민족 정부 모두에게 소구력(訴求力)을 가질 만한 메시지를 만들었다고 할 수 있다.

그렇다면 왕소군과 호한야선우의 관계는 어떤 의미가 있는가? 흥미롭게도 호한야선우는 왕소군에 의해 교화가 되는 피동적인 인물인 동시에, 스스로 측은지심(惻隱之心)을 발견하는 군주의 존재로서 형용됨으로써, 자신의 정치적 위치를 보장받고 있다. 극의 대미에 나오는 다음과 같은 발언을 보라.

아! 애석하고 애석하도다! 소군은 번국에 들어가지 않겠다고 강에 몸을 던져 죽어버렸구나! 말자 말자 말아! 이곳 강가에 묻어주고 '푸른 무덤〔青冢〕'이라 칭하리라. 생각해보니 사람도 죽어버렸는데, 공연히 한나라 조정과 이 같은 원한까지 지게 된 것도 죄다 모연수 그놈이 사주한 일이렷다? 용사들아, 모연수를 잡아다가 한나라로 압송하여 처리케 하라 …… 이런

---

32) "您衆文武商量, 有策獻來, 可退番兵, 免教昭君和番. 大抵是欺娘娘軟善 …… 若如此, 久已后也不用文武, 只凭佳人平定天下便了"(王學奇, 1994: 185; 박성훈·문성재, 1995: 59).

간사한 역적은 남겨놓으면 화근만 될 것이니 아예 한나라에 보내 없애버
리고, 전처럼 숙질관계로 돌아가 양국이 오래도록 존속하도록 하는 것이
낫겠다![33]

호한야선우가 도덕의 궁극적 기초인 측은지심에 휩싸이는 모습은 앞서
인용한 『맹자』, 「불인인지심장」을 연상시킨다. 이 상황이 「불인인지심장」
에 담긴 정치사상의 절묘한 재해석이 될 수 있는 이유는 측은지심을 느끼
는 주체와 대상이 교묘히 환치되어 있기 때문이다. 측은지심의 주체는 이
제 한족의 군주가 아니라 이민족의 우두머리이며, 그 이민족 우두머리의
측은지심을 불러일으키는 주체는 우물에 빠지는 아이가 아니라 자신의 결
단에 의해 강물에 몸을 던지는 여자이다. 측은지심이라는 것이 위계를 전
제로 한 정서라는 점에서, 여전히 흉노족 우두머리의 정치적 위치는 보장
받고 있다. 그러나 왕소군은 「불인인지심장」에 나오는 아이와 달리 피동
적인 위치에 있지 않다. 그녀는 적극적인 자기 결단으로 (이민족과 한족의)
통치자의 도덕심을 공히 발생시키는 에너지원으로 자신을 변화시켰다. 하
드 파워가 열세인 나라 출신의, 하드 파워가 절대 부족한 존재로서의 여성
이, 실질적으로 자신의 유일한 파워인 소프트 파워를 극대화하여, 정치적
문제를 해결하는 행동이라고 할 수 있다. 바로 여기서 기존 중화질서 관념
을 지지해오던 사상적 기초가 절묘하게 재해석되고 있음을 본다. 「불인인

---

33) "嗨! 可惜, 可惜! 昭君不肯入番, 投江而死, 罷, 罷, 罷, 就葬在此江邊, 號爲青家
者. 我想來, 人也死了, 枉與漢朝結下這般仇隙, 都是毛延壽那廝搬弄出來的. 把
都兒, 將毛延壽拿下, 解送漢朝處治 …… 似這等奸邪逆賊, 留着他終是禍根, 不
如送他去漢朝哈喇, 依還的甥舅禮兩國長存"(王學奇, 1994: 198; 박성훈·문성재,
1995: 68).

지심장」과 기존 중화질서 관념에서의 (한족) 군주는 이민족의 군주로, 측은지심의 대상에 불과했던 아이는 측은지심을 적극적으로 불러일으키는 존재로 변한다. 왕소군은 측은지심의 대상이라는 점에서는 여전히 군주의 하위에 있지만, 측은지심이라는 도덕의 원천을 불러일으켜 교화를 달성한다는 점에서 군주의 우위에 있다고 할 수 있다. 요컨대 호한야선우는 왕소군의 죽음에 의해 측은지심을 느꼈을 때, 역설적으로 천인에 의해 교화된 군주이다.[34]

앞서 『맹자』, 「불인인지심장」의 토론에서 언급되었듯이, 맹자가 중심이 되는 동아시아 지적 전통에서 이 측은지심은 단순히 상대를 불쌍하게 여기는 정서에 불과한 것이 아니다. 그것은 우리가 이성적 판단력의 영역이라고 흔히 생각하는 시비지심(是非之心)과 같은 영역을 궁극적으로 정초하는 본원적인 도덕의 세계이다. 그리하여 왕소군이 불러일으킨 측은지심은 호한야선우를 목전의 국제정치적 위기에 대한 바른 시비지심·판단으로까지 이끈다. "생각해보니 사람도 죽어버렸는데, 공연히 한나라 조정과 이 같은 원한까지 지게 된 것도 죄다 모연수 그놈이 사주한 일이렷다? …… 전처럼 숙질관계로 돌아가 양국이 오래도록 존속하도록 하는 것이 낫겠다!" 즉, 그가 느끼는 측은지심은 곧 모연수의 처형 및 국제관계가 어떠해야 한다는 바른 판단으로 이어지는 것이다. 그리고 그 바른 판단이란 어떤 정서적 충일함으로부터 초탈한 경지에서 이루어지는 법리적 판단 같은 것이 아니라, 도덕적 정서의 충일함이 인도하는 판단이라는 점에서, 오늘날 우리가 쉽게 생각할 수 있는 정치적 판단력과는 일정한 차별성을 보

---

34) 왕소군 자체는 군주가 아니므로 그녀의 도덕성이 군주라는 위계의 정점을 경유하지 않고는 곧바로 세계 전체에 영향을 미칠 수 없다.

이고 있다. 이렇게 해서 회복되는 동아시아 국제질서의 정당성은, 무력에 의해 관철되는 강제적 질서나 어떤 이해관계(interest)의 조정과 타협의 산물이라기보다는, 측은지심에 기초한 덕성의 힘에 의해 궁극적으로 확보된다고 하겠다.

4. 맺음말

중화질서의 면면은 실로 다양하다. 중화질서가 전제하는 "중국"이라는 실체의 내용도 다양하고, 그 중화질서가 역사 속에서 각 주체에 의해 변용되어온 모습 또한 다양하다. 때로 중화질서는 존재하는 현실의 반영일 수도 있겠으나, 종종 "'天下'의 歸依는 天命을 받은 가장 중요한 증거였던 만큼 受命天子를 자임하는 '華'의 천자에게 '夷'의 臣屬은 단순한 허영심의 충족이 아니라 지배의 정당성을 제고하는 데 불가결한 요건"이기도 했을 것이다(이성규, 1992: 49). 그리고 심지어 한족의 우월적 위치가 상실된 정복왕조 시기에도 이민족은 이민족대로 자신의 지배 정당성을 보증한 논리로 사용하기도 했고 ― 자신이 문화의 우월성을 담보하는 한 지배자의 자격이 있다는(이성규, 2005: 88)[35] ― 한족은 한족대로 저항의 논리로 사용한 것이기도 하다(이성규, 1992: 33).

마치원의 『한궁추』를 통해서 살펴본 중화질서는, 피지배 계층이 소위 중화질서의 정점에 서서 한족의 지배층에게는 비판을, 이민족 정권에는

---

35) "역대 정복왕조 제왕들의 가장 중요한 논리는 華夷의 구분이 공간이나 종족의 차이가 아니라 문화적 차이, 즉 중화질서의 유무에 있다는 것이었다"(이성규, 2005: 120).

교화의 기능을 수행하고 있다. 필자는 이것이 중화질서 관념이 오랜 역사 동안 다양한 변용을 거쳐왔으며, 그 과정에서 관념의 주체에 따라 다양한 해석이 일어날 수 있다는 중요한 사례라고 본다. 이민족 정부와 무력한 자국 지배층에 공히 거리를 두면서 구상한 마치원의 새로운 비전 속에서 왕소군과 같은 인물이 정치적 역할을 할 수 있는 것은 덕이라는 이름의 소프트 파워 전통이 있었기에 가능했다. 실로 하드 파워가 아닌 파워가 권력 담론의 중심에 섰을 때, 하드 파워 보유자와 다른 종류의 주체가 좀 더 권력에 접근하거나 부상하게 된다고 할 수 있다. 즉, 소프트 파워는 권력에의 접근성을 다른 방식으로 열어놓는다.

물론『한궁추』에서 보이는 사상이 얼마나 현실 적합성을 가진 것인지는 제기해볼 만한 또 다른 질문이라고 할 수 있다. 마치원이 결국 은둔했다는 사실은 하드 파워에 의해 지지되지 않는 소프트 파워의 비현실성을 증명하는 것인지도 모른다. 그렇다고 하더라도, 마치원이 자기 생각의 잠정적 청중으로서 원나라 조정을 포함시켰다면, 이것은 하드 파워의 역학 관계가 이미 돌이킬 수 없을 정도로 굳어진 상황 속에서, 약자의 위치에 선 주체가 하드 파워의 강자를 제어(tame)하기 위해 선택한 비전이었다고 할 수 있을 것이다. 원나라 정권의 처지에서도, 무력이 궁극적으로 효율적인 지배를 가져오지 못한다는 것을 깨달았다면, 한족의 지배층을 끝내 주변부화시킨다는 점에서 마치원이 제시하는 비전은 받아들일 만한 것이다. 이러한 암묵적인 협상(negotiation)을 가능케 하는 것이 하드 파워가 가질 수 없는 소프트 파워만의 특징일 것이다.[36]

---

36) 소프트 파워의 경우 약자의 전유 가능성이 크므로 누가 가해자이고 누가 약자인지의 구분이 사라진다. 바로 이 지점이 더욱 용이한 협상(negotiation)을 가능케 한다고 할 수 있을 것이다.

■ 참고문헌

김영민. 2007. 「맹자의 불인인지심장 해석에 담긴 정치사상」. ≪정치사상연구≫, 제
     13집.

김학주. 2001. 『원잡극선』. 명문당.

나이, 조지프. 2004. 『소프트 파워』. 홍수원 옮김. 세종연구원.

박성훈·문성재. 1995. 『중국 고전희곡 10선』. 고려원.

이성규. 1992. 「민족주의의 철학적 성찰: 중화사상과 민족주의」. ≪철학≫, 제37집.

_____. 2005. 「중화 제국의 팽창과 축소: 그 이념과 실제」. ≪역사학보≫, 제186집.

이홍자. 2000. 『원대 사대비극 연구』. 서울대학교 중어중문학과 박사논문.

鄭元祉. 1984. 「한궁추 연구」. ≪중국인문과학≫, 제3집.

王學奇. 1994. 『元曲選校注』. 河北敎育出版社.

張燕瑾. 1987. 「元劇三家風格論」. ≪中國古代近代文學研究≫, 제2기.

周貽白. 1980. 『中國戲曲論集』. 中國戲曲出版社.

曾永義. 1988. 「馬致遠雜劇的四種類型」. 『詩歌與戲曲』. 聯經出版事業公司.

焦文彬. 1990. 『中國古典悲劇論』. 西北大學出版社.

Eoyang, Eugene. 1982. "The Wang Chao-chun Legend: Configurations of the Classics."
     in *Chinese Literature: Essays, Articles, Reviews*, Vol. 4, No. 1.

Nye Jr, Joseph S. 2004. *Soft Power: the means to success in world politics*. New York:
     Public Affairs.

Rachewiltz, Igor De. 1962. "Yeh-lu Ch'u-ts'ai(1189~1243): Buddhist Idealist and
     Confucian Statesman." in Arthur F. Wright and Denis Twitchett(eds.).
     Confucian Personalities. Stanford: Stanford University Press.

결론을 대신하여
네트워크 권력론의 모색

김상배(서울대학교)

1. 머리말

이 책에서 화두로 내건 소프트 파워(soft power)라는 용어는 국제정치학 분야에서 진행된 권력론의 맥락에서 제기된 개념이다. 전통적으로 국제정 치학에서 권력은 주로 국제정치의 주요 노드(node)인 국가가 보유하고 있 는 물질적 자원, 특히 군사력이나 경제력의 보유라는 관점에서 파악되었 다. 이러한 물질적 권력은 자원, 영토, 인구, 무기나 군대, GNP, 에너지 생 산량 등과 같이 노드의 속성이나 노드가 보유한 자원에 의해서 측정되고 평가되었다. 국제 체제의 구조와 그 작동은 이러한 권력자원의 상대적 분 포라는 관점에서 설명되었다. 그러나 이러한 노드 기반의 물질적 권력 개 념만으로는 최근 벌어지고 있는 권력정치의 변화를 제대로 포착할 수가 없다. 실제로 21세기 세계정치의 권력은 단순한 노드 차원을 넘어서 노드들이 구성하는 링크(link), 그리고 그 노드와 링크의 합으로서 네트워크(network)를 배경으로 작동하고 있다. 이러한 과정에서 기술·정보·지식·문화(이하 통칭하여 '지식') 등으로 대변되는 비(非)물질적 권력자원의 중요성도 부각되고 있다. 이러한 현실의 변화에 부응하여 최근 국제정치 학계에서도 행위자 기반의 물질적 권력이라는 단순 개념의 차원을 넘어서는 복합적인 권력 개념에 대한 연구가 활발히 이루어지고 있다.

이러한 맥락에서 볼 때, 노드 차원을 넘어서는 권력 변환의 본질을 쉽고 간결한 개념으로 잡아낸 시도 중의 하나가 바로 나이(Joseph S. Nye)의 소프트 파워이다(Nye, 2004). 소프트 파워 개념은 '지식' 변수에 대한 강조와 함께 행위자의 속성이나 보유 자원에서 우러나오는 권력의 차원을 넘어, 행위자들이 구성하는 '관계'에서 발생하는 권력에 대한 학계의 주위를 환기시켰다. 그러나 소프트 파워 개념은 여전히 행위자 차원의 작위(作爲)로 환원되는 권력에 대한 논의에 머물고 있어, 행위자의 명시적(또는 암묵적) 의지의 차원을 넘어서 작동하는 권력 메커니즘에 대한 구체적 논의가 부족하다. 다시 말해 소프트 파워의 개념은 행위자를 넘어서는 '구조'의 차원이나 행위자의 의지를 초월하는 '초(超)노드'의 차원에서 작동하는 권력 메커니즘을 설명하지 못한다. 요컨대, 네트워크 시대를 맞이하여 변환을 겪고 있는 세계정치의 권력을 제대로 파악하기 위해서는 나이가 제시한 소프트 파워 개념보다는 좀 더 정교한 분석 개념이 필요하다.

이러한 맥락에서 이 책에 실린 연구들은 다양한 시각에서 소프트 파워의 개념을 넘어서는 21세기 권력에 대한 논의를 제기했다. 우리의 시각으로 본 권력론 연구가 일천한 학계의 현실을 염두에 둘 때, 이 책에 제기된 많은 주제는 여전히 결론이라기보다는 문제제기 단계에 머물러 있다고 봐야 할 것이다. 마찬가지로 이 장은 최근 자연과학과 사회과학에서 주목받고 있는 '네트워크 이론'[1])으로부터 탈(脫)노드 차원의 권력 개념을 포괄적으로 보여주는 쉽고 간결한 개념의 힌트를 구하면서, 이 책의 결론을 대신하고자 한다. 이렇게 네트워크 이론과 권력 이론을 접맥하는 작업은 (국제)정치학이 이바지할 수 있는 고유 영역이 될 것으로 기대된다. 주로 물리학과 사회학을 기반으로 하는 기존의 네트워크 이론은 권력에 대한 체계적 논의를 결여하고 있기 때문이다. (국제)정치학계에서도 네트워크와 권력에 대한 연구가 아직 걸음마 단계에 머물러 있기는 마찬가지이다. 노드 기반의 발상을 넘어서 네트워크 이론 또는 '복잡계 이론'을 국제정치 이론에 도입하려는 몇몇 선구적인 시도가 없었던 것은 아니다.[2) 그럼에도 21세기 세계정치 현실의 변화에 부응하는 권력 이론의 개발이라는 관점에서 보면, 네트워크와 권력에 대한 본격적인 논의는 여전히 부족한 실정이다. 이러한 문제의식을 바탕으로 이 장은 네트워크 시대의 세계정치 권력을 '네트워크 권력(network power)'이라는 개념으로 잡아내고자 한다.[3)

여기서 '네트워크 권력'이라 함은 노드 자체의 속성이나 노드가 보유한 자원이 아니라 노드 간의 '관계', 즉 네트워크에서 비롯되는 권력을 의미한

---

1) 네트워크에 대한 이론적 소개로는 Barabási(2002), 왓츠(2004), 뷰캐넌(2003), Castells(2000a; 2000b; 2004a) 등을 참조. 또한 국내학계에서 이루어진 네트워크 이론의 소개 및 연구로는 김용학(2007), 민병원(2005)과 하영선·김상배 엮음(2006)을 참조.

2) 이러한 선구적인 시도를 벌인 연구로는 Jervis(1997), Arquilla and Ronfeldt eds.(2001), Rosenau(2003), Braman(2006) 등을 들 수 있다. '네트워크 세계정치 이론(the network theory of world politics, NTWP)'의 시각에서 본 세계정치 변환에 대한 기존연구 현황의 정리로는 김상배(2008)를 참조.

3) 네트워크 권력은 아직 (국제)정치학자들에게 생소한 용어인 것이 사실이다. 이 장의 논의와 유사한 맥락에서 네트워크 권력이라는 용어를 명시적으로 사용한 기존 연구로는 Castells(2004b), Hardt and Negri(2000), Grewal(2008) 등을 들 수 있다.

다. 다시 말해 네트워크 권력은 노드의 '내재적 요소'가 아니라 개별 노드들의 경계 밖에 존재하는 '외재적 요소'에 의해 생성되고 작동하는 권력을 개념화한 것이다. 여기서 외재적 요소라는 것은 다름 아니라 노드와 노드들이 맺는 링크의 총합으로서의 네트워크이다. 그러나 이러한 외재적 요소라는 것이 무조건 초(超)노드적으로만 부여되는 것은 아니다. 노드 그 자체도 네트워크가 작동하는 데 필수적인 구성 요소이기 때문이다. 따라서 네트워크 권력은 개별 노드들의 자유로운 선택에 기원을 두지만, 그 작동과 영향은 노드가 아닌 네트워크 차원에서 이루어지는 권력으로 이해되어야 한다. 이러한 점에서 네트워크 권력은 노드의 행동에서부터 비롯되었지만, 역으로 노드를 제약하는 구조로도 작동하는 권력, 즉 행위자와 구조의 차원에서 동시에 작동하는 권력의 이중성을 잡아내는 데 유용한 개념이다.

이러한 네트워크 권력의 개념을 분석적으로 드러내고자 이 글은 네트워크 권력을 '행위자(actor)'와 '과정(process)', 그리고 '체제(system)' 차원에서 작동하는 세 가지 메커니즘으로 이해하고자 한다. 단순하게 말하자면, 네트워크에서 비롯되는 권력은 네트워크를 구성한 노드들의 집합인 '행위자'가 발휘하는 권력을 의미한다. 또한 네트워크 권력은 네트워크라는 환경에서 특정 노드 또는 노드군(群)이 그 상호작용의 '과정'에서 발휘하는 권력일 뿐만 아니라, 역으로 노드를 제약하는 '구조'로서 네트워크가 행하는 권력일 수도 있다. 더 나아가 네트워크 권력은, 행위자와 구조를 구별하기 어려운 네트워크의 속성을 고려할 때, 행위자와 구조를 모두 포괄하는 '체제' 차원의 개념으로 이해될 수도 있다. 이 장에서는 이러한 세 가지 네트워크 권력을 구미학계의 권력 이론 일반에서 벌어졌던 '권력의 세 가지 얼굴'에 대한 논쟁에 빗대어 '네트워크 권력의 세 가지 얼굴(three faces of network power)'이라고 부르고자 한다.4)

한편 이 장은 '표준경쟁'의 개념을 원용하여 '세 가지 얼굴'을 지닌 네트워크 권력의 구체적 작동 방식에 대한 설명을 시도했다(김상배, 2007). 특히 네트워크 권력을 둘러싸고 벌어지는 표준경쟁에서 네트워크의 구도 자체가 지니는 독특한 속성이 어떻게 전략적으로 활용되는가에 주목했다. 어느 세력이 이러한 네트워크의 속성을 효과적으로 활용하여 네트워크 권력을 발휘하는가는 현실 세계정치의 궁극적인 관심사가 아닐 수 없다. 일견 노드 기반의 전통적 권력정치를 주도해온 패권 세력이 새로운 권력정치에서도 역시 유리한 지위를 차지할 가능성이 크다. 그러나 '표준경쟁'의 형태를 띠는 네트워크 시대의 권력정치에서는 아무리 '지배표준'을 장악한 패권 세력이라도 전체 네트워크를 완전히 석권하기란 쉽지 않다. 이러한 맥락에서 패권 세력의 네트워크 권력에 대항하여 '소수표준'을 고수하려는 세력들이 반론을 제기할 여지가 발생한다. 이러한 점에서 21세기 세계정치는 패권 세력과 대항 세력 간에 벌어지는 '네트워크 권력의 세계정치'라고 할 수 있다.

이 장은 크게 네 부분으로 구성되었다. 제2절에서는 이 장에서 원용하는 네트워크의 개념과 특성을 살펴보고, 이를 바탕으로 네트워크 권력을 이해하기 위한 분석 틀을 모색했다. 제3절에서 제5절까지는 네트워크 권력의 개념을 각각 행위자와 과정 및 체제의 차원에서 파악하고, 그 기본적인 특성과 하위 유형, 작동 방식과 조직 전략, 그리고 동원되는 자원의 형태 등에 대해서 살펴보았다. 이러한 논의의 과정에서 주안점을 둔 것은 각각의 네트워크 권력이 현실 세계정치에서 발현되는 과정에서 드러나는 패권

---

4) '권력의 세 가지 얼굴(three faces of power) 논쟁'에 대한 간략한 소개와 비판적 검토에 대해서는 Isaac(1987)을 참조.

세력과 대항 세력의 긴장관계이다. 다시 말해, 행위자와 과정 및 체제의 차원에서 파악된 네트워크 권력이 패권 세력에 의해서 실제로 어떻게 활용되는지, 그리고 대항 세력의 입장에서 보았을 때 이러한 네트워크 권력을 활용할 여지가 얼마나 있는지에 주목했다. 결론에서는 이 장의 주장을 요약하고 네트워크 권력의 세계정치 시각에서 본 국가 전략의 추진 방향에 대해서 간략히 언급했다.

2. 네트워크 권력의 분석 틀

네트워크 개념의 가장 기초적인 정의는 "상호 연결되어 있는 노드들의 집합"이다(Castell, 2004b: 3). 노드들을 상호 연결하는 것을 링크라고 하고, 이러한 링크들이 교차하는 지점에서 노드가 형성된다. 노드와 링크의 내용을 무엇으로 보느냐에 따라 우리 주위에 존재하는 네트워크의 종류가 늘어난다. 사실 이렇게 보면 인간사 모든 것이 네트워크가 아닌 것이 없다. 우리가 흔히 말하는 인맥, 학맥, 혈맥에서부터 교통망, 방송망, 통신망이나 상품의 판매망과 종교의 포교망 등에 이르기까지 모두 네트워크의 형태를 띠고 움직인다. 국제정치의 영역에서 관찰되는 정치군사 동맹이나 국제 무역, 사람과 문화의 교류 등도 모두 네트워크라는 용어를 빌려 이해할 수 있는 현상이다. 그러나 이 장이 탐구하는 것은 이렇게 일반적인 의미에서 파악된 '단순 네트워크'는 아니다.

이 장이 주목하는 것은 특별한 의미에서 파악된, 그렇기 때문에 최근 새롭게 조명받고 있는, '복합 네트워크'의 부상이다. 전통적인 단순 네트워크 형태의 '조직(organization)'과 비교할 때, 이들 복합 네트워크는 그 아키텍

처나 작동 방식에서 구별된다. 조직이 위계적 아키텍처를 갖는다면, 복합 네트워크의 아키텍처는 수평적이다. 조직의 작동 방식이 각 구성 요소 간의 상호 의존성을 전제로 한다면, 복합 네트워크의 각 구성 요소들은 상대적 자율성을 갖는다. 위계적 조직에서는 어느 한 구성 요소의 제거가 조직 체계 전체의 작동을 멈추게 할 수도 있다. 이에 비해 복합 네트워크에서는 어느 노드와 링크가 잘려나가더라도 네트워크 전체가 붕괴되는 일은 없다. 손상된 노드와 링크를 복구하면 그만이다. 카스텔(Manuel Castells)이 복합 네트워크의 속성을, 변화하는 환경에 대처하는 데 유연하고(flexible), 규모의 조절이 가능하며(scalable), 재생 가능한(survivable) 실체로서 요약하고 있는 것은 바로 복합 네트워크가 보여주는 동태적 과정에 주목했기 때문이다(Castell, 2004b: 4~6).

이렇게 파악되는 네트워크 개념을 분석적으로는 어느 수준에서 이해해야 할까? 사실 네트워크라는 개념은 워낙 포괄적이어서 논자에 따라 다의적으로 해석될 여지가 매우 많다. 특히 네트워크는 그 외연과 내포가 명확하지 않은 대표적인 개념 중의 하나이기 때문에, 간혹 모든 것이 다 네트워크로 설명되는 '개념적 확장'이 발생하기도 한다. 이러한 문제를 방지하고자 이 장에서는 네트워크의 개념을 행위자와 과정 및 체제의 세 가지 분석적 수준에서 이해하고자 한다.

우선 네트워크에서의 노드, 또는 이러한 노드들이 구성하는 노드의 그룹이나 네트워크 전체를 하나의 '행위자'로 볼 수 있다. 여기서 네트워크는 '특정한 경계'를 갖는 노드와 링크의 집합을 의미하며, 네트워크 그 자체가 '분석의 단위'이자 '행위의 단위'이다. 그런데 이러한 행위자로서 네트워크는 고정된 실체가 아니다. 오히려 네트워크는 부단한 상호작용을 통해 노드와 노드들이 연결되어 링크를 만들어가는 동태적인 '과정'이다. 이러한 층위에서 이해된 네트워크란 노드의 집합이 보여주는 '행위의 패턴'인 동시에 노드의 집합에 대한 일종의 '관리 양식'을 의미한다. 여기서 흥미로운 점은 이러한 과정을 통해서 일단 네트워크가 형성되면, 네트워크는 그 구성 요소인 노드들의 행위를 제약하는 일종의 '구조'로서 작동하기도 한다는 사실이다. 그렇지만 이렇게 생성된 네트워크에서 노드와 구조를 구별한다는 것은 쉽지 않다. 그래서 네트워크는 노드와 구조가 상호작용하면서 만들어가는 '체제'이기도 하다. 또한 이러한 점에서 네트워크는 '자기조직화(autopoiesis)'의 메커니즘을 밟아가는 일종의 '메타 행위자(meta-actor)' 또는 '행위자-네트워크(actor-network)'라고 할 수 있다(Law and Mol eds., 2002; Latour, 2005).

이러한 방식으로 이해된 네트워크 개념은 노드의 발상에 머문 기존의 권력 개념에 대한 인식론적 비판을 가하고 네트워크 권력론을 모색하는 중요한 기초가 된다. 우선, 네트워크를 행위자 차원에서 볼 경우, 네트워크 행위자의 규모, 즉 네트워크에 속한 노드의 숫자 자체가 권력으로 작동한다. 이는 노드들을 끼리끼리 많이 모으는 행위자로서의 '네트워커(networker)' 또는 '소집자(convener)'가 발휘하는 권력이라고 할 수 있다. 여기서 네트워크는 네트워커가 소유하는 일종의 '권력자원'이라는 점에서 전통적인 권력 개념과 일맥이 닿아 있다. 둘째, 네트워크를 과정 차원에서 볼 경우, 네트워크에서 링크의 유무와 형태, 특히 링크의 밀도 차이에서 권력이 발생한다. 이는 노드와 노드, 그리고 네트워크와 네트워크 사이에서 접속의 유무와 정도를 통제하는 '스위처(switcher)'가 발휘하는 권력이라고 할 수 있다. 여기서 네트워크는 특정 노드가 소유하는 대상이 아니라 스위처가 권력을 행사하는 전제가 되는 일종의 '권력환경'으로 이해할 수 있다. 끝으로, 네트워크를 체제 차원에서 볼 경우, 네트워크 자체의 조직 방식이나 원리로부터 권력이 발생한다. 이는 네트워크에서 노드들이 벌이는 '게임의 규칙'에 해당하는 프로그램을 디자인하는 '프로그래머(programmer)'가 발휘하는 권력이라고 할 수 있다. 일단 프로그래밍이 된 네트워크는 그 자체가 자연스럽고 독자적인 권력을 보유하게 되어 노드의 행동을 제약하는 일종의 '권력구조'로서 작동한다.

이렇게 네트워크 권력을 세 가지 차원으로 구분한 것은 분석상 편의에 의한 것이지 현실에서 이렇게 따로 움직이는 것은 물론 아니다. 실제로 기존의 권력자원을 보유하고 가능한 한 많은 노드를 끌어들여 네트워크 규모를 불리는 자가 권력을 얻는다. 그리고 이렇게 많은 노드를 끌어모을 수 있는 자가 여타 네트워크와의 관계에서 실질적인 스위칭의 역할을 발휘할 가능성이 크다. 그리고 이러한 능력을 갖추고 있으면 자신의 이해관계를 반영하여 네트워크에서 게임의 규칙을 장악할 개연성도 높다. 게다가 일단 이렇게 프로그래밍이 된 네트워크는 일종의 '표준'으로 행세하면서 더 많은 세(勢)를 결집하는 구조적 강화의 고리를 형성한다.

이렇게 네트워크 권력이 발휘되는 과정은 네트워크의 다양한 노드들을 조정함으로써 상호작동성과 호환성 및 정체성 등을 제공하는 '표준설정 (standards-setting)'의 메커니즘을 연상시킨다. 기술 분야뿐만 아니라 언어나 화폐, 법률과 문화적 관행에 이르기까지 다양한 종류의 표준은 이질적인 성격의 노드들로 구성된 네트워크가 원활하게 작동케 하는 조정 기능을 제공한다. 그런데 이러한 표준의 조정 기능은 중립적으로 이루어지는 것이 아니고 항시 권력 현상을 수반하기 마련이다. 이러한 표준설정의 권력은 어느 노드가 물질적 자원을 많이 보유하고 있다고 해서 생겨나는 종류의 것이 아니다. 오히려 물질적 권력은 빈약하더라도 노드 차원을 넘어서 작동하는 네트워크의 속성을 제대로 이해하는 노드가 표준설정의 권력을 행사할 가능성이 크다. 이렇게 네트워크 권력은 표준설정의 권력과 동일한 작동 메커니즘을 갖는다. 이러한 맥락에서 다음과 같은 네트워크의 세 가지 속성에 주목할 필요가 있다(Grewal, 2008: 97).

첫째, 네트워크의 '개방성'이다. 이는 새로운 노드의 가입을 허용하는 정도를 의미한다. 네트워크의 개방성이 높을수록 새로운 노드들이 많이 가입하여 그 규모가 커질 가능성이 크다. 이 경우 여타 노드들도 다른 네트워크에 가입할 기회비용(opportunity cost)을 치르고서라도 규모가 큰 네트워크에 가입할 가능성이 더욱 커진다. 개방성은 주로 행위자 차원에서 파악된 네트워크 권력이 작동하는 과정에서 관건이 된다.

둘째, 네트워크의 '호환성'이다. 이는 상이한 네트워크들과 소통을 허용하는 정도를 의미한다. 네트워크의 호환성이 높을수록 새로운 노드들은 다른 표준을 굳이 수용하지 않더라도 새로운 네트워크에 가입할 수 있다. 만약 표준 간의 호환 장치가 존재하는 경우 새로운 네트워크의 선택은 더욱 적은 스위칭 비용(switching cost)을 치르고서도 가능해진다. 호환성은 주로 과정 차원에서 파악된 네트워크 권력이 작동하는 과정에서 관건이 된다.

끝으로, 네트워크의 '유연성'이다. 이는 네트워크 자체의 변경을 허용하는 정도를 의미한다. 이는 네트워크 자체의 정체성을 손상시키지 않고 기존의 표준을 수정할 가능성이 얼마나 있느냐의 문제이다. 또한 기존의 네트워크하에 기득권을 가진 노드들이 이미 투자된 매몰 비용(sunk cost)의 손실을 얼마만큼 감수할 것이냐의 문제이기도 하다. 유연성은 주로 체제 차원에서 파악된 네트워크 권력이 작동하는 과정에서 관건이 된다.

이러한 네트워크의 속성이 행위자와 과정 및 체제 차원의 네트워크 권력에 일대일의 도식적인 대응관계를 갖는 것은 물론 아니다. 오히려 이러한 세 가지 속성은 네트워크 권력의 실제 작동 과정에서 서로 보완과 견제의 관계를 맺으면서 전략적으로 활용된다. 예를 들어, 개방성과 호환성은 긴장관계에 있다. 높은 개방성은 진입 비용을 낮춤으로써 새로운 노드들을 유인한다. 그러나 동시에 호환성이 너무 많이 제공되면 끌어모은 노드들이 계속 머물지 않고 이탈할 가능성이 있다. 따라서 개방성은 높게 유지하는 대신에 호환성은 낮은 수준으로 유지하는 전략을 택하게 된다. 또한 개방성은 유연성과도 긴장관계에 있다. 만약에 어느 네트워크가 개방적인 동시에 유연성도 많이 가지고 있다면 새로 가입하는 노드들에게는 충분한 유인 요소가 될 것이다. 그러나 새로 가입한 노드들이 계속해서 표준의 개정을 요구하는 것은 큰 부담이 아닐 수 없다. 개방성과 유연성을 모두 가진 표준은 끝내 그 정체성을 잃을지도 모르기 때문이다. 한편 호환성과 유연성도 긴장관계에 있다. 호환성의 비용을 절약하기 위해서 상이한 네트워크들이 유연성을 높이고 서로 닮아가는 현상이 발생할 수 있다. 그러나 유연성이 너무 높아지면 네트워크의 권력적 함의가 상실될 것을 우려하여 호환성의 문턱이 낮아질 유인(誘因)이 발생한다(Grewal, 2008).

이상에서 언급한 네트워크 속성의 조합은 네트워크 권력을 행사하는 주체와 시기에 따라서 다르게 나타난다. 예를 들어, 이미 표준을 장악한 패권 세력은 가장 효과적인 조합으로서 높은 개방성과 낮은 호환성, 그리고 낮은 유연성의 전략을 택하려 할 것이다. 그러나 기본적으로 비(非)제로섬 게임의 형태를 띨 수밖에 없는 네트워크 자체의 본질 때문에 패권 세력이 마냥 이러한 조합을 유지할 수는 없다. 왜냐하면 낮은 호환성과 낮은 유연성을 가진 지배표준에서 배제된 이해관계나 정체성을 대변하는 대항 세력이 생겨날 것이기 때문이다. 이러한 대항 세력이 네트워크의 속성을 조합하는 공식은 기성 패권의 그것과는 다를 수밖에 없다. 예를 들어, 대항 세력은 높은 유연성과 높은 호환성을 요구하며 패권 세력의 네트워크 전략이 안고 있는 자기모순의 틈새를 공략할 가능성이 크다. 특히 패권 세력이 행사하는 네트워크 권력의 정당성에 대한 도전이 발생한다. 요컨대, 네트워크 권력의 주도권을 둘러싸고 벌어지는 패권 세력과 대항 세력의 경쟁 속에서 21세기 세계정치의 새로운 지평이 열릴 것으로 예견된다(Gill, 2003).

3. 행위자 차원의 네트워크 권력

네트워크를 하나의 행위자로 보면, 네트워크 권력은 '네트워크로부터 나오는 권력(power from the network)'으로 이해된다. 이는 행위자로서의 네트워크, 즉 '네트워커'가 행사하는 권력이라고 할 수 있다. 이러한 관점에서 본 네트워크 권력은 여러 노드가 모여 네트워크 형태로 존재하는 행위자가 네트워크를 구성하지 못한 노드들에 대해서 행사하는 권력을 말한다. 다른 말로 '군(群)' 또는 '집(集)'을 통해서 '세(勢, force)'를 얻는 권력이다. 쉽게 말해, '끼리끼리 모이는 힘'인 셈이다. 예를 들어 인구에 회자되는 말에, 형제가 많은 집의 막내아들은 밖에 나가서 맞고 들어오는 법이 없다고 한다. 낯선 땅으로 이주해간 사람들은 동향(同鄕)의 사람들과 공동체를 형성해서 다른 이민 공동체로부터 자신들을 보호하는 네트워크를 만들곤 한다. 국제정치에서도 국가 간 동맹은 개별국가 차원의 힘의 부족을 벌충하기 위한 중요한 수단이었다. 소위 세력균형(balance of power)이라는 개념이 바로 이러한 맥락에서 생겨났다. 이러한 시각에서 보면, 네트워커가 행사하는 권력은 전통적인 권력 개념과 상당한 정도의 맥이 닿아 있다.

이러한 네트워커의 권력이 전통적인 권력과 다른 점은 노드들의 단순한 양적 집합의 의미를 넘어서는 소위 '네트워크 효과'를 바탕에 깔고 있다는 데 있다. 네트워크 효과에 대해서는 기존의 사회과학이나 자연과학에서 활발한 연구가 이루어져 왔다. 소위 '사회자본(social capital)'으로서 네트워크에 대한 논의도 이러한 네트워크 효과의 개념과 일맥상통한다. 예를 들자면, 인맥, 학맥, 가문 등과 같이 규모가 큰 네트워크에 속한 사람들이 발휘하는 권력이다. 소위 '네트워크 외부성(network externalities)'의 개념도 동일한 맥락에서 이해할 수 있다. 보통 전화 네트워크에 비유되는 이 개념은 전화 가입자의 숫자가 늘어남에 따라서 이에 비례하여 그 전화의 가치가 커지는 현상을 설명한다. 전화 자체의 물적 가치와는 별개로 전화 가입자라고 하는 외부적 요인이 전화의 가치에 영향을 미치는 것이다. 이러한 현상은 최근의 컴퓨터 네트워크 시대에 이르러서는 더욱 두드러지게 나타나는데, 소위 '멧칼프의 법칙(Metcalfe's Law)'은 네트워크의 가치가 그 가입자 수의 제곱으로 증대되는 현상을 묘사하고 있다(김상배, 2007).

이러한 네트워크 효과는 시간이 지남에 따라 '대안표준'의 가능성을 제거하는 권력 현상을 수반한다. 다시 말해, 네트워커가 행사하는 권력은 궁극적으로 '승자 독식(勝者獨食)'을 추구하는 경향이 있다. 많은 사람이 점차 특정표준을 채택하여 이것이 일종의 '티핑 포인트(tipping point)'를 넘어서면, 앞서 언급한 네트워크 효과로 말미암아 경쟁 관계에 있는 다른 네트워크들이 도태되고, 결국 거의 모든 사용자가 그 표준을 채택하게 되는 상황이 발생할 수 있다. 이렇게 소위 '지배표준'이 수립된 상황에서, 네트워크 간 호환성이 제공되어 둘 이상의 네트워크에 동시에 가입할 수 있는 경우가 아니라면, 사용자로서는 좀 더 힘이 센 네트워크에 가입하는 것이 당연한 선택이다. 이러한 점에서 지배표준은 보이지 않게 네트워크에 대한 자유로운 선택을 배제하는 권력을 행사한다. 작은 네트워크의 구성원들이 아무리 자신들만의 표준을 보유하고 싶어도 이를 허용하지 않는 '패권적 네트워크'의 표준권력이 작동하는 것이다(Grewal, 2008: 91~96).

이러한 과정에서 네트워커가 노드들을 끌어들이는 힘은 어디에서 오는가? 앞서 언급한 것처럼 노드의 숫자, 즉 네트워크의 규모라는 외재적 요인이 노드들을 유인하여 지배표준을 창출하는 중요한 요소임은 분명하다. 그러나 노드들을 많이 끌어모으는 네트워크에는 단순한 숫자 차원의 변수를 넘어서는, 그 자체만의 내재적 '매력(attractive power)'이 있기 마련이다. 사실 소프트 파워 개념을 통해 나이가 강조하고자 했던 바는, 하드 파워처럼 물질적 자원을 바탕으로 '밀어붙이는 완력'보다는, 소프트 파워처럼 비물질적 자원에 의지하여 '끌어당기는 매력'이 노드들을 불러 모아서 네트워크의 '세(勢)'를 불리는 데 더욱 중요하다는 점이었다. 그러나 여기서 유념할 점은 네트워커의 게임에서도 주어진 표준을 선택하지 않으면 폭력이나 제재를 동원해서라도 내 편으로 만들려고 하는 실력 행사의 메커니즘이 바탕에 깔려 있다는 점이다. 이렇게 보면 네트워커의 권력은 나이가 말하는 하드 파워와 소프트 파워의 합으로서의 소위 '스마트 파워(smart power)'를 바탕으로 하고 있다고 보는 것이 마땅하다.

이상에서 살펴본 네트워크의 규모나 스마트 파워의 자원과 같은 양적 변수 이외에도 네트워커의 권력이 작동하는 데에는 네트워크 자체의 속성이라는 질적인 변수가 큰 영향을 미친다. 앞서 언급한 세 가지 네트워크의 속성 중에서도 개방성에 대한 통제는 네트워커의 권력이 작동하는 기본 메커니즘이다. 높은 개방성을 기치로 네트워크의 문호를 활짝 열어놓는 대신에, 자신들의 네트워크에 가입하지 않으면 치러야 할 기회비용을 높이는 것이다. 지배표준을 채택하여 누릴 수 있는 혜택에서 배제되리라는 무언의 압력을 가하는 것도 하나의 방법이다. 물론 호환성이나 유연성의 속성도 네트워커의 권력을 강화하는 메커니즘으로 활용된다. 네트워크 형성 초기에 어느 정도 호환성과 유연성을 허용하는 것은 새로운 노드들을 끌어모으는 데 반드시 필요하다. 그러나 일정한 세(勢)를 형성하고 난 다음에는 오히려 호환성과 유연성의 정도를 낮은 수준으로 유지하는 것이 그 세(勢)를 유지하는 방책이 된다. 요컨대, 네트워커의 권력을 유지하는 가장 최선의 조합은 개방성은 최대한으로 유지하고, 호환성과 유연성은 최소한으로 허용하는 전략이 될 것이다(Grewal, 2008: 180).

그런데 개방성은 높지만 호환성과 유연성을 낮게 제공하는 지배 네트워크에의 가입은, 새로운 가입자들로 하여금 이익의 침해와 정체성의 훼손을 가입 비용으로 치르도록 한다. 이러한 맥락에서 지배 네트워크에 대한 대항 세력의 반론은 명분을 얻는다. 패권 세력에 대응하는 대항의 전략으로 가장 쉽게 떠올려볼 수 있는 것은 지배 네트워크와의 링크를 끊는 것이다. 다시 말해, 패권 세력의 비(非)간섭을 요구하며 그 손이 미치지 못하는 특수 영역에서 개별적인 독자성을 고수하는 전략을 채택하는 것이다. 그러나 19세기 말의 쇄국정책을 연상시키는 이러한 '고립의 전략'은 네트워크 권력에 대응하는 데 제한적인 효용성밖에 없다. 왜냐하면 다층적인 네트워크가 들어선 세상에서 나 혼자만 고립된 채로 산다는 것이 가능하지 않기 때문이다. 또한 네트워크 권력이라는 것은 직접적인 강제의 권력과는 달리, 어느 정도 노드들의 자유로운 선택을 바탕으로 하기 때문에 그 링크를 완전히 끊는다는 것은 자충수가 될 수도 있다.

이러한 상황에서 지배 네트워크에 대항하는 소수 노드가 적극적 차원에서 채택할 수 있는 전략은 소수자들끼리 뭉치는 네트워킹 전략이다. '뭉치면 살고 흩어지면 죽는다'라는 말처럼, 원래 서로 힘을 합쳐 강자에 대항하려는 선택은 약자들의 단골 메뉴이다. 이러한 소수자의 연대가 지배 네트워크를 압도할 정도가 되지는 못할지라도, 무시하지 못할 정도의 세(勢)를 형성하는 것 자체는 큰 의미가 있다. 국제정치의 역사를 보면, 강대국들과는 상이한 정치적 목표를 추구하는 국제 동맹과 연대가 구성된 사례가 많이 있다. 예를 들어, 1960년대 냉전기에 미국과 소련이라는 두 초강대국의 네트워크 사이에서 제3세계를 표방하며 독자적 네트워크의 구성을 시도했던 비동맹운동을 떠올려볼 수 있다. 1970년대 선진국 중심의 세계 정보 커뮤니케이션 질서에 대항하여 구성된 NWICO(New World Information and Communication Order) 운동도 같은 맥락에서 이해할 수 있는 사례이다. 최근 제기되고 있는 동아시아 담론이나 동아시아 지역협력의 움직임도 미국 중심의 지구화 네트워크에 대항하려는 동아시아 국가들의 소수자 네트워킹 전략에 불과하다.

최근에는 이러한 소수자 네트워킹 전략이 국가가 아닌 민간 행위자들에 의해 추진되는 사례가 빈번해지고 있다. 예를 들어, 반(反)지구화의 기치를 내걸고 신자유주의적 지구화에 대항하는 지구 시민사회운동의 네트워크 형성이 대표적인 사례이다. 이 밖에도 환경 보호나 핵확산 반대 및 인권 옹호 등의 주제를 둘러싸고 다양한 형태의 NGOs(Non-Governmental Organizations)가 활발한 네트워킹을 벌이고 있다. 최근 인터넷의 확산으로 말미암아 이러한 네트워크 행위자들은 전 세계적으로 분산된 노드들을 연결하고, 생각을 공유하며 행동을 같이하는 네트워킹의 수단을 얻었다 (Castells, 2004: 34~35). 또한 인터넷이 창출한 사이버 공간을 통해 패권 세력보다 더 매력 있는 정보와 설득력 있는 대항 담론을 제공할 기회를 얻었다. 이러한 과정에서 네트워크 자체의 규모는 작지만 훨씬 더 응집력 있는 정체성으로 무장한 대항 네트워크를 형성할 수 있게 된 것이다.[5]

4. 과정 차원의 네트워크 권력

네트워크를 과정 차원에서 보면, 네트워크 권력은 '네트워크상에서 발휘되는 권력(power on the network)'으로 이해된다. 네트워크상에서 권력은 무조건 노드의 덩치가 크거나 네트워크의 규모가 크다고 해서 생겨나는 것만은 아니다. 전체 네트워크상에서 또는 두 개 이상의 네트워크 사이에서 어느 특정 노드가 차지하는 위치나 기능 또는 링크의 형태와 숫자, 통칭하여 네트워크의 구도로부터도 권력은 비롯된다. 이를 다른 말로 표현하면, 네트워크상에서 요충지를 차지하고 '통(通)'하게 하는 권력이다. 이는 상이한 네트워크들의 사이에서 호환성과 상호작동성을 제공하는 '스위처' 역할을 떠올리면 쉽게 이해할 수 있다. 예를 들면, 무역이나 교통을 맺고 끊거나 정보의 흐름을 조정하고 그 내용을 편집하는 노드들이 행사하는 권력이다. 언어나 도량형 또는 화폐 등이 담당하는 역할도 여기에 해당한다. 이러한 노드들의 특징은 그 자체가 중요해서라기보다는 그야말로 네트워크의 구도 속에서 그 역할을 부여받았기 때문에 가치를 지니는 것들이다.

어떠한 노드들이 이러한 스위처의 권력을 갖는가? 물질적 권력자원을 많이 보유한 노드가 반드시 스위처가 된다고 볼 수는 없다. 오히려 스위처의 권력은 정보나 지식 같은 비(非)물질적 권력자원의 흐름을 통제하는 능력에 크게 의지한다. 그렇다고 스위처의 권력이 도구적 차원에서 정보와

---

5) 글로벌 사회운동의 관점에서 본 네트워크에 대한 연구는 상당히 활발히 진행되고 있다. 그중에서도 이 장의 주제와 관련하여 주목할 필요가 있는 연구로는 Hardt and Negri(2004), Benkler(2006), Khagram, Riker, and Sikkink eds.(2002), Diani and McAdam eds.(2003), Chesters and Welsh(2006) 등이 있다. 네트워크 행위자의 부상에 대한 국내의 논의로는 서울대학교 국제문제연구소 엮음(2008)을 참조.

지식만을 많이 보유한 노드에서 우러나오는 것은 아니다. 그보다 더 중요한 것은 주변 노드들로부터 신뢰를 이끌어내는 능력이다. 실제로 네트워크상에서의 흐름은 평판이 좋고 믿을 만한 노드로 몰리는 성향이 있다. 예를 들어, 네티즌의 방문 횟수가 많은 웹사이트는 정보의 양이 많은 사이트일 수도 있다. 그렇지만 최근 들어 인터넷을 통한 '소셜 네트워킹(social networking)'이 활성화되고 있는 상황에서의 인기 사이트는 다른 네티즌들을 많이 만날 수 있도록 장(場)을 마련해 주는 신뢰성을 가진 사이트이다. 이러한 맥락에서 보면, 네트워크에서 스위처가 행사하는 권력은 정보와 지식 변수를 기반으로 한 커뮤니케이션 능력에 크게 의존할 수밖에 없다.

이 장에서는 스위처를 네트워크상에서 권력을 발휘하는 노드 또는 노드군(群)을 지칭하는 포괄적인 용어로 사용했다. 그렇지만 그 스위칭의 목적이 무엇이고 어떠한 기능을 담당하느냐에 따라서 여러 종류의 스위처를 생각해볼 수 있다. 이 장에서는 두 가지의 기준을 원용하고자 한다. 그 하나는 같은 종류의 네트워크 간 '상호작동성(interoperability)'만을 제공하느냐, 아니면 다른 종류의 네트워크 간 '호환성'까지도 제공하느냐의 기준이다. 다른 하나는 네트워크 간 상호작용의 '형식'만을 바꾸어주는 스위칭이냐, 아니면 '내용'의 변화까지도 수반하는 스위칭이냐의 기준이다. 이러한 두 가지 기준에서 볼 때, 네트워크 권력에 대한 논의에 의미가 있는 스위처는 〈그림 9-1〉에서 보는 바와 같은 네 가지의 유형을 생각해볼 수 있다.

첫째, 내용의 변화 없이 같은 종류의 네트워크들을 스위칭하는 경우이다. 이는 네트워크의 연결지점에서 문을 열고 닫는 '문지기(gatekeeper)'의 역할이라고 할 수 있다. 여기서는 '물리적 차원의 상호작동성' 제공이 관건이다. 각종 전기 스위치나 전기 코드의 멀티 탭, 또는 인터넷 주소 공유기 등의 기능을 떠올리면 이해하기 쉬울 것이다. 일대일 스위칭이냐, 일대다

〈그림 9-1〉 스위처의 유형

	'같은 종류'의 스위칭	'다른 종류'의 스위칭
형식의 스위칭	〈1〉 **문지기** (gatekeeper)	〈2〉 **변환기** (transformer)
내용의 스위칭	〈3〉 **중개인** (broker)	〈4〉 **해석자** (interpreter)

스위칭이냐 아니면 다대다 스위칭이냐에 따라서 다양한 종류의 문지기를 생각해볼 수 있다. 이러한 문지기가 행사하는 권력은 네트워크상에서 반드시 거쳐야 하는 길목을 장악하고서 문을 열고 닫는 시간과 경우 및 방향을 조절하는 과정에서 발생한다.

둘째, 내용의 변화 없이 다른 네트워크들을 스위칭하는 경우다. 이는 네트워크들 사이에 발생하는 상호작용의 형식(form)을 바꾸어(trans) 주는 '변환기(transformer)' 역할이라고 할 수 있다. 여기서는 '기술적 차원의 호환성' 제공이 관건이다. 이는 양적인 차원에서 문턱을 낮추거나 높임으로써 호환성을 제공하는 경우이다. 제일 쉽게 떠올릴 수 있는 사례는 110V에서 220V로 전기를 승압하거나 혹은 반대로 강압하는 트랜스(변압기)이다. 이외에도 하위 네트워크마다 상이한 프로토콜을 채택하고 있는, 그래서 소위 '네트워크들의 네트워크(a network of networks)'라는 별명을 가지고 있는 인터넷에 호환성을 제공하는 라우터(router)의 사례를 들 수 있다.

셋째, 내용의 변화를 수반하며 같은 종류의 네트워크들을 스위칭하는 경우이다. 이는 시장에서 생산자와 소비자를 연결해주는 '중개인(broker)' 역할이라고 할 수 있다. 여기서는 '사회적 차원의 상호작동성' 제공이 관건이다. 동일한 관심사를 가지고 있지만 시간과 장소의 제약 때문에 상호 소통이 단절되어 있던 사람들을 연결해주는 다양한 종류의 중개인을 떠올릴 수 있다. 미혼 남녀를 엮어주는 중매쟁이나 부동산 거래를 중개하는 복덕방 등의 사례가 여기에 해당한다. 오늘날의 정보사회에서 다양하게 생산된 정보를 수집하고 편찬(compile)하여 소비자에게 제공하는 각종 포털 서비스도 이러한 종류의 중개인이라고 할 수 있다.

끝으로, 내용의 변화를 수반하며 다른 종류의 네트워크들을 스위칭하는 경우이다. 이는 이해할 수 없는 언어로 쓰인 텍스트의 의미를 풀어주는 '해석자(interpreter)' 역할이라고 할 수 있다. 여기서는 '의미 차원의 호환성' 제공이 관건이다. 제일 쉬운 사례는 상이한 언어를 사용하는 사람들의 의사소통을 돕는 번역자의 역할이다. 번역이라는 것이 단순히 자구 그대로를 옮기는 행위가 아니라, 어느 정도의 의미 변화를 수반한다는 점에서 그러하다. 요즘 정보의 생산과 소비를 단순히 중개하는 차원을 넘어서 정보를 지식으로 편집(edit)하는 고급 웹서비스의 필요성이 제기되고 있는데, 이는 정보화 시대의 해석자로 이해될 수 있다.

이렇게 문지기, 변환기, 중개인, 해석자 등으로 개념화되는 스위처의 역할은 주로 기존 패권세력의 몫이었다. 예를 들어, 21세기 세계정치에서 미국은 네트워크 간 상호작용의 기반이 되는 요충지를 장악하고 그 인터페이스를 통제하는 문지기 역할을 담당하고 있다. 미국은 정보화 시대의 물리적 기반이 되는 세계 정보 고속도로의 구축뿐만 아니라 다양한 형태의 인터넷 트래픽에서 명실상부한 허브(hub)의 위상을 차지하고 있다. 유수 IT기업들이 위치한 미국의 실리콘밸리는 세계 정보통신산업의 '플랫폼(platform)'으로 불려도 손색이 없다. 또한 지구 언어로서의 영어나 세계 기축통화로서 달러화는 상이한 네트워크들 사이에서 호환성을 제공하는 스위처이자, 더 나아가 그야말로 언어와 통화 분야의 글로벌 스탠더드(global standards)이다. 이외에도 미국이 21세기 정치군사질서나 무역금융질서에서 질적인 차원의 스위칭으로 이해되는 중개와 해석의 기능을 제공하는 역할은 무수히 찾아볼 수 있다.

이렇게 21세기 패권국으로서의 미국이 담당하는 스위처의 역할이 하드 파워이자 소프트 파워로서 미국의 국력에서 나온다는 점을 부인할 수는 없다. 그러나 네트워크 권력의 시각에서 특별히 주목하는 부분은 네트워크 자체의 속성을 활용하는 전략이다. 특히 스위처의 전략은 호환성 통제와 밀접히 관련되어 있다. 높은 호환성을 제공하는 네트워크는 많은 노드를 불러 모을 것이다. 그러나 높은 호환성 제공은 실제로 가입하지 않고도 그 네트워크가 제공하는 혜택에 무임승차하는 행위를 허용할 우려가 있다. 따라서 지배 네트워크에로의 길목을 장악한 스위처의 입장에서는 호환성 서비스를 제공받는 자격에 제한을 두거나, 아니면 높은 비용을 치러야만 호환성 서비스를 제공받을 수 있게 하는 전략을 사용한다. 이러한 과정에서 호환성 제공과 거부는 스위처가 활용하는 중요한 자원이다. 실제로 스위처가 동원하는 호환성의 전략은 네트워크상 선택지에 대한 제한을 가함으로써 마치 동물을 우리에 가두고자 몰아넣는 협곡처럼 작동할 수 있다. 이러한 점에서 스위처의 권력은 앞서 언급한 네트워커의 권력보다 좀 더 구조적인 차원에서 권력을 재생산하는 메커니즘이라고 할 수 있다.

네트워크라는 권력환경은 대항 세력에게도 스위처의 권력을 행사할 수 있다는 기대를 걸게 한다. 네트워크 환경에서는 아무리 약자라도 네트워크를 구성하는 하나의 노드이기 때문에, 네트워크의 구도가 어떻게 짜이느냐에 따라서 언제라도 스위처가 될 가능성은 있다. 이러한 상황에서 가장 쉽게 생각해볼 수 있는 대항 세력의 스위처 전략은 '차단의 전략'이다.

즉, 네트워크 전체의 작동을 교란시킬 목적으로 자신이 담당한 노드를 희생하여 네트워크 간 연결 스위치를 끊음으로써 저항의 기제를 마련하는 것이다. 이러한 스위칭의 차단은 항공 시스템이나 컴퓨터 네트워크, 그리고 각종 커뮤니케이션 시스템 등과 같은 네트워크 사회의 물리적 인프라에 대한 도전으로 나타날 수 있다. 아무리 힘이 없는 노드라도 네트워크의 한 노드인 이상에 그 노드를 차단하는 효과는 없지 않다. 그러나 정보화 시대의 쇄국정책과도 같은 이러한 무조건적인 차단의 전략은 전혀 설득력을 얻지 못할 것이 뻔하다.

따라서 대항 세력도 차단의 전략보다는 좀 더 건설적인 차원에서 스위처의 전략을 제시할 필요가 있다. 이는 지배 네트워크에 대한 무조건적 단절이나 일방적 철회를 시도하기보다는, 지배 네트워크에서 배제되는 소수의 노드들을 역으로 끌어안는 전략이 되어야 한다. 다시 말해, 지배 네트워크가 일방적으로 행사하는 네트워크 권력의 정당성 문제를 지적하고 좀 더 바람직한 네트워크의 비전과 실현 방법을 제시하는 전략이 필요하다. 패권 세력의 네트워크 권력을 무장 해제시키는 효과적인 방법은 패권 세력이 제시하는 스위칭과는 다른 대안적 채널이 있음을 보여주는 것이다. 이는 기존의 자원배분 방식과 선택지의 구도를 바꿈으로써 패권적 채널이 누려온 특권을 거부하는 전략이기도 하다. 이렇게 대안적 채널이 제공될 여지가 있는 분야에서는 지배표준이 소수표준에 대해서 행사하는 권력이 덜 파괴적일 수밖에 없다. 그러나 이러한 과정에서 유의할 점은 대안적 채널이 기존 패권이 제공하는 것과 같은 수준의, 오히려 더욱 개선된 형태의 보편적 설득력을 지니고 있음을 보여주어야 한다는 사실이다(Grewal, 2008: 172).

노무현 정부 당시 제기된 동북아 균형자론이 봉착했던 반론을 생각해보면, 약자 처지에서는 이러한 스위처의 전략을 구사하는 것이 쉽지 않음을 알 수 있다. 중견국으로서 한국은 앞서 언급한 소수자 연대의 하위 네트워커 전략과 같은 소극적 역할론을 넘어서는 적극적인 스위처의 국가전략을 구사할 수 있을까? 미국(그리고 일본)과 중국이라는 두 개의 비대칭적인 네트워크 사이에서 제시할 수 있는 대안적 채널의 내용은 무엇일까? 만약 그러한 대안적 채널의 구성이 가능하다면, 주변 국가들이 한국을 믿을 만한 스위처로 간주하고 그 주위에 모이게 할 방법은 무엇일까? 이렇게 동북아에서 경합하는 네트워크들 사이에서 길목을 장악하려는 스위처의 전략은, 앞서 언급한 바와 같이, 매력자원의 증대를 바탕으로 한 소수자 연대의 네트워커 전략과 결합해야 그 성공 가능성이 커질 것이다. 그렇지만 궁극적으로 이러한 스위처의 전략이 실제로 성공하려면, 애초에 네트워크의 프로그램을 짜는 과정에서부터 관여해야 한다는 점에서 어려움이 있다.

5. 체제 차원의 네트워크 권력

네트워크를 체제 차원에서 보면, 네트워크 권력은 '네트워크 자체가 행사하는 권력(power of the network)'으로 이해된다. 네트워크라는 체제에 상호작용의 규칙에 해당하는 프로그램을 심어 넣는 '프로그래머'의 권력을 떠올려볼 수 있다. 이렇게 프로그램을 짜는 권력이 중요한 이유는 일단 프로그램이 짜이고 나면 네트워크는 그 프로그램의 매뉴얼에 입각해서 작동하고, 이에 따라 하위 네트워크들은 각기 역할을 규정하기 때문이다. 이러한 프로그램은 일견 중립적으로 보이지만 그렇다고 이것이 누군가의 이해관계로부터 완전히 자유로운 것은 아니다(Stalder, 2006: 133). 실제로 네트워크의 프로그램에는 대개 네트워크를 교묘한 방식으로 통제하려는 프로그래머의 의도가 개입되기 마련이다. 그렇지만 상황에 따라서는 그러한 명시적(또는 암묵적) 의도를 초월하여 '망(網)' 자체가 행사하는 권력, 달리 말해 네트워크에 스며들어 있는 일종의 비인격적(impersonal) 권력의 형태로 프로그램이 작동하기도 한다.

　프로그래머의 권력은 눈에 보이지 않는 프로그램의 알고리즘을 따라서 작동하기 때문에 그 프로그램 내에서 이루어지는 노드들의 선택은 자유로운 것처럼 보이기도 한다. 그러나 이는 마치 단독 후보에 투표하는 것처럼 대안이 없는 상태에서 이루어지는 선택일 경우가 많다. 이렇게 권력이 체제 내적으로, 그것도 비인격적인 형태로 작동하는 경우에는 여간해서 그 실체를 포착해서 저항하기가 쉽지 않다. 예를 들어, 지구화의 과정을 자세히 살펴보면 불공정한 결과를 야기할 중요한 선택들이 당사자들도 모르게 미리 프로그램의 형태로 내재화되어 있는 경우를 발견한다. 그렇지만 이러한 프로그램은 각 노드들이 속해 있는 네트워크 자체가 움직이는 데 필수 불가결한 것이어서, 그 네트워크에서 탈퇴하지 않는 한 싫더라도 받아들여야 할 경우가 많다. 게다가 이러한 프로그램이 반복적으로 작동하는 과정에서 각 노드는 프로그램이 산출한 불공정한 결과가 편향된 프로그램 때문이 아니라 원래 스스로 원했기 때문이라고 믿게 되는 메커니즘마저도 작동한다.

　이러한 프로그래머의 권력은 기술적인 형태의 코드나 프로토콜 또는 기술표준의 형태를 띠기도 하고, 아니면 제도나 법 또는 사회적 규범뿐만 아니라 문화적 차원의 가치관과 세계관으로 나타나기도 한다. 국제정치의 역사를 살펴보면 이러한 종류의 복합적인 프로그램을 네트워크에 심어 넣는 능력은 패권 세력만이 가지는 일종의 특권이었다. 20세기 후반 이래 세계정치에서도 패권국으로서의 미국이 바로 그러한 역할을 담당했음은 주지의 사실이다(김상배, 2004).

먼저, 기술적인 차원에서 이해된 프로그래머의 권력은 기술 경쟁의 '게임의 규칙'에 해당하는 기술표준이나 프로토콜을 장악하는 데에서 우러나온다(Galloway, 2004). 미국의 IT 기업들은 세계 IT 산업의 초기 단계에서부터 표준을 수립하고 그 흐름을 주도했다. 가장 대표적인 사례 중의 하나가 세계 정보산업을 주도하는 미국의 소프트웨어 기업인 마이크로소프트의 패권이다. 특히 마이크로소프트의 컴퓨터 운영체계인 윈도는 컴퓨터와 인터넷을 사용하려면 반드시 거쳐야 하는 플랫폼으로서 이를 프로그래밍하는 마이크로소프트에게 막대한 권력을 안겨주었음은 널리 알려진 사실이다. 이렇게 기술표준을 장악한 노드는 네트워크 전체에서 특별한 위상을 차지하여 일종의 '구조적 권력(structural power)'을 행사한다(Strange, 1994; 김상배, 2007).

둘째, 사회적·제도적 차원에서 이해된 프로그래머의 권력은 네트워크상의 상호작용을 규제하는 제도나 법을 제정하는 과정에서 발생한다. 2차 대전 이후 미국은 군사·안보나 무역·금융 분야뿐만 아니라 정보·커뮤니케이션 분야에서도 국제제도의 형성을 주도했다. 예를 들어, WTO(World Trade Organization) 내의 지적 재산권 관련 제도화를 주도했을 뿐만 아니라 인터넷 거버넌스 분야를 관장하는 ICANN(Internet Corporation for Assigned Names and Numbers)의 설립에도 큰 영향력을 발휘했다. 이러한 과정에서 미국은 이들 국제제도를 프로그래밍하고 이에 가입하는 회원표준을 설정하는 주도권을 행사했다. 이러한 권력은 많은 쟁점이 협상 단계에 이르기도 전에 결정이 이루어지는 일종의 '제도적 권력(institutional power)'이라고 할 수 있다(Sell, 2003).

끝으로, 문화적 차원에서 이해된 프로그래머의 권력은 사회 규범이나 세계관의 형성 과정에서 발생한다. 20세기 후반 이래 미국의 기업들은 지구 미디어를 통해서 콘텐츠를 생산·배포함으로써 소위 신자유주의적 사회 규범과 세계관을 전파해왔다. 할리우드와 맥도널드, 그리고 스타벅스 등은 미국의 신자유주의적 문화와 비즈니스 관행을 전 세계로 전파하는 첨병의 역할을 담당했다. 이러한 과정에서 신자유주의적 방식으로 세상을 인식하고 미국적인 사회 규범을 내면화하게 하는 보이지 않는 프로그램이 작동한다. 이러한 프로그램은 특정 행위자에 의해서 의도적으로 고안되지는 않았을지라도, 특정한 관례나 담론을 수용함으로써 정체성이 재구성되는 일종의 '구성적 권력(constitutive power)'을 떠올리게 한다(Faubion, ed., 2000; Foucault, 2007).

그렇다면 이상에서 언급한 세 가지 차원의 프로그래머 권력이 구체적으로 작동하는 과정에서 네트워크의 속성은 어떻게 활용되는가? 앞서 언급한 대로 패권 세력에게 최선의 조합은 높은 개방성과 낮은 호환성, 그리고 낮은 유연성을 교묘하게 섞어서 활용하는 것이다. 먼저, 기술의 프로그래머라는 관점에서 마이크로소프트가 지배표준의 위상을 유지할 수 있었던 것은 개방표준을 유지하면서도 소스코드(source code)에 대한 소유와 통제를 주장하는, 소위 '개방과 소유(open-but-owned)의 전략'을 채택했기 때문이다. 제도의 프로그래머라는 관점에서도 높은 개방성과 낮은 호환성을 복합하는 전략이 동원된다. 예를 들어, WTO 같은 국제기구들은 자유무역의 원칙을 지킬 용의가 있는 모든 국가에게 문호가 개방되어 있다. 그러나 무역 차별의 관행을 유지하는 국가들에 대해서는 다양한 제재를 가하는 비호환성의 원리를 고수한다. 한편, 사회 규범이나 가치관의 프로그래머라는 관점에서도 사정은 마찬가지이다. 신자유주의적 규범과 가치관은 개방적이지만, 이에 익숙하지 않은 측에서 받아들이기에는 호환성의 비용이 많이 든다. 게다가 기술이나 제도의 프로그래밍과 비교해볼 때, 규범과 가치의 프로그램은 그 응집성을 유지하려는 경향이 훨씬 더 강하다.

이러한 상황에서 패권 세력의 프로그래머 권력에 대항하는 효과적인 방법은 무엇일까? 가장 쉽게 생각해볼 수 있는 방법은 프로그램의 태생적 정당성에 문제를 제기하고 그 구도 자체의 변혁을 요구하는 것이다. 그러나 대항 세력의 입장에서 전체 프로그램을 새롭게 짠다는 것은 결코 쉬운 일이 아니다. 그럼에도, 대항 세력이 기성 프로그램의 빈틈을 타고서 틈새시장을 구축하는 하위 프로그램을 디자인할 가능성은 배제할 수 없다. 아무리 정교하게 디자인된 패권 세력의 프로그램이라도 네트워크 전체의 이해관계를 100% 만족시키는 보편표준을 만들어내는 것은 불가능하기 때문이다. 이러한 틈새시장의 전략은 패권 세력이 깔아놓은 프로그램의 플랫폼 위에서 응용 프로그램을 짜는 전략과도 통한다. 또한 이러한 소수표준의 응용 프로그램들은 앞서 언급한 소수자 연대의 네트워커 전략을 바탕에 깔고 있는 경우가 많다. 예를 들어, 윈텔의 운영체계 플랫폼 위에서 작동하는 로컬 응용 프로그램을 떠올릴 수 있는데, 한국어 사용자들의 성원을 받으며 마이크로소프트의 MS워드로부터 로컬 시장을 사수하고 있는 한글 워드프로세서인 '아래아한글'이 대표적인 사례이다.

그런데 대항 세력의 입장에서 볼 때 여전히 가장 효과적인 전략은 패권 세력이 만들어 놓은 프로그램의 규범적 약점을 파고드는 것이다. 이러한 경우에도 물론 기술·제도·문화의 영역을 넘나들며 개방성과 호환성 및 유연성이라는 네트워크의 속성을 활용하는 복합 전략이 채택된다. 예를 들어, 대항 세력은 높은 개방성의 프로그램을 지향하는 경향이 있다. 일종의 '대항적 개방성'이라고 할 수 있다. 리눅스(Linux)와 같이 마이크로소프트에 대항하는 공개 소프트웨어 운동이 가장 대표적인 사례이다. 마찬가지로 위키피디아처럼 인터넷을 활용하여 이루어지는 대중 협업의 실험도 이러한 대항적 개방성을 특징으로 한다. 궁극적으로 이러한 대항적 개방성은 패권 세력의 프로그램으로 하여금 높은 유연성의 수용을 요구한다. 다시 말해, 대항 세력에게서 나오는 재(再)프로그래밍에 대한 요구는 지배 네트워크의 근본 원칙이나 기본 철학에 대한 근본적인 수정의 요구를 바탕에 깔고 있다. 그러나 이러한 대항세력 네트워크도 일정한 세(勢)를 유지할 때까지는 패권 세력이 운영하는 지배 네트워크와의 호환성을 유지하면서 체제 내적으로 활동할 수밖에 없다는 점에서 근본적인 고충이 있다.

네트워크의 프로그래밍은 단순한 기술의 문제만이 아니라 제도나 규범과도 연관된다. 예를 들어, WTO의 진행 과정에서 등장한 반(反)지구화 운동은 제도와 규범의 차원에서 신자유주의적 지구화가 제시하는 글로벌 스탠더드에 대한 대항적 프로그래밍을 요구하는 사례이다. 이러한 요구의 밑바탕에는 좀 더 공정한 형태의 프로그램을 디자인함으로써 좀 더 바람직한 세계질서를 구축하자는 규범적인 발상이 담겨 있다. 단순한 효율성과 생산성의 증대보다는 개인의 자유와 창의성이 보장되는 프로그램을 디자인하자는 규범적 가치가 담겨 있다. 사실 신자유주의적 지구화 과정이 다양한 영역에서 소수자들의 물질적 이익과 문화적 다양성 및 정체성을 침해하고 있다고 주장하는 저항의 움직임은 오래전부터 있었다. 최근 인터넷의 확산은 이러한 움직임이 체계적으로 조직화되어 대항 담론을 형성하고 행동의 공조를 이룰 수 있게 하는 결정적인 토양을 제공했다. 2002년 스위스 제네바에서 열린 제1차 정보사회 세계정상회의(World Summit on the Information Society: WSIS)에서 미국 주도의 정보화에 대한 반론을 제기했던 시민사회 그룹의 조직화는 대표적인 사례 중 하나이다.

기술·제도·가치의 면에서 본 한국의 대항적 프로그래밍 전략은 가능할까? 구체적인 사례들을 돌아보면, 중견국으로서 한국의 프로그래밍 능력을 기대케 하는 사례들이 없지 않다. 기술 영역에서만 보더라도 한국의 IT 기업들은 마이크로소프트나 구글 등과 같은 미국 기업들의 공세로부터 워드프로세서와 인터넷 검색 분야의 틈새시장을 지켜왔다. 최근 IT 분야에서 발견되는 동아시아 대항 담론은 지역적 특수성을 바탕으로 한 독자적 응용 프로그래밍의 시도를 부추기고 있다. 한국과 중국 및 일본을 중심으로 진행되고 있는 차세대 인터넷과 이동 통신, 다국어 도메인과 공개 소프트웨어 분야의 협력은 미국 주도의 세계 지식질서에 대항하는 기술과 제도의 프로그래밍을 엿보게 한다. 아울러 규범과 가치의 프로그래머라는 차원에서도 최근 동아시아 국가들, 특히 중국은 신자유주의적 발전 경로가 아닌 대안적 발전 담론을 생성하고 있다. 그렇지만 이러한 움직임들은 아직 미국이라는 지배표준의 메타 프로그램하에서 국지적인 실험을 하는 데 그치고 있다.

6. 맺음말

이 장에서는 전통적인 국제정치의 권력 이론이 상정하고 있는 노드 중심의 물질적 권력론을 넘어서는 시도로서 네트워크 권력의 개념을 검토했다. 여기서 네트워크 권력이라 함은 노드 자체의 속성이나 노드가 보유한 자원이 아니라 노드 간의 '관계' 즉 네트워크에서 비롯되는 권력을 의미한다. 다시 말해 네트워크 권력은 노드의 내재적 속성이 아니라 노드 밖에 존재하는 외재적 요소에서 비롯되는 권력을 의미한다. 그렇지만 네트워크 권력을 완전히 초(超)노드적인 맥락에서 발생하는 것으로 볼 수는 없다.

네트워크 권력의 기반이 되는 외재적 요소라는 것도 사실 따지고 보면 노드 자체에 기반을 두고 그들 간의 관계적 맥락에서 비롯되는 것이기 때문이다. 요컨대, 네트워크 권력은 노드의 내재적 요소뿐만 아니라 이를 제약하는 구조로서 작동하는 외재적 요소까지도 동시에 담아내는 개념으로 이해할 수 있다.

이 장은 이러한 네트워크 권력의 개념을 분석적인 차원에서 단위와 과정 및 체제의 세 차원에서 작동하는 네트워커와 스위처 및 프로그래머로서 파악했다. 네트워크 세계정치의 현실에서는 이러한 세 가지 형태의 네트워크 권력은 복합적으로 얽혀서 작동한다. 예를 들어, 매력 자원을 보유하고 가능한 한 많은 노드를 끌어들여 '세(勢)'를 불리는 노드(또는 네트워크 행위자)가 네트워커의 권력을 행사할 가능성이 크다. 네트워커의 능력을 보유하고 있는 노드가 자신을 '통(通)'해서 네트워크를 작동케 하는 스위처가 되기에 유리하다. 대체로 네트워커나 스위처의 역할을 담당하는 노드가 네트워크 자체의 프로그래밍에 영향을 미치는 경우가 많다. 이렇게 프로그래밍된 네트워크가 그 프로그래머에게 유리한 방향으로 '망(網)'의 권력을 발휘하는 것은 당연하다.

이러한 복합적인 네트워크 권력을 누가 주도하느냐는 현실 세계정치의 지대한 관건이 아닐 수 없다. 패권 세력이나 대항 세력 모두에게 네트워크 권력을 행사할 기회는 열려 있다. 그렇지만 일단 패권 세력이 네트워크 권력을 장악할 가능성이 좀 더 큰 것은 사실이다. 즉, 기존의 노드형 물질적 권력에 기반을 두고 네트워커나 스위처 또는 프로그래머로서의 권력을 교묘한 방식으로 재생산할 가능성이 크다. 이러한 과정에서 패권이 행사하는 네트워크 권력의 전략은 높은 개방성과 낮은 호환성, 그리고 낮은 유연성의 조합을 유지하는 방식으로 나타난다. 미국이 주도하는 신자유주의적 지구화와 정보화는 이러한 네트워크 권력의 메커니즘에 의존하여 좀 더 보이지 않는 형태로 기존의 패권을 재생산하는 대표적인 사례이다.

마찬가지로 패권 세력에 대항하는 세력도 네트워크 형태의 전략을 추구할 수밖에 없다. 대항 세력이 초점을 두는 것은 패권 세력이 마련한 프로그램의 규범적 타당성에 대한 도전이다. 그렇다고 대항 세력이 패권 세력을 능가하는 프로그래머가 될 수 있는 것은 아니다. 그러나 지배 네트워크와는 상이한 대안적 채널의 비전을 제시함으로써 어느 정도의 반론을 제기하는 효과는 크다. 예를 들어, 최근 인터넷 시대를 맞이하여 글로벌 시민사회 운동이나 공개 소프트웨어 운동, 그리고 정책 지식의 생산을 둘러싼 글로벌 지식네트워크 등의 활동이 활발해지고 있다. 이외에도 환경, 여성, 인권 등의 분야에서 패권 세력의 규범적 기반을 파고드는 대항 네트워크의 시도들이 거세지고 있다. 이러한 과정에서 지배 네트워크가 운영하는 프로그램의 구조적 편향을 지적하거나 좀 더 소수자의 이익에 맞는 응용 프로그램을 개발하려는 전략들이 등장하고 있다.

그렇다면 한국처럼 패권국이 아닌 중견국이 행할 수 있는 네트워크 권력의 내용은 무엇일까? 19세기 국제정치 현실에서 도출된 섣부른 균형자의 논의가 아닌 21세기 세계정치의 현실에 걸맞은 네트워커이자 스위처이며 프로그래머의 전략을 발휘할 가능성은 있을까? 한국이 동북아시아에서 새로운 네트워크와 프로그램을 구축하거나 또는 미국과 중국의 양대 네트워크 사이에 영향력 있는 스위처가 되기는 쉽지 않을 것이다. 그러나 적어도 이 장에서 논한 소수자 연대의 '하위 네트워커(sub-networker)' 전략이나 '대안적 스위처(alternative switcher)' 전략, 또는 '응용 프로그래머(application programmer)' 전략 등을 구사해볼 수는 있을 것이다. 이를 위해서 무엇보다도 시급하게 필요한 것은 19세기적인 '균형의 발상(balancing mind)'을 넘어서는 21세기적인 '네트워크의 발상(networking mind)'을 갖는 것이다. 이를 바탕으로 구체적인 네트워크 전략의 비전과 내용을 개발해야 할 것이다.

■ 참 고 문 헌

김상배. 2004. 「정보화 시대의 지식구조: 수잔 스트레인지의 개념화를 넘어서」. ≪한국정치학회보≫, 38(3), 255~276쪽.

_____. 2007. 『정보화 시대의 표준경쟁: 윈텔리즘과 일본의 컴퓨터산업』. 한울.

_____. 2008. 「네트워크 세계정치 이론의 모색: 현실주의 국제정치 이론의 세 가지 가정을 넘어서」. ≪국제정치논총≫, 48(4), 35~61쪽.

김용학. 2007. 『사회 연결망 이론』, 개정판. 박영사.

민병원. 2005. 『복잡계로 풀어내는 국제정치』. 삼성경제연구소.

뷰캐넌, 마크. 2003. 『넥서스: 여섯 개의 고리로 읽는 세상』. 세종연구원.

서울대학교 국제문제연구소 엮음. 2008. 『지식네트워크의 세계정치』. ≪세계정치≫, 29(1), 기획특집. 논형.

왓츠, 던컨. 2004. 『Small World: 여섯 다리만 건너면 누구와도 연결된다』. 세종연구원.

하영선·김상배 엮음. 2006. 『네트워크 지식국가: 21세기 세계정치의 변환』. 을유문화사.

Arquilla, John and David Ronfeldt(eds.). 2001. *Networks and Netwars: The Future of Terror, Crime, and Militancy.* Santa Monica, CA: RAND.

Barabási, Albert-László. 2002. *Linked: The New Science of Networks.* Cambridge, MA: Perseus Publishing.

Benkler, Yochai. 2006. *The Wealth of Networks: How Social Production Transforms Markets and Freedom.* New Heaven and London: Yale University Press.

Braman, Sandra. 2006. *Change of State: Information, Policy, and Power.* Cambridge and London: The MIT Press.

Castells, Manuel. 2000a. *The Rise of the Network Society*, 2nd edition. Oxford: Blackwell.

_____. 2000b. *End of Millennium*, 2nd edition. Oxford: Blackwell.

_____. 2004a. *The Power of Identity*, 2nd edition. Oxford: Blackwell.

_____. 2004b. "Informationalism, Networks, and the Network Society: A Theoretical Blueprint." in Manuel Castells(ed.). *The Network Society: A Cross-cultural Perspective.* Cheltenham, UK: Edward Elgar, pp. 3~48.

Chesters, Graeme and Ian Welsh. 2006. *Complexity and Social Movements: Multitudes at the Edge of Chaos.* London and New York: Routledge.

Diani, Mario and Doug McAdam(eds.). 2003. *Social Movements and Networks: Relational Approaches to Collective Action.* Oxford and New York: Oxford University Press.

Faubion, James(ed.). 2000. *Michel Foucault: Power.* New York: New Press.

Foucault, Michel. 2007. *Michel Foucault: Security, Territory, Population.* New York: Palgrave.

Galloway, Alexander R. 2004. *Protocol: How Control Exists after Decentralization.* Cambridge, MA: MIT Press.

Gill, Stephen. 2003. *Power and Resistance in the New World Order.* New York: Palgrave Macmillan.

Grewal, David Singh. 2008. *Network Power: The Social Dynamics of Globalization.* New Haven & London: Yale University Press.

Hardt, Michael and Antonio Negri. 2000. *Empire.* Cambridge MA: Harvard University Press.

_____. 2004. *Multitude: War and Democracy in the Age of Empire.* New York: Penguin Press.

Isaac, Jeffrey C. 1987. "Beyond the Three Faces of Power: A Realist Critique." in *Polity*, 20(1), pp. 4~31.

Jervis, Robert. 1997. *System Effects: Complexity in Politics and Social Life*. Princeton, NJ: Princeton University Press.

Khagram, Sanjeev, James V. Riker, and Lathryn Sikkink(eds.). 2002. *Restructuring World Politics: Transnational Social Movements, Networks, and Norms*. Minneapolis and London: University of Minnesota Press.

Larner, Wendy and William Walters(eds.). 2004. *Global Governmentality: Governing International Spaces*. New York: Routledge.

Latour, Bruno. 2005. *Reassessing the Social: An Introduction to Actor-network Theory*. Oxford and New York: Oxford University Press.

Law, John and Annemarie Mol(eds.). 2002. *Complexities: Social Studies of Knowledge Practices*. Duke University Press.

Nye, Joseph S. 2004. *Soft Power: The Means to Success in World Politics*. New York: Public Affairs.

Rosenau, James N. 2003. *Distant Proximities: Dynamics beyond Globalization*. Princeton, NJ: Princeton University Press.

Sell, Susan. 2003. *Private Power, Public Law: The Globalization of Intellectual Property Rights*. Cambridge: Cambridge University Press.

Stalder, Felix. 2006. *Manuel Castells*. Cambridge, UK: Polity.

Strange, Susan. 1994. *States and Markets*, Second Edition. London and New York: Pinter.

찾아보기

엮은이

김상배 金湘培 sangkim@snu.ac.kr

미국 인디애나 대학교 정치학 박사

서울대학교 외교학과 부교수

주요 저서 및 논문: 『지식질서와 동아시아: 정보화시대 세계정치의 변환』(한울, 200
8, 편저), 『인터넷 권력의 해부』(한울, 2008, 편저), 『정보화 시대의 표준경쟁:
윈텔리즘과 일본의 컴퓨터산업』(한울, 2007), 『네트워크 지식국가: 21세기 세
계정치의 변환』(을유문화사, 2006, 공편), 「정보화 시대의 외교: 개념화의 모
색」(2002), "Explaining the Resurgence of U.S. Competitiveness: The Rise of
Wintelism"(2002, 공저) 외 다수

지은이 수록 순

신진욱 申晉旭 socioshin@cau.ac.kr

독일 베를린 자유대학교 사회학 박사

중앙대학교 사회학과 조교수

주요 저서 및 논문: 『시민』(책세상, 2008), 『상징에서 동원으로: 1980년대 민주화운
동의 문화적 동학』(이학사, 2007, 공저), 『어둠은 빛을 이길 수 없습니다: 2009
촛불의 기록』(한겨레출판, 2008, 공저), 『촛불집회와 한국사회』(문화과학사,
2009, 공저), 「근대와 폭력」(2004), 「사회운동의 연대 형성과 프레이밍에서 도
덕감정의 역할: 5·18 광주항쟁 팸플릿에 대한 내용분석」(2006), 「보수단체
이데올로기의 개념구조, 2000~2006」(2008) 외 다수

손 열 孫列 yulsohn@yonsei.ac.kr

미국 시카고 대학교 정치학 박사

연세대학교 국제학대학원 부교수

주요 저서 및 논문: 『매력으로 엮는 동아시아: 지역성의 창조와 서울컨센서스』(지
식마당, 2007, 편저), 『동아시아와 지역주의: 지역의 인식, 구상, 전략』(지식
마당, 2006, 편저), 『일본: 성장과 위기의 정치경제학』(나남, 2004), *Japanese
Industrial Governance*(Routledge, 2005) 외 다수.

한 준 韓準 joonhan@yonsei.ac.kr

미국 스탠퍼드 대학교 사회학 박사

연세대학교 사회학과 부교수

주요 저서 및 논문: 『상생의 경제학』(삼성경제연구소, 2009, 공저), 『우리는 마이크로
소사이어티로 간다』(웅진윙스, 2008, 공저), 『복잡계 워크샵』(삼성경제연구소,
2007, 공저), 『한국사회 권력이동』(굿인포메이션, 2006, 공저), *Confidence in
Imitation*(2005, 공저) 외 다수

홍태영 洪泰永 tyghong@hanmail.net

파리 사회과학 고등연구원 정치학 박사

국방대학교 국제관계학과 부교수

주요 저서 및 논문: 『국민국가와 정치학』(후마니타스, 2008), 『몽테스키외 & 토크빌』
(김영사, 2006), 『제3의 길과 신자유주의』(서울대학교 출판부, 2006, 공저), 「인
권의 정치와 민주주의의 경계들」(2009), 「문화적 공간의 정치학」(2008) 외 다수

장덕진 張德鎭   dukjin@snu.ac.kr

미국 시카고 대학교 사회학 박사

서울대학교 사회학과 부교수

주요 저서 및 논문: 『대한민국 파워엘리트』(황금나침반, 2006, 공저), 『경제위기의
　　　사회학: 개발국가의 전환과 기업집단 연결망』(서울대학교 출판부, 2005, 공
　　　저), 『한국의 산업구조 변화와 기업집단 다각화 전략: 1960-90년대를 중심으
　　　로』(집문당, 2002, 공저) 외 다수

전재성 全在晟   cschun@snu.ac.kr

미국 노스웨스턴 대학교 정치학 박사

서울대학교 외교학과 부교수

주요 저서 및 논문: 「강대국의 부상과 대응 메커니즘: 이론적 분석과 유럽의 사례」
　　　(2008), 「프랑스 드골 대통령의 자주외교 연구」(2008), 「한반도 평화체제의 건
　　　설: 쟁점, 과제, 전망」(2006), 「한반도 평화체제: 남북한의 구상과 정책 비교검
　　　토」(2006), 「미국 부시 행정부의 변환외교: 정보화시대 제국적 지식외교의 등
　　　장」(2006) 외 다수

김영민 金英敏   kimyoungmin@snu.ac.kr

미국 하버드 대학교 Ph.D.

서울대학교 정치학과 부교수

한울아카데미 1144

소프트 파워와 21세기 권력 네트워크 권력론의 모색

ⓒ 김상배, 2009

엮은이 | 김상배
지은이 | 김상배 · 신진욱 · 손열 · 한준 · 홍태영 · 장덕진 · 전재성 · 김영민
펴낸이 | 김종수
펴낸곳 | 도서출판 한울

편집책임 | 이교혜
편집 | 박근홍

초판 1쇄 인쇄 | 2009년 6월 22일
초판 1쇄 발행 | 2009년 7월 8일

주소 | 413-832 파주시 교하읍 문발리 507-2(본사)
       121-801 서울시 마포구 공덕동 105-90 서울빌딩 3층(서울 사무소)
전화 | 영업 02-326-0095, 편집 02-336-6183
팩스 | 02-333-7543
홈페이지 | www.hanulbooks.co.kr
등록 | 1980년 3월 13일, 제406-2003-051호

Printed in Korea.
ISBN 978-89-460-5144-7 93340(양장)
ISBN 978-89-460-4081-6 93340(학생판)

* 가격은 겉표지에 있습니다.